EDMOND BURON

LES BASQUES DANS L'ATLANTIQUE

Edición de Antón Ugarte Muñoz

Serie Humboldt, núm. 10
Director: Gregorio Monreal Zia

Universidad
del País Vasco

Euskal Herriko
Unibertsitatea

Donostia, 2025

FICHA BIBLIOGRÁFICA RECOMENDADA

CIP. Biblioteca Universitaria

Buron, Edmond

Les basques dans l'Atlantique / Edmond Buron ; edición de Antón Ugarte Muñoz. – Donostia : Fundación Iura Vasconiae = Iura Vasconiae Fundazioa ; Universidad del País Vasco / Euskal Herriko Unibertsitatea, Argitalpen Zerbitzua = Servicio Editorial, 2025. – 157 p. : il. ; 24 cm. - (Humboldt ; 10)
Incluye referencias bibliográficas.
D.L.: D 257-2025. – ISBN: 978-84-9082-970-7

1. Vascos – Océano Atlántico. 2. Navegación – Historia. 3. Marinos – País Vasco. I. Ugarte Muñoz, Antton, ed. lit.

910.4(=916.9)(261)

94(460.15)

© Fundación Iura Vasconiae. Fundación para el Estudio del Derecho Histórico y Autonómico de Vasconia / Iura Vasconiae Fundazioa. Euskal Herriko Zuzenbide Historiko eta Autonomikoa Aztertzeko Fundazioa. Creada por Orden de 20 de Noviembre de 2003 del Consejero de Justicia, Empleo y Seguridad Social del Gobierno Vasco e inscrita en el Registro de Fundaciones del País Vasco (B.O.P.V. Nº 14, de 22 de enero de 2004, pp. 1265-1269, ambas inclusive). Dirección: Zorroagagaina, 11, 1º piso (oficina Fundación Iura Vasconiae). 20014. Donostia/San Sebastián (Gipuzkoa).

© Servicio Editorial de la Universidad del País Vasco / Euskal Herriko Unibertsitateko Argitalpen Zerbitzua
Web: https://www.ehu.eus/argitalpenak
Mail: editorial@ehu.eus

ISBN: 978-84-9082-970-7
Depósito Legal: D 257-2025

Portada: *Traité général des pesches* de Duhamel Du Monceau (1769-1782) (Gordailua Centro de Colecciones Patrimoniales de Gipuzkoa. Diputación Foral de Gipuzkoa).

ÍNDICE

LES BASQUES DANS L'ATLANTIQUE
EDMOND BURON

PRÓLOGO

Margarita Serna Vallejo
Universidad de Cantabria

I. La vida universitaria ofrece a quienes se dedican a ella momentos de desánimo, cuando no de abierto enfado, pero también, afortunadamente, otros de agradable sorpresa y satisfacción. Y fue precisamente sorpresa y satisfacción lo que provocó en mí la comunicación mantenida con Antón Ugarte Muñoz, a lo largo del verano del 2022, una vez que él se puso en contacto conmigo para contarme que estaba trabajando en la edición de un manuscrito mecanografiado del historiador canadiense Edmond Buron, titulado *Les Basques dans l'Atlantique*, y que agradecería conocer mi opinión sobre la obra y las posibilidades de su publicación.

La sorpresa estuvo servida de inmediato porque, a pesar de las abundantes lecturas que yo ya había realizado sobre el comercio y las pesquerías vascas en distintas latitudes del Atlántico en época medieval y moderna, lo cierto es que hasta entonces no había tenido conocimiento de la existencia de la obra de Buron, aunque más tarde volviendo a aquellas lecturas he podido comprobar que algunos autores se referían a ella, aunque de manera ocasional. Y la satisfacción me la reportó el propio Antón al constatar el entusiasmo y la seriedad con la que estaba trabajando el manuscrito, teniendo como objetivo último su publicación transcurridos más de ochenta años desde la conclusión de la obra entre finales de 1935 y la primera mitad de 1936.

Con estos antecedentes, el lector entenderá que transcurridos algunos meses, y finalizado el trabajo por parte de Antón Ugarte Muñoz, no pude negarme a la propuesta de que prologara esta primera edición de la obra de Edmundo Buron, que va precedida del estudio realizado por él mismo y que se publica gracias a Iura Vasconiae. Fundación para el Estudio del Derecho Histórico y Autonómico de Vasconia y a la UPV/EHU.

II. Como creo que en todo prólogo debe evitarse la reiteración de los contenidos de la obra prologada, debo esquivar la tentación de referir tanto lo que se expone en el estudio introductorio, como lo contado por el autor canadiense en su obra, para centrar el esfuerzo en informar al lector sobre ambos autores y sobre algunos aspectos de sus respectivas aportaciones con el fin de convencerle del interés que tiene la lectura de la obra.

Antón Ugarte Muñoz es Doctor en Filosofía de los Valores y Antropología Social por la UPV/EHU con una tesis sobre Euskaltzaindia en el período que transcurre entre 1936 y 1954. Además, es Amigo de Número de la Real Sociedad Bascongada de los Amigos del País / Euskalerriaren Adiskideen Elkartea y en la actualidad cursa el Máster de Estudios Avanzados de Historia, Espacio y Patrimonio de la Universidad Pública de Navarra / Nafarroako Unibertsitate Publikoa. Su vida laboral está vinculada al mundo de las bibliotecas y de los archivos.

Asimismo, es autor de distintas investigaciones y publicaciones sobre diversos aspectos de la vida cultural del País Vasco, principalmente en los años centrales del siglo XX. En ellas, se ha ocupado, entre otros temas, de la creación del Seminario de Filología Vasca «Julio de Urquijo» y del papel que el lingüista Koldo Mitxelena cumplió en su fundación; de las continuidades culturales vasquistas durante el franquismo; de la creación del Nuevo Ateneo de Bilbao en el bienio 1950-1952; de la Comisión de Monumentos Artísticos e Históricos de Gipuzkoa entre 1844 y 1970; y de los miembros de las sociedades culturales donostiarras y guipuzcoanas del siglo XX, con especial atención al caso de los Amigos del País en 1900, siendo precisamente este el tema abordado por Ugarte Muñoz en la Lección de ingreso en la Real Sociedad Bascongada de los Amigos del País / Euskalerriaren Adiskideen Elkartea que pronunció en octubre del año 2022.

Igualmente, ha participado de modo muy activo en la obra *Notitia Vasconiae. Diccionario de historiadores, juristas y pensadores políticos de Vasconia*, publicada en cuatro volúmenes por Iura Vasconiae. Fundación para el Estudio del Derecho Histórico y Autonómico de Vasconia y la editorial Marcial Pons, bajo la dirección de Roldán Jimeno Aranguren y Juan Madariaga Orbea, profesores ambos de la Universidad Pública de Navarra / Nafarroako Unibertsitate Publikoa.

Respecto de Edmundo Buron, y sin adelantar información convenientemente expuesta en la presentación, cabe apuntar que fue un abogado, archivero e historiador de origen canadiense que, asentado en Francia, y dejando al margen sus obras menores, es el responsable de dos trabajos principales. De una parte, publicó la edición bilingüe de la obra *Ymago mundo* de Pierre d'Ailly, quien fue cardenal de Cambrai y canciller de la Universidad de París. El libro, redactado en el siglo XV, no era sino una obra de cosmografía que tenía por objeto la representación del mundo a partir de sucesivos tratados. Y, de otra parte, escribió la obra que ahora ve la luz gracias a la iniciativa de Antón Ugarte sobre la historia de las navegaciones vascas en el Atlántico, tanto en el lado americano, como en el europeo.

III. Al tiempo en que Antón Ugarte Muñoz se puso en contacto conmigo para hablarme del proyecto que tenía entre manos, creo que, en el fondo, él mismo ya tenía la certeza de que la edición del texto de Buron merecía la pena, aunque me pidiera mi opinión al respecto, pues la idea la tenía avalada no solo por el conocimiento que ya poseía de la obra, sino también porque los profesores Mª. Rosa Ayerbe y Juan Madariaga Orbea le habían animado a avanzar en el análisis del manuscrito y a procurar su edición, unas acertadas opiniones que yo misma pude confirmar tras acceder al manuscrito original y al análisis que Antón Ugarte Muñoz tenía ya muy avanzado.

El tema estudiado por Buron me interesó desde el primer momento, dada la inquietud que desde hace más de dos décadas siento por el estudio del derecho y de las instituciones marítimas medievales y modernas. Una línea de investigación que me ha permitido trabajar en más de una ocasión sobre los viajes pesquero-comerciales que los vascos de un lado y otro de la frontera entre España y Francia practicaron durante siglos en las aguas más próximas del Golfo de Vizcaya y de la costa cantábrica, pero también en las más alejadas de sus lugares de origen como son las que bañan las costas de Terranova en Canadá y de Islandia, Groenlandia y Svalbard en la Europa más septentrional.

IV. Para el responsable de la recuperación y publicación de la obra del historiador canadiense no ha sido una tarea fácil llevar a buen puerto el objetivo de lograr su edición, como tampoco ha sido fácil la elaboración del estudio preliminar que antecede a la obra.

Rastrear la información sobre la trayectoria vital y profesional de Edmundo Buron presentaba la dificultad de que no se trataba de un gran académico, de un gran autor, cuya biografía resultara fácil de rastrear por los innumerables testimonios que hubiera podido dejar en los diferentes ambientes en los que discurrió su vida, sino de un simple intelectual e investigador erudito de origen canadiense que, establecido en Francia, quedó fascinado por la participación de los vascos en las actividades marítimas y por la atención que la historiografía, tanto nacional como extranjera, había prestado a esta actividad. Sin embargo, y a pesar de esta dificultad, Antón Ugarte Muñoz, con la tenacidad propia de quien está convencido del interés de su proyecto, ha conseguido valiosas informaciones sobre el devenir vital y profesional del autor.

La identificación de la producción de Buron también ha requerido afrontar otras trabas porque no nos encontramos ante el caso de un autor pródigo en grandes obras, sino de un erudito que publicó trabajos sobre cuestiones diversas en distintas sedes y que como ejerciente del periodismo durante una etapa de su vida destinó su pluma a los grandes acontecimientos internacionales del momento en que le tocó vivir. Aunque en paralelo a estas dedicaciones también se ocupó, como hemos indicado, de la preparación de dos obras significativas. La edición del *Ymago mundi* de Pierre d'Ailly y *Les Basques dans l'Atlantique* de Edmundo Buron.

Un tercer obstáculo al que Antón Ugarte Muñoz ha hecho frente de manera exitosa ha sido la identificación de la abundantísima bibliografía, compuesta por más de doscientas obras, tanto europeas como americanas, escritas en distintos momentos históricos, que Edmundo Buron utilizó para la elaboración del texto sobre las navegaciones vascas. Así mismo Ugarte Muñoz también ha identificado los principales archivos y bibliotecas cuyos fondos Buron consultó, de modo directo o indirecto, para documentarse.

Las referencias bibliográficas que sirvieron de soporte para la obra de Buron así como las bibliotecas y archivos citados por el autor, se han incluido como listados al final de la edición de *Les Basques dans l'Atlantique*.

La presentación de la obra reviste en su conjunto un indudable interés, no obstante, me gustaría destacar los párrafos en los que reconstruye los contactos que Edmundo Buron estableció en San Sebastián, en particular con Julio Urquijo, Pedro Garmendia y Fausto Arocena, y cómo el inicio de la Guerra Civil impidió que pudiera presentar el resultado de sus investigaciones sobre los vascos en el Atlántico en el que debería haber sido el VII Congreso de Estudios Vascos, dedicado a los Estudios Históricos, a celebrarse en Estella en el verano de 1936.

Y, en este mismo contexto, tiene un encanto especial la carta que Edmond Buron envío a Julio Urquijo en el otoño de 1941, ofreciéndole el manuscrito de *Les Basques dans l'Atlantique* para su publicación en la *Revista Internacional de los Estudios Vascos*.

V. *Les Basques dans l'Atlantique* es una obra erudita, como Antón Ugarte Muñoz refiere en el estudio preliminar, que llama la atención por el asombroso manejo de fuentes, tanto bibliográficas como archivísticas, por parte de Buron, como ya hemos tenido ocasión de apuntar.

El objetivo perseguido por Edmundo Buron, como acertadamente se indica en la presentación, no era tanto la elaboración de un estudio doctrinal sobre la participación vasca en las actividades desarrolladas en el Atlántico, cuanto reunir en una única obra todos los datos que sobre dicha participación se pudieran extraer de distintos archivos y de la historiografía, así nacional, como internacional, con el fin de exaltar el protagonismo vasco en la navegación atlántica, y en particular en sus aguas más septentrionales, una reclamación que, en palabras de Ugarte Muñoz, «a veces adquiere el tono épico característico de los historiadores de las distintas marinas nacionales».

La obra de Buron se divide en tres partes. En las dos primeras, aunque con distinto enfoque y, sobre todo, con diferente aparato crítico, el autor se ocupa de la navegación de los vascos en el Nuevo Mundo, mientras que la tercera se centra en las actividades marítimas vascas en aguas europeas septentrionales.

VI. Sin ninguna duda ha sido un acierto la recuperación y publicación de *Les basques dans l'Atlantique*, una obra que había quedado en el olvido pese al interés que reviste. A ello se une que con la edición del libro de Edmundo Buron, Antón Ugarte Muñoz ha acreditado la honradez de una modélica manera de trabajar. En la que no se concede el pecado de intentar deslumbrar a quien pueda leer la obra, ni cede a la tentación de aportar aparentes originalidades sin un fundamento cierto. El lector, al que espero haber interesado en la lectura tanto del estudio introductorio firmado por Antón Ugarte Muñoz, como de la obra de Edmundo Buron, le toca ahora disfrutar con los textos y dejarse sorprender, entre otras cosas, por la multitud de autores que en distintos momentos de la historia se han interesado por la participación de los vascos en el mundo marítimo atlántico.

Y, desde luego, nuestra felicitación a Iura Vasconiae. Fundación para el Estudio del Derecho Histórico y Autonómico de Vasconia y a la UPV/EHU por su compromiso en rescatar del olvido obras publicadas o no publicadas, como sucede en este ocasión, fundamentales para un mejor conocimiento del pasado de Vasconia.

INTRODUCCIÓN

Antón Ugarte Muñoz

A Noelia, *ma boussole*

1. BIOGRAFÍA DE EDMOND BURON

Edmond Buron fue, tal y como afirmó su único biógrafo, Claude Galarneau (1925-2018), «un intelectual canadiense desconocido», y lo sigue siendo, a juzgar por su ausencia en la historiografía actual sobre algunos de los temas por los que Buron sintió predilección[1]. De hecho, no tendremos otro remedio que basarnos en el interesante artículo que el profesor quebequés le dedicó en 1992, al que solo añadiremos algunas aportaciones propias en lo que respecta a la relación de Buron con el País Vasco, relación apenas estudiada al otro lado del Atlántico.

Pierre-Joseph-Edmond Buron nació en Berthier-en-Haut (Berthierville, en su denominación actual), provincia de Quebec, Canadá, el 5 de mayo de 1874. Era el hijo mayor de Joseph-Norbert Buron (1854-1930), herrero de profesión, y de Éliza Marcous (1853-1924). Tras finalizar los estudios primarios en su villa natal (1885), su familia se trasladó a Manitoba, provincia que por esas fechas aún estaba en proceso de colonización. Edmond Buron completó el bachillerato (1893) y los estudios superiores con los jesuitas

Fotografía de Edmond Buron de la *Revue Moderne* de Montreal (septiembre de 1931). Fuente: Bibliothèque et Archives Canada/Library and Archives Canada.

---

[1] Galarneau, C., Un intellectuel canadien inconnu. Edmond Buron (1874-1942), *Les Cahiers des dix*, 47 (1992), pp. 215-245. Jean Bruchési trazó un breve perfil de Buron bajo el sobrenombre de Jean-Baptiste, Un érudit canadien, *La Revue Moderne*, Montreal, IX-1931, p. 10. Véase ahora Ugarte Muñoz, A., Buron, Edmond. En Madariaga Orbea, Juan (dir.), *Notitia Vasconiae. Diccionario de historiadores, juristas y pensadores políticos de Vasconia. IV. 1936-2022*, Donostia: Fundación Iura Vasconiae; Madrid: Marcial Pons, 2023, pp. 1124-1126.

de Saint-Boniface en Winnipeg (Manitoba), hasta obtener el título de abogado en 1897 y, a continuación, abrió un bufete privado en Saint-Jean-Baptiste, al sur de Winnipeg.

Bien situado en los medios políticos católicos y conservadores quebequeses y, al parecer, no muy interesado en su carrera como abogado, Buron fue obsequiado ese mismo año con un billete de avión de ida y vuelta para viajar a Francia y visitar la Exposición Universal de París. Sin embargo, no regresó a su patria, ya que fue admitido, de manera excepcional, como alumno en la Escuela Normal Superior parisina, a pesar de su nacionalidad extranjera, gracias al apoyo político y económico de Louis Herbette (1843-1921), ex alto funcionario francés y gran protector del Canadá francófono.

Durante tres años Buron realizó estudios de historia, filosofía y filología en la Sorbona, el *Collège de France* y la *École Nationale des Chartes*, junto a filósofos como Henri Bergson, filólogos como Joseph Bédier, historiadores como Émile Bourgeois y críticos literarios como Ferdinand Brunetière. Tras su paso por los centros de enseñanza superior más prestigiosos del país galo, Buron participó en asociaciones para el desarrollo de las relaciones mercantiles francocanadienses. Así, en 1902 acompañó a un grupo de capitalistas franceses en un viaje de trabajo a Canadá.

La trayectoria profesional de Buron no fue brillante, nunca cumplió su sueño de alcanzar la cátedra universitaria y se vio obligado a trabajar en la prensa diaria como fuente de ingresos adicional. Ejerció durante dos años de profesor asistente de Historia en el liceo Michelet de Vanves, muy cerca de París, y luego como profesor de inglés en un colegio femenino, hasta que, en junio de 1908, el gobierno canadiense lo nombró empleado, con un salario muy modesto, del Servicio de Archivos de Canadá en París, bajo la dirección de Théodore Beauchesne, con quien mantuvo una tensa relación. Buron era el intelectual e investigador erudito de la plantilla del Servicio de Archivos de Canadá de París, que incluía a literatos como Robert de Roquebrune o ensayistas como Charles Badouin. Buron fue el encargado de la búsqueda y copia de documentos en provincias, así como de responder a las solicitudes de estudiantes e investigadores. Esto explica la abundancia y consistencia del aparato crítico de sus trabajos historiográficos más importantes.

Ideológicamente, Buron fue monárquico y simpatizante de la *Action Française* de Maurras. Se ofreció como voluntario para combatir en la Primera Guerra Mundial, pero fue rechazado por el Estado francés, debido a su miopía. Residió a las afueras de la capital, en Issy-les-Moulineaux, junto a su mujer –cuyo nombre no hemos podido identificar– de nacionalidad francesa y tres hijos: Odette, Luce y Gaston. Una veintena de años después, Buron no fue ajeno a la tensión política que se vivió en el continente europeo y, muy probablemente influido por la guerra de España, opinaba que Francia se orientaba a un cambio de gobierno de tipo monárquico, no sin que antes se produjesen graves perturbaciones civiles, seguidas de una dictadura[2].

En cuanto a la redacción de *Les Basques dans l'Atlantique*, texto objeto de nuestra edición, Buron viajó en 1934 o 1935 a San Sebastián para visitar la sede de la Sociedad de Estudios Vascos/Eusko-Ikaskuntza y el Servicio de Archivos provincial, donde fue atendido por Julio Urquijo, Pedro Garmendia y Fausto Arocena[3]. Gracias a estos contactos, su nombre apareció en el programa del VII Congreso de Estudios Vascos dedicado a los Estudios Históricos que iba a celebrarse en Estella (Navarra) el verano de 1936. Dentro del programa, Buron compartía la sección dedicada a «Los navegantes y pescadores vascos», prevista para el 9 de septiembre, con otros geógrafos e historiadores como Théodore Lefebvre, Antonio de la Torre, Pedro Arellano y Ricardo Izaguirre[4]. El encargado de dar un enfoque académico y científico al Congreso de Historia fue el jurista e historiador navarro José María Lacarra, a quien se debe la presencia de muchos profesores universitarios en su programa, pero algunos investigadores sin afiliación universitaria, como el propio Buron o el donostiarra Izaguirre, posiblemente fueran invitados por los citados Urquijo, Garmendia o Arocena[5]. Sin embargo, el golpe de Estado antirrepublicano y la consecuente Guerra Civil frustraron el VII Congreso de Estudios Vascos y la presencia de Buron en Estella.

---

[2] Galarneau, *op. cit.*, p. 232.

[3] Carta de E. Buron a J. Urquijo, 17 de octubre de 1941, Koldo Mitxelena Kulturunea-Diputación Foral de Gipuzkoa, J.U. 008309760. En dicha carta Buron no recuerda el año exacto de su paso por San Sebastián. Hemos repasado los boletines trimestrales de Eusko-Ikaskuntza de la época y no hemos encontrado ninguna referencia a su visita. *cf.* Sociedad De Estudios Vascos, *Boletín de la Sociedad de Estudios Vascos*, San Sebastián: Eusko-Ikaskuntza, 1919-1936, 69 vols. Además, en el Fondo Edmond Buron del Archivo Nacional de Canadá no existe correspondencia mantenida con ninguna institución vasca, ni con los citados Urquijo, Garmendia y Arocena, según comunicación personal de Courtney O'Hara, técnica de la Biblioteca Nacional de Canadá (13 de enero de 2022).

[4] Sociedad De Estudios Vascos, *Cursos de verano (Año X) y VII Congreso de Estudios Vascos sobre Estudios Históricos. 1936 (de 15 de julio en San Sebastián a 13 de septiembre en Estella)*, [S.l.]: [s.n.], 1936. El Congreso, dedicado a la Historia, iba a contar con las siguientes diez secciones: «Cuestiones de orígenes en la historia vasca»; «Historia eclesiástica del País Vasco y sus diócesis»; «Los grandes monasterios del país»; «Proceso histórico de la vida del euskera»; «Navarra y sus relaciones con los demás pueblos vascos»; «Los navegantes y pescadores vascos»; «La vida social, económica y del trabajo en la historia vasca»; «Los vascos fuera del país»; «Instituciones del País Vasco» y «Bibliografía de las luchas civiles del siglo XIX».

[5] *cf.* Arocena, F., In memoriam, Ricardo de Izaguirre y Epalza, *Boletín de Estudios Históricos sobre San Sebastián*, 5 (1971), pp. 307-308.

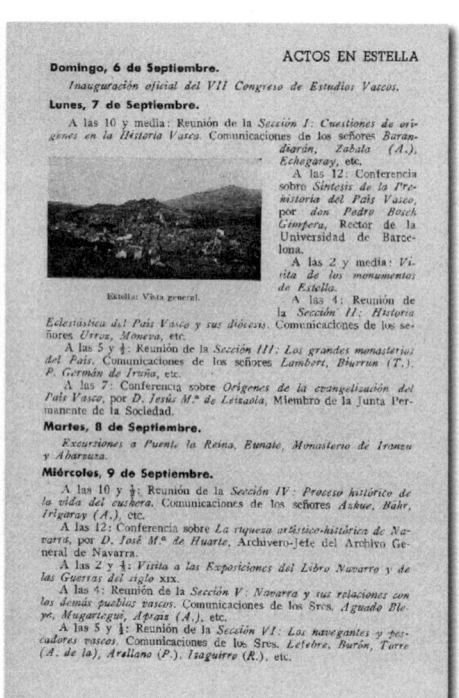

Programa del VII Congreso de Estudios Vascos sobre Estudios Históricos (1936).
Fuente: Biblioteca de Koldo Mitxelena Kulturunea-Diputación Foral de Gipuzkoa.

Tras treinta y cinco años de ausencia de su patria, Buron viajó, junto a su esposa, a Canadá durante el otoño-invierno de 1937-1938. En Quebec el matrimonio fue huésped de Jean Bruchési, casado con una prima de Buron y recién nombrado subsecretario de Estado. La labor de Bruchési no fue ajena a la calurosa acogida que recibió Buron en su patria, dando varias entrevistas en los diarios locales, donde abundan las noticias sobre su trayectoria (*Le Soleil*, Quebec, 13-X-1937, y *Le Devoir*, Montreal, 23-X-1937). También tuvo la oportunidad de presentar algunas de las conclusiones de sus investigaciones más recientes en una conferencia sobre la navegación vasca al Nuevo Mundo, en un acto celebrado el 27 de octubre de 1937 en la Sociedad Histórica de Montreal, en presencia de historiadores locales como Olivier Maurault, Victor Morin o Aegidius Fauteux, en lo que podemos considerar una de las primeras aportaciones canadienses al tema en cuestión (*Le Devoir*, Montreal, 28-X-1937).

A principios de 1938 Buron regresó a París, donde el nuevo Jefe del Servicio Archivos de Canadá, Gustave Lanctot, lo ascendió, pero sin apenas mejoría en su sueldo. Siempre preocupado por la buena marcha de las relaciones francocanadienses, ayudó a que el físico quebequés Pierre Demers fuese admitido en

Fotografía de la Sra. Buron, Edmond Buron y la Sra. Bruchési, del diario *Le Soleil* de Quebec (13-X-1937).
Fuente: Bibliothèque et Archives Canada/Library and Archives Canada.

Fotografía de Jacques Leduc, Edmond Buron y Pierre Demers en
la Escuela Normal Superior de París (1938). Fuente: Wikimedia.

la Escuela Normal Superior[6]. Buron permaneció en París hasta mayo de 1940, cuando la Segunda Guerra Mundial le obligó a trasladarse junto a su mujer y dos hijas, primero, a La Flèche, luego, a Limoges y, finalmente, a un cantón de la Dordogne, dentro de la Francia de Vichy, donde falleció en circunstancias penosas el 29 de junio de 1942 (*Le Devoir*, Montreal, 13-VIII-1942).

2. OBRAS DE EMOND BURON

2.1 Obra menor

Buron fue un polígrafo que, además de obras propiamente historiográficas, publicó traducciones, ensayos y artículos de revistas y de prensa diaria. Así mismo, fue representante en Francia de la Asociación de autores canadienses. Muestra de sus tempranas inquietudes intelectuales, ya en 1900 publicó en Bruselas su traducción al francés de una obra del jesuita René Holaind, *Ownership and Natural Right* (1887), una defensa del derecho a la propiedad privada, en consonancia con su ideología católica y conservadora. Una vez establecido en Francia, apareció el libro *Voyage d'un canadien français en France* de 1903, bajo el pseudónimo de Edmond Lambert, sobre sus primeras impresiones del país galo[7]. Fruto de su actividad en el mundo comercial fueron varias obras de carácter económico como, por ejemplo, *Les richesses du Canada* (1904), con prólogo del exministro francés de Asuntos Exteriores, Gabriel Hanotaux[8]. Totalmente identificado con su país de adopción, las pérdidas humanas y económicas de la I Guerra Mundial en la población francesa tuvieron un fuerte impacto en Buron, quien concibió la idea de trasladar a agricultores quebequeses para reemplazar las inmensas bajas en el agro francés. De ahí surgió su obra *Donnez des terres aux soldats* (1919)[9].

Su labor historiográfica –cuyos mayores exponentes son la edición de la *Ymago Mundi* (1930) de Pierre d'Ailly y el inédito *Les Basques dans l'Atlantique* (ca. 1936), a los que dedicaremos especial atención– mereció el elogio de colegas como Charles de La Roncière. Esta obra carece de elaboración doctrinal propiamente dicha, pues aparece siempre ceñida al positivismo basado en fuen-

---

[6] Lo recordó el propio interesado en DEMERS, P., La naissance de l'énergie atomique. Notes d'un Québécois collaborateur de Frédéric Joliot-Curie. En Pajonk, Gérard (ed.), *Échanges scientifiques et techniques d'une rive atlantique à l'autre. Actes du 133e Congrès national des sociétés historiques et scientifiques, « Migrations, transferts et échanges de part et d'autre de l'Atlantique », Québec, 2008*, Paris: Editions du CTHS, 2009, pp. 74-96 (pp. 74, 80).

[7] LAMBERT, E., *Voyage d'un canadien français en France*, Paris: A. Lemerre, 1903.

[8] BURON, E., *Les richesses du Canada*; préface de M. Gabriel Hanotaux, Paris: E. Guilmoto, 1904.

[9] BURON, E., *Donnez des terres aux soldats. L'exemple de l'Angleterre*, Paris: Bossard, 1919.

tes documentales, especialmente ricas en el caso de la bibliografía, y teñida de un apenas disimulado nacionalismo francocanadiense. A sus dos trabajos principales podemos añadir, entre otros, un artículo de 1903 sobre el supuesto viaje de Chateaubriand a América en 1791 y otro de 1910 sobre una *Mémoire* escrita por M. Favier en 1759, durante la conquista de Quebec y Montreal, en la que se predice la independencia de las colonias británicas norteamericanas[10].

Así mismo, Buron fue miembro de la Sociedad de Historia de Canadá, fundada en París en 1925, la cual publicó hasta 1931 la revista *Nova Francia*, contando al propio Buron entre sus colaboradores. Publicó también en revistas de Montreal y Quebec como *Le Canada Français*, *La Revue Moderne* y *L'Oiseau Bleu*. Además, Buron ejerció durante dieciocho años de periodista encargado de la sección internacional de varios diarios parisinos, la mayoría ligados a la derecha francesa. Su perfecto dominio del inglés y su formación intelectual le abrieron las puertas de *L'Éclair* de Ernest Judet en 1907, *La Libre Parole* en 1910, *Le Petit Parisien* de 1921 a 1925 y, a partir de 1933, *Le Jour* de Léon Bailby.

2.2. Edición de la *Ymago mundi* del cardenal Pierre d'Ailly

Si Edmond Buron es conocido por algunos eruditos hoy en día, es gracias a la traducción y edición de esta obra, en cuya elaboración invirtió una quincena de años y cuyos tres volúmenes no vieron la luz hasta el otoño de 1930, en la editorial Maisonneuve de París[11]. Puede que la redacción principal estuviese terminada ya en 1927, pero tuvo que buscar editores y compradores interesados en un trabajo al que dedicó el mayor tiempo de su investigación personal durante ese periodo. Al hilo de sus lecturas, había tenido noticia de la existencia de un ejemplar de la *Ymago mundi* del cardenal Pierre d'Ailly (1350-1420) en una urna de cristal de la Biblioteca Colombina de Sevilla. Dicho ejemplar de la obra, falto de título y de colofón, pero impreso en Lovaina hacia 1483 por Juan de Westfalia, es particularmente valioso porque perteneció a Cristóbal Colón e incluye numerosas anotaciones del genovés. Buron consiguió que la *Massachusetts Historical Society* financiase varias copias fotográficas del ejemplar colombino, de las cuales una fue entregada a Buron para su estudio.

---

[10] Buron, E., Chateaubriand en Amérique, *La Revue canadienne*, XLIII (1903), pp. 40-55, 176-187; Buron, Un prophète de la Révolution américain, *La Revue historique,* CIII (1910), pp. 283-291.

[11] Buron, E. (ed.), *Ymago Mundi, de Pierre d'Ailly, cardinal de Cambrai et chancelier de l'Université de Paris (1350-1420). Texte latin et traduction française des quatre traités cosmographiques de d'Ailly et des notes marginales de Christophe Colomb, étude sur les sources de l'auteur,* Paris: Maisonneuve frères, 1930, 3 vols.

Seducido por la fuerte personalidad de Ailly, Buron dedicó la mayor parte de la introducción de su edición a estudiar la vida y obra del alto dignatario eclesiástico galo, apoyándose en trabajos anteriores como la tesis doctoral del presbítero Louis Salembier (1886). Ailly fue un autor muy influyente y prolífico –más de 170 títulos, la gran mayoría latinos–, que se había formado en el Colegio de Navarra y la Universidad de París. Doctor en teología a los treinta años, rector del parisino Colegio de Navarra en 1384, su carrera universitaria culminó en 1389 al ser nombrado canciller de la Universidad de París, centro intelectual del Occidente cristiano. Fue también secretario y confesor de Carlos VI de Francia. Entre sus discípulos y amigos destacó el teólogo Jean Gerson (1363-1429), quien también fue canciller de la Universidad parisina.

Durante el Cisma de Occidente, Ailly obtuvo la protección de los antipapas Benedicto XIII (el Papa Luna) y Juan XXIII quienes le otorgaron favores económicos y la mitra de varios obispados franceses (Le Puy-en-Velay, Cambrai) y, finalmente, fue nombrado cardenal en 1411. Sin embargo, posteriormente se apartó de aquellos, defendió la primacía conciliar sobre la autoridad del papa y fue una de las grandes figuras, junto a Gerson, del Concilio de Constanza (1414-1418). Ailly apoyó al papa Martín V, quien unificó la Iglesia católica, y fue clave en la condena por herejía del reformista checo Jan Hus.

Con todo, Ailly no solo fue un eminente teólogo y hombre político, también destacó como vulgarizador de la ciencia renacentista, donde se enmarca su *Imago* o *Ymago mundi*, en realidad, una colección enciclopédica de dieciocho tratados latinos –veintiuno, según la división de Buron– para uso de los universitarios parisinos, donde se tratan temas de geografía, cosmografía, astrología y cronología. Los trece primeros tratados fueron escritos por Ailly entre 1410 y 1414; los cinco restantes son algo posteriores y fueron obra de Gerson[12].

Ailly fue en realidad un eslabón de la cadena que une la geografía clásica grecolatina, los padres de la Iglesia, la ciencia árabe y filósofos medievales como Roger Bacon. La representación del mundo que proyectó Ailly insiste en la estrechez del océano Atlántico y, en opinión de Buron, tuvo una influencia determinante en el diseño del viaje a las Indias de Colón, como lo parecen demostrar las cerca de 900 apostillas del ejemplar colombino, publicadas por primera vez en 1892 por Cesare de Lollis.

Buron se centró, por tanto, en el ejemplar impreso de 170 folios de la Biblioteca Colombina de Sevilla, no en los manuscritos originales, y, más exac-

---

[12] Existe una edición completa en español del ejemplar colombino: AILLY, P. y GERSON, J., *Imago Mundi*, Madrid: Testimonio, 1990-1991, 3 vols. Contiene: introducción y traducción de Antonio Ramírez de Verger (vol. 1), estudio crítico de Juan Pérez de Tudela (vol. 2) y reprod. facs. de la ed. de Lovaina por Juan de Westfalia, 1483 (vol. 3).

tamente, en los cuatro tratados cosmográficos que él consideró más pertinentes para dilucidar la posible impronta de la obra del cardenal francés en el descubrimiento de América: *Ymago mundi* (ff. 1r-39r), *Epilogus mappae mundi* (ff. 39r-43v) y los dos tratados formando un *Compendium cosmographiae* (ff. 68r-89v)[13]. La edición de Buron ocupa tres volúmenes con un total de 828 páginas. Esta se presenta en versión bilingüe latín-francés, incluyendo las anotaciones manuscritas, con una introducción de 124 páginas, donde Buron elaboró sus argumentos en base a afirmaciones y datos extraídos de autores contemporáneos como el dominico Las Casas o el propio hijo de Colón, además de historiadores y geógrafos modernos como Alexander von Humboldt, Henry Harrisse, Henry Vignaud o George E. Nunn, por citar solo algunos pocos.

Es sabido que el almirante de las Indias manejó y anotó varios libros que aún se conservan en la Biblioteca Colombina de Sevilla, obras como el *Libro de viajes* de Marco Polo y la *Cosmografía* del papa Pío II, entre otros. El meollo de la cuestión para Buron es si el cardenal francés Ailly fue o no el «padre espiritual» de un acontecimiento trascendental como el descubrimiento del Nuevo Mundo. En ese sentido le interesaron la personalidad del navegante genovés, su formación náutico-cartográfica en Italia, Portugal o Castilla y, sobre todo, sus fuentes de información orales y escritas, lo que permitió a Buron contextualizar y glosar las apostillas colombinas.

La edición de Buron es una aportación solvente a la apasionante historia colombina, fue bien recibida por sus colegas francófonos y obtuvo varios galardones en Francia y Canadá[14]. Sin embargo, las conclusiones de Buron no se han podido demostrar fehacientemente. Por un lado, no hay acuerdo sobre la fecha de adquisición de la *Ymago mundi* por parte de Colón y, por otro lado, las apostillas no parecen exclusivas del almirante de las Indias, sino que se deben también a otras manos. El filólogo Juan Gil ha argüido que probablemente Colón se hizo con la obra de Ailly después de su Primer o Segundo Viaje, para poder enfrentarse con argumentos de autoridad a sus críticos y contradictores[15]. Otros historiadores, como Juan Pérez de Tudela, en cambio, consideraron que el

---

[13] Existe una traducción española, a cargo de Antonio Ramírez de Verger, muy similar a la selección de Buron: AILLY, P., *Ymago mundi y otros opúsculos*, Madrid: Alianza; Madrid: Sociedad Quinto Centenario; Sevilla: Universidad, 1992.

[14] ROQUEBRUNE, R., Le Cardinal d'Ailly et Christophe Colomb, *La Revue Moderne*, Montreal, IX-1931, pp. 5 y 42; ROQUES, M., Recensión de Edmond Buron, *Ymago Mundi* de Pierre d'Ailly, *Romania*, 225-226 (1931), pp. 235-237.

[15] GIL, J., *Mitos y utopías del descubrimiento*. T. I. *Colón y su tiempo*, Madrid: Alianza, 1989, pp. 123-130. Esta hipótesis ha convencido, entre otros, al traductor al español de la *Ymago mundi*, Antonio Ramírez de Verger. *cf.* AILLY, *op. cit.*, pp. XV-XVI.

navegante genovés manejó y anotó su ejemplar ya antes de 1492[16]. En cualquier caso, habría que situar a la *Ymago mundi* como una más de las diferentes fuentes literarias y geográficas de las que bebió Colón[17].

3. *LES BASQUES DANS L'ATLANTIQUE*

Parece que el estudio de la figura del almirante de las Indias y las abundantes noticias literarias sobre las supuestos viajes y descubrimientos precolombinos llevaron a Buron a interesarse por la historia de las navegaciones vascas en el Atlántico más allá de las islas Azores, especialmente –pero no solo– en lo que se refiere a las pesquerías de ballenas y bacalaos en Terranova-Labrador y el golfo de San Lorenzo, no muy lejos del lugar de origen del propio Buron, lo que explica gran parte de su fascinación por el tema.

El manuscrito, cuyas características detallaremos más abajo, está dividido en tres partes: «Tradition de la navigation précolombienne des Basques au Nouveau Monde», «Faits acquis à l'Histoire ayant rapport à la Tradition des navigations précolombiennes» y «Activités maritimes des Basques dans les eaux européennes et septentrionales». Como hemos adelantado, se trata de una obra erudita, con un impresionante manejo de fuentes, especialmente bibliográficas, pero que carece de una construcción doctrinal propiamente dicha. Su objetivo era reunir datos positivos sobre un hecho escasamente conocido por la historiografía internacional, fuera de ámbitos regionales limitados, y reivindicar el protagonismo vasco en la navegación atlántica, especialmente septentrional, vindicación que a veces adquiere el tono épico característico de los historiadores de las distintas marinas nacionales.

Para Buron, la importancia de los habitantes de las provincias vascas costeras era patente en su aportación fundamental al poderío naval español de los siglos XV y XVI, así como por la función de maestros en navegación de altura, caza de ballenas y pesca del bacalao que ejercieron al servicio de franceses, ingleses, flamencos, holandeses, daneses y noruegos. Esta transmisión internacional de conocimiento técnico y científico les acabaría perjudicando, al ser expulsados de los caladeros del Atlántico norte, desde Terranova al archipiélago

---

[16] Estudio crítico de Juan Pérez de Tudela en AILLY y GERSON, *op. cit.*, vol. 2, pp. 233-235.

[17] MARTÍN-MERÁS VERDEJO, M. L., Los mapamundis que inspiraron a Colón. En Varela Bueno, Consuelo (coord.), *Cristóbal Colón, 1506-2006. Historia y leyenda. Congreso internacional*, Sevilla: Universidad Internacional de Andalucía, CSIC, Ayuntamiento de Palos de la Frontera, 2006, pp. 51-76; SALVADOR MIGUEL, N., Libros y lecturas de Cristóbal Colón. En López Castro, Armando y Cuesta Torre María Luzdivina (coords.), *Actas del XI Congreso Internacional de la Asociación Hispánica de Literatura Medieval*, León: Universidad de León, Servicio de Publicaciones, 2007, vol. I, pp. 123-140.

de Svalbard, a partir del siglo XVII, a causa de las luchas coloniales y las rivalidades comerciales de los estados marítimos europeos, una de las razones principales que explicaría su escaso eco en la historiografía oficial posterior.

En línea con una tradición historiográfica vascofrancesa iniciada en el siglo XVII por la obra de Arnauld Oihénart y consolidada en el siglo XIX por autores citados en *Les Basques dans l'Atlantique* como Augustin Chaho o el vizconde de Belsunce, Buron, sin menoscabo de su nacionalismo francés o, más bien, francófono, conceptuaba al pueblo vasco como una comunidad etnolingüística[18]. Originarios del sur del golfo de Vizcaya –o «golfo de Gascuña», según su denominación francesa–, el investigador canadiense atribuyó características nacionales comunes a vascos de ambas vertientes pirenaicas, cuyos descendientes él mismo conoció establecidos en remotas provincias norteamericanas como Saskatchewan.

Debido a la naturaleza de su estudio, las alusiones a los vascos habitantes del interior, ya fuesen estos súbditos franceses ya castellanos, son prácticamente nulas. En cuanto a las provincias costeras, si bien el gentilicio «vizcaíno» de los textos de época moderna, a causa de su uso extensivo, es en muchos casos sinónimo de «vascongado» (vasco peninsular), hay una voluntad de equilibrio por parte de Buron en el tratamiento de las aportaciones a las pesquerías atlánticas de labortanos, guipuzcoanos y, en menor medida, vizcaínos propiamente dichos, cuyos méritos Buron extiende al conjunto étnico vasco.

En la introducción a su obra (pp. 1-7 del manuscrito), el investigador canadiense incidió en el enigma del origen y la historia del pueblo vasco y de su lengua. Sorprendido de la existencia de Eusko-Ikaskuntza –prueba del escaso eco internacional de los estudios vascos a mediados de los años 30 del siglo XX–, Buron deseaba contribuir a dicho campo de estudios con datos empíricos, tradición positivista, especialmente francesa (Henry Harrisse, Paul Gaffarel, Charles de La Roncière), pero también hispana (Cesáreo Fernández Duro), en la que se inscribe su obra. En el estado de la ciencia histórica del momento, creyó necesario limitarse al periodo moderno de la historia vasca, en este caso, a las actividades económicas en Ultramar que llevaron a cabo, sobre todo, labortanos y guipuzcoanos, impelidos por la necesidad de reorientar recursos humanos y materiales excedentes en sus territorios de origen.

A pesar de su escasa repercusión, creemos que el manuscrito de *Les Basques dans l'Atlantique* conserva gran parte de su interés, ya que su positivismo *décalé*

---

[18] MONREAL ZIA, G., Prólogo. En Jimeno Aranguren, Roldán (dir.), *Notitia Vasconiae. Diccionario de historiadores, juristas y pensadores políticos de Vasconia. I. Antigüedad, Edad Media y Moderna,* Donostia: Fundación Iura Vasconiae; Madrid: Marcial Pons, 2019, pp. 11-23.

le ha permitido, paradójicamente, superar el paso del tiempo, de manera que, bajo su apariencia anticuada, sigue ofreciendo un gran cúmulo de datos interesantes, e incluso desconocidos, para el estudioso de la historia de la navegación vasca en el Atlántico, muy especialmente de las pesquerías de ballenas y bacalao en aguas septentrionales. Además, la figura de Buron y de su obra permiten reconstruir una evolución más completa de la historiografía sobre este apasionante tema, enlazando a autores y obras anteriores a la Guerra Civil española con la producción posterior a la Segunda Guerra Mundial que se extiende hasta la actualidad.

3.1. El manuscrito

Les Basques dans l'Atlantique es un manuscrito del que se conservan varias copias en, al menos, dos archivos canadienses. Uno de ellos es el Archivo Nacional del Gobierno de Canadá en Ottawa –*Bibliothèque et Archives Canada* (BAC), en francés, o *Library and Archives Canada* (LAC), en inglés–, donde desde los años 90 del siglo XX se encuentra el Fondo Edmond Buron compuesto de 6 series: (1) Archivo Nacional de Canadá –su actividad profesional–, (2) correspondencia personal, (3) documentos familiares, (4) manuscritos impresos, (5) manuscritos ológrafos y (6) obras diversas[19].

En la serie n.º 5 de manuscritos ológrafos se encuentran varios trabajos inéditos de Buron que abarcan el periodo 1914-1938, entre los que encontramos seis versiones de *Les Basques dans l'Atlantique*, fechadas todas por el servicio de la BAC/LAC como posteriores a 1930 (vol. 2, expedientes 7-12). Estas seis versiones se pueden dividir en dos grupos, según el número de páginas: tres más extensas (137, 138 y 156 páginas, respectivamente) y tres más breves (dos de 45 páginas y una de 46 páginas).

El segundo archivo que hemos localizado con copias de *Les Basques dans l'Atlantique* de Edmond Buron es el *Centre d'études acadiennes Anselme-Chiasson* (CEAAC), dependiente de la Universidad de Moncton, sita en la provincia de Nuevo Brunswick. En la signatura 20.26.17 del fondo n.º 20 de manuscritos del CEAAC hay dos copias mecanografiadas de la versión más extensa (155 páginas) de *Les Basques dans l'Atlantique* y en la signatura 208.03 del fondo n.º 208 de manuscritos hay otra copia mecanografiada de la versión breve (45 páginas)[20].

---

[19] PAQUET, L., *Buron, Edmond MG 30, D 69. Instrument de recherche No 1932 = Finding Aid No 1932*, Archives nationales du Canada, Division des manuscrits = National Archives of Canada, Manuscript Division, 1993.

[20] *Répertoire numérique détaillé du fonds n° 20 manuscrits* y *Répertoire numérique détaillé du fonds n° 208 manuscrits* (CEEAC). https://www.umoncton.ca/umcm-ceaac/ (13 de octubre de 2023).

Gracias al servicio archivístico del CEAAC he podido consultar y obtener copia de ambas versiones, que corresponden a las dos versiones principales de la BAC/LAC. La diferencia principal entre ambos textos mecanografiados es que la versión de 155 páginas, a diferencia de la de 45 páginas, incluye al final (pp. 92-155) las 411 notas explicativas de Buron, que suponen aproximadamente una tercera parte del texto completo. De todos modos, la versión breve incluye las 411 llamadas de nota en el cuerpo principal, por lo que es fácil comprobar que ambas versiones provienen del mismo original.

Además de eso, la diferencia en el número de páginas estriba en las hojas más largas de la versión breve, con un texto más apretado, sin espacios notables entre los párrafos, a diferencia de la versión de 155 páginas, de formato mucho más pulcro. Hay también diferencias y errores de lectura en varios términos y nombres propios del texto que nos hacen creer que las dos versiones mecanografiadas se deben a dos manos diferentes, las cuales probablemente pasaron el original manuscrito a limpio tras la muerte de Buron en 1942.

En cuanto a la datación del original, Buron empleó cerca de un lustro en completarlo y hay que situar la conclusión del manuscrito entre finales de 1935 y la primera mitad de 1936. Las obras impresas más recientes citadas por Buron fueron publicadas con fecha de 1935. Es el caso de un artículo de Etienne Bougoüin, aparecido en la *Revue historique,* o de la tesis doctoral de Marie Simon Thomas, defendida en la Universidad de Utrecht. La frontera temporal es nítida también en el caso de las colecciones documentales, de las cuales solo se citan los volúmenes aparecidos hasta 1935, por ejemplo, del *Repertorium diplomaticum regni Danici mediævalis.*

3.2. Fuentes

En busca de información sobre las navegaciones y pesquerías vascas en el Atlántico, Buron empleó una vasta bibliografía positivista americana y europea sobre el tema –más de dos centenares de obras cuyo listado el lector podrá consultar al final de la presente edición– gracias a su manejo del inglés, el francés y otros idiomas. De hecho, Buron se sitúa como continuador de los historiadores y geógrafos modernos más citados en su texto, autores, como él mismo, ajenos todavía a las innovaciones en historia económica y social que solo se desarrollarían tras la Segunda Guerra Mundial: Henry Percival Biggar, Prosper Boissonade, Martin Conway, Léopold Delisle, Édouard Ducéré, Cesáreo Fernández Duro, Paul Gaffarel, Henry Harrisse, James Travis Jenkins, Johann Georg Kohl, Charles de La Roncière o Georges Musset.

En cuanto a las fuentes primarias, además de autores galos, hispanos o italianos contemporáneos a la Era de los Descubrimientos, como Pietro Martire d'Anghiera, Jacques Cartier, Samuel de Champlain, Antonio de Herrera o Marc Lescarbot, Buron también manejó colecciones impresas como la *Table chronologique* de Bréquigny, el *Catalogue des rolles gascons* de Thomas Carte, las *Mémoires des commissaires du Roi et de ceux de Sa Majesté Britannique*, los *Registres gascons* del Archivo Municipal de Bayona o los *Foedera* de Thomas Rymer.

Por otro lado, hemos contabilizado dieciséis Archivos y Bibliotecas citados por Buron, si bien no todos sus fondos fueron consultados directamente por Buron, ya que pudo apoyarse en fuentes indirectas gracias a sus contactos y, sobre todo, a la abundante bibliografía empleada por él. Como es natural, Buron estaba muy familiarizado con los fondos del Archivo y Biblioteca nacionales que tenía a su disposición en París, los cuales ya había utilizado, por ejemplo, en su edición de la *Ymago mundi*. Junto a la *Bibliothèque Nationale* de Francia, las fuentes archivísticas más utilizadas por Buron fueron la Colección Vargas Ponce, del Museo Naval de Madrid, y el Archivo Nacional de Copenhague, con sus fondos relacionados con la chancillería del reino de Dinamarca-Noruega, cuya soberanía se extendía a amplios territorios marítimos escandinavos y árticos, incluyendo Islandia y Groenlandia, durante la Edad Moderna[21].

Hemos citado al marino, geógrafo e historiador Cesáreo Fernández Duro (1830-1908) como uno de los autores referenciales para el investigador canadiense. En algunos casos, Buron empleó el *Arca de Noé* de aquel, que contiene un extenso apartado dedicado a «La pesca de los vascongados y el descubrimiento de Terranova», como fuente indirecta de varios datos pertenecientes a la Colección Vargas Ponce, pero el archivero canadiense dio a conocer nueva información de dicho fondo documental del Museo Naval cuya referencia no estaba disponible en el libro de Fernández Duro[22]. Como es sabido, José Vargas Ponce (1760-1821) formó una gran colección de copias de documentos guipuzcoanos, incluyendo abundantes noticias sobre las pesquerías vascas en el Atlántico norte, para su inacabada *Historia de la Marina española* que hoy tienen gran valor, debido a que muchos de los originales se han perdido[23].

---

[21] Már JÓNSSON, Denmark-Norway as a Potential World Power in the Early Seventeenth Century, *Itinerario*, 2 (2009), pp. 17-27.

[22] FERNÁNDEZ DURO, F., *Disquisiciones náuticas*. T. VI. *Arca de Noé*, Madrid: Ministerio de Defensa. Secretaría General Técnica: Instituto de Historia y Cultura Naval, 1996, pp. 273-427 (*v.* apéndice documental en pp. 402-427) (reprod. facs. de la ed. de Madrid: Imprenta, Estereotipia y Galvanoplastia de Aribau y C.ª, 1881).

[23] Sobre la vida y obra del historiador gaditano, véase DURÁN LÓPEZ, F., *José Vargas Ponce (1760-1821). Ensayo de una bibliografía y crítica de sus obras*, Cádiz: Universidad, Servicio de Publicaciones, 1997.

El tercer gran archivo usado por Buron fue el *Rigsarkivet*, el Archivo Nacional de Dinamarca, con los fondos de una chancillería que fue doble durante la Edad Moderna. Por un lado, la de lengua danesa (*Danske Kancelli*), que se ocupaba de la administración civil de Dinamarca, Noruega y Suecia, y, por otro lado, la de lengua alemana y latina (*Tyske Kancelli*), que se ocupaba de las relaciones exteriores, incluyendo a los marineros vascos súbditos de las coronas de Francia y Castilla. En el manuscrito de Buron hay referencias a la correspondencia mantenida con los archiveros daneses Axel Linvald (1886-1965) y Elna Kringelbach.

En la introducción a *Les Basques dans l'Atlantique*, Buron se sorprendió de la existencia de una Sociedad Internacional (sic) de Estudios Vascos, confundiendo, no sin motivo, la Sociedad de Estudios Vascos, fundada en 1918, y la *Revue internationale des études basques*. La más conocida por su título español, *Revista Internacional de los Estudios Vascos*, dirigida por Julio Urquijo desde su creación en 1907, se había convertido posteriormente en órgano oficial de Eusko-Ikaskuntza. Buron utilizó varios trabajos publicados en los primeros años de la *Revue*. Sin embargo, su contacto con la comunidad científica vasca parece tardío y efímero, ya que dejó sin estudiar varios artículos posteriores, la mayoría de autores peninsulares (Areitio, Amador Carrandi, Mugartegui, Anguiozar) y alguno continental (Yturbide), muy pertinentes al tema de su estudio[24].

Ya hemos hecho referencia a la visita de Buron a San Sebastián en 1934 o 1935, donde estuvo reunido con Urquijo, Pedro Garmendia, secretario-gestor de la Sociedad de Estudios Vascos, y Fausto Arocena, sucesor de Serapio Múgica en la Inspección de Archivos Municipales de la Diputación de Gipuzkoa. Creemos que de este contacto Buron extrajo gran parte de la información referida a autores vascos del siglo XX citados en *Les Basques dans l'Atlantique*, tales como Segundo Ispizua, Serapio Múgica o Julio Lazúrtegui, a quien confunde con su editor Carreras Candi.

Sería el caso también del difunto y admirado Carmelo Echegaray, de alguna manera sobrerrepresentado en el manuscrito de Buron, ya que Echegaray apenas escribió sobre el tema que nos ocupa, o las contadas referencias a documen-

---

[24] YTURBIDE, P., Les anciens traités de bonne correspondance entre les basques de France et ceux d'Espagne, *Revista Internacional de los Estudios Vascos*, 13 (1922), pp. 179-220; AREITIO, D., La pesca de la ballena. Notas de un pleito de principios del siglo XVII, *Revista Internacional de los Estudios Vascos*, 17 (1926), pp. 194-200; AMADOR CARRANDI, F., Les anciens traités de bonne correspondance entre les basques de France et ceux d'Espagne, *Revista Internacional de los Estudios Vascos*, 18 (1927), pp. 55-69; MUGARTEGUI, J. J., Cómo se reclutaba en el siglo XVI, en nuestras costas, una tripulación para la pesca del bacalao en Terra-Nova, *Revista Internacional de los Estudios Vascos*, 19 (1928), p. 632-636; ANGUIOZAR, M., Sellos medioevales de tipo naval, *Revista Internacional de los Estudios Vascos*, 23 (1932), pp. 130-138.

tos del Archivo General de Gipuzkoa, que se limitan a recoger la información del *Índice* de 1887[25]. Incluso alguna llamativa ausencia, como la del libro *Navegantes guipuzcoanos* del marqués de Seoane, fallecido en 1928, creemos que se puede explicar por la prevención que este historiador «diletante» provocaba al círculo de estudiosos reunidos en torno a la Sociedad de Estudios Vascos[26].

En el terreno filológico, parece razonable deducir que sus conversaciones con Urquijo fueran la causa de que Buron citase a un especialista poco conocido entre romanistas como el holandés Uhlenbeck, cuyas conclusiones sobre la discutida etimología de la voz *bacalao* (*kabeljauw* en neerlandés, *bakailao* en euskera) Buron retorció en favor de la preeminencia vasca[27]. En cambio, otros lingüistas como el conde de Charencey, obsoleto a la altura de 1936, pero al que Buron concedió cierta autoridad en su manuscrito, no hubiesen contado con el mismo respaldo por parte del director de la *Revista Internacional de los Estudios Vascos*.

3.3. El contenido del manuscrito

Tras una breve Introducción (pp. 1-7 de la versión extensa del manuscrito), el cuerpo principal de todas las versiones de *Les Basques dans l'Atlantique* está dividido en tres partes:

1. «Tradition de la navigation précolombienne des Basques au Nouveau Monde» (pp. 8-19);

2. «Faits acquis à l'Histoire ayant rapport à la Tradition des navigations précolombiennes» (pp. 20-59);

3. «Activités maritimes des Basques dans les eaux européennes et septentrionales» (pp. 60-91).

---

[25] MUNITA, J. J., *Índice de los documentos y papeles del Archivo General de la M.N. y M.L. Provincia de Guipúzcoa existente en la Iglesia Parroquial de Santa María de la M.N., L. y V. Villa de Tolosa*, San Sebastián: Imprenta de la Provincia, 1887, pp. 70 y 266.

[26] Resulta llamativo que la única colaboración del marqués de Seoane en la revista vasca de referencia fuese la presentación de una reedición que finalmente no llegó a publicarse: SEOANE Y FERRER, R., Un derrotero de Terranova del siglo XVII, *Revista Internacional de los Estudios Vascos*, 3 (1909), pp. 318-319. La cortés frialdad respecto a la obra y métodos de Seoane puede inferirse de la lectura de trabajos como ECHEGARAY, C., Documentos del Excmo. Sr. Marqués de Seoane. Informe, *Revista Internacional de los Estudios Vascos*, 16 (1925), pp. 416-425; o URQUIJO, J., El Marqués de Seoane (1858-1928), *Revista Internacional de los Estudios Vascos*, 19 (1928), p. 145. Con todo, el citado libro del marqués seguía siendo ineludible a la hora de abordar un tema, el de las navegaciones vascas en el Atlántico norte, apenas desarrollado entonces. *cf.* SEOANE Y FERRER, R., *Navegantes guipuzcoanos*; prólogo, Julián Martínez; epílogo con cartas inéditas, J. Ignacio Tellechea Idígoras, San Sebastián: Sociedad Guipuzcoana de Ediciones y Publicaciones, 1985 (1ª ed., Madrid: Imp. de la Revista General de Marina, 1908).

[27] BAKKER, P., C. C. Uhlenbeck's Work on the Basque Language, *Anuario Del Seminario De Filología Vasca «Julio de Urquijo»*, 42-2 (2008), pp. 239, 252-253.

La primera parte de la obra, sobre la tradición de la navegación precolombina de los vascos en el Nuevo Mundo es fundamentalmente una demostración de la erudición del autor. Buron recogió un centenar de noticias, con abundante aparato crítico, que van de la leyenda hasta la historiografía más reciente, pasando por hipótesis obsoletas de anticuarios. Conforman una tradición bien establecida, por repetida –desde Étienne Cleirac, en el Setecientos, hasta Adolphe Bellet, asomados ya al siglo XX–, pero nunca probada, de la supuesta llegada de navegantes de origen vasco a las costas del continente americano, especialmente a la isla de Terranova y península de Labrador, mucho antes de que lo hicieran exploradores como Colón, los Caboto o los Corte-Real. Buron se mostró casi siempre prudentemente escéptico, pero su fascinación por el caso vasco le llevó a cometer algunos excesos, como, por ejemplo, atribuir a los labortanos la autoría fundamental del código marítimo medieval de Europa occidental, los *Rôles d'Oléron*[28], o confundir la cofradía de mareantes vascos de Cádiz con una moderna Escuela Naval[29].

La segunda parte es ya una aportación de mayor calado, concentrada en cuarenta puntos que, si no demuestran la hipótesis precolombina, ofrecen datos contrastados –basados en documentos históricos, administrativos y notariales– relativos a finales del siglo XV y comienzos del siglo XVI, sobre la posible existencia de una navegación vasca en el Nuevo Mundo, especialmente vinculada a la pesca del bacalao. En opinión de Buron, el descubrimiento de lo que mapas contemporáneos denominaban *Tierra Nueva*, *Isla de Bacalao*s, etc., no fue un hecho puntual, atribuible a un único agente –por ejemplo, los pueblos nórdicos del siglo X–, sino un proceso progresivo que se extendió durante varios siglos, periodo en el que las potencias europeas aún no habían regulado el comercio norteamericano y en el que los vascos, junto a otros europeos occidentales, tuvieron un papel determinante. Esta preeminencia marítima explicaría muchas de las singularidades políticas vascas, respetadas y sancionadas por los reyes de Castilla y Francia, incluyendo tratados de buena correspondencia entre súbditos de ambos lados de los Pirineos.

La tercera parte de *Les Basques dans l'Atlantique*, dedicada a las actividades marítimas vascas en aguas europeas septentrionales, tiene especial interés, ya que precede a la mayoría de los trabajos sobre el tema y destaca por las fuen-

---

[28] Estudio exhaustivo y edición crítica de diferentes versiones del código en SERNA VALLEJO, M., *Los Rôles D'Oléron. El coutumier marítimo del Atlántico y del Báltico de época medieval y moderna*, Santander: Centro de Estudios Montañeses, 2004.

[29] *cf.* TXUEKA ISASTI, F., El Colegio de Pilotos Vizcaínos de Cádiz. La otra historia marítima de los vascos. Del *Mare Nostrum* al Pacífico, *Itsas Memoria. Revista de Estudios Marítimos del País Vasco*, 8 (2016), pp. 591-645.

tes documentales que usó el autor. Gracias a las investigaciones de Buron, ya en 1935-1936 se pudo probar con datos de archivo daneses la importancia que los vascos tuvieron, en la caza de ballenas en Groenlandia, Islandia, norte de Noruega –topónimo empleado de manera imprecisa por las fuentes contemporáneas– y el archipiélago de Svalbard –muchas veces confundido con Groenlandia en los textos de la época–, especialmente en el siglo XVII, periodo de crisis de la historia marítima vasca, a causa de la regresión de las pesquerías norteamericanas, poco estudiado hasta fechas recientes.

Sin embargo, como explica Buron, la Era de los Descubrimientos había dado paso a la era de las compañías comerciales y de los monopolios oficiales, por lo que los pescadores vascos fueron progresivamente expulsados de los mares del Atlántico norte, campo de batalla de las rivalidades coloniales de las grandes potencias europeas, con jalones tan señalados como el Tratado de Utrecht de 1713, por el que Francia cedió a Gran Bretaña vastos territorios norteamericanos, incluyendo Terranova, causa de que la continuación de las pesquerías de bacalao vascas en aguas canadienses orientales resultase eventualmente imposible.

3.4. Su escasa fortuna e influencia posterior

Era una obra acabada la que Buron pensaba presentar en septiembre de 1936, durante el proyectado Congreso de Estudios Vascos al que hemos hecho referencia antes. En circunstancias normales, si el Congreso de Historia no hubiera sido suspendido debido a la guerra de España, Buron hubiese presentado *Les Basques dans l'Atlantique* en Estella y, posteriormente, se habría publicado por la propia Eusko-Ikaskuntza, en un tomo recopilatorio de los trabajos presentados al Congreso. De haberse dado a conocer, el trabajo de Buron hubiese sido una aportación interesante a la historiografía de las navegaciones y pesquerías vascas en el Atlántico, especialmente en el contexto de una reunión científica en la que se hubiera codeado con historiadores, geógrafos, etnógrafos y juristas de la talla de Théodore Lefebvre, Antonio de la Torre, Claudio Sánchez Albornoz, José María Lacarra, Ildefonso Gurruchaga, Bonifacio Echegaray, José Miguel Barandiarán o Fausto Arocena, por citar algunos de los ponentes convocados por la Sociedad de Estudios Vascos[30].

Cinco años después, el 17 de octubre de 1941, Buron escribió a Julio Urquijo para ofrecerle el manuscrito de *Les Basques dans l'Atlantique* para la

---

[30] Estornés Zubizarreta, I., *La Sociedad de Estudios Vascos. Aportación de Eusko-Ikaskuntza a la cultura vasca (1918-1936)*, [Donostia-San Sebastián]: Sociedad de Estudios Vascos, 1983, pp. 133-135.

Revista Internacional de los Estudios Vascos, la cual había dejado de publicarse y, debido a las dificultades impuestas por la dictadura franquista, aún faltaban algunos años para que apareciese en Gipuzkoa uno de sus sustitutos oficiosos, el *Boletín de la Real Sociedad Vascongada de los Amigos del País*[31]. No sabemos si Urquijo, quien se encontraba reconstruyendo su red de contactos internacionales, llegó a responder a la carta de Buron, pero lo que parece seguro es que este no llegó a enviar copia de su manuscrito a San Sebastián, ya que no hay rastro de la obra en el archivo y biblioteca personales que la Diputación de Gipuzkoa adquirió tras la muerte de Urquijo en 1950, las cuales hoy forman parte de la Biblioteca Foral de Gipuzkoa-Koldo Mitxelena Kulturunea[32].

Reproducimos a continuación la carta de Buron a Urquijo:

Les Bouilloux, Nantheuil, par Thiviers (Dordogne)

Le 17 octobre 1941

Monsieur et cher Maître

Je désirerais savoir si, en principe, vous accepteriez une étude de moi sur les Basques dans l'Atlantique et au Nouveau Monde pour la *Rev. Int. des Etudes Basques*. Cet aurait bien 80 à 90 pages.

Quand comptez-vous faire paraître le prochain No. ?

Vous vous rappellerez peut-être j'eus l'honneur de vous rencontrer une ou deux fois à St. Sébastien vers 1934 ou 1935, ainsi que M. Garmendia et que je devais me rendre à votre Congrès d'Estella quand... des événements bien imprévus ont rendu ce projet impossible. J'avais, au cours de mon séjour, été si bien accueilli par M. Arocena.

J'aime à croire que vous êtes remis des épreuves tragiques des dernières années et je vous prie d'agréer mes respectueuses salutations

Edmond Buron[33]

A pesar de los deseos de Buron, fallecido en 1942, su trabajo permaneció inédito y, por tanto, oculto para la gran mayoría de los investigadores. Por ejemplo, Maxime Dégros lo desconoció absolutamente en su tesis de la *École*

---

[31] UGARTE MUÑOZ, A., Cultura vasca y regionalismo franquista. Julio Urquijo y los estudios vascos en la posguerra, *Cercles. Revista d'Història Cultural*, 22 (2019), pp. 163-192.

[32] BILBAO, M. C. (et al.), *Catálogo del fondo Julio de Urquijo de la Biblioteca de la Diputación Foral de Gipuzkoa = Gipuzkoako Foru Aldundiaren Liburutegiko Julio de Urquijo hondoaren katalogoa*, Donostia-San Sebastián: Diputación Foral de Gipuzkoa, Departamento de Cultura, 1991, 2 vols.

[33] Carta de E. Buron a J. Urquijo, 17 de octubre de 1941, Koldo Mitxelena Kulturunea-Diputación Foral de Gipuzkoa, J.U. 008309760.

Carta de Edmond Buron a Julio Urquijo (17-X-1941). Fuente: Biblioteca
de Koldo Mitxelena Kulturunea-Diputación Foral de Gipuzkoa.

Nationale des Chartes sobre la pesca vascofrancesa desde sus orígenes hasta el
siglo XVIII, comenzada a publicarse en vida de Buron[34]. Indicio de que el manuscrito nunca llegó a San Sebastián es, por otra parte, que nada se dice de aquel
en *La Industria pesquera en Guipúzcoa al final del siglo XVI* de José Manuel
Imaz, archivero provincial ayudante de Arocena, el meticuloso historiador que
se ocupó de presentar este libro en 1944[35].

---

[34] DÉGROS, M., La grande pêche basque. Des origines à la fin du XVIIIe siècle, *Bulletin de la Société des Sciences, Lettres et Arts de Bayonne*, 35 (1940), pp. 148-179, 37-39 (1941), pp. 27-33, 89-92,
156-163, 40-42 (1942), pp. 23-26, 74-78, 137-145, 43-46 (1943), pp. 39-53, 95-108, 165-183, 221-226,
47-49 (1944), pp. 17-28, 75-82, 127-131, 50 (1945), pp. 34-44.

[35] IMAZ, J. M., *La Industria pesquera en Guipúzcoa al final del siglo XVI (documentos de la época)*;
presentación de Fausto Arocena, San Sebastián: Imprenta de la Diputación de Guipúzcoa, 1944, pp.
III-IV. Sobre la estrecha relación entre ambos, véase AROCENA, F., José Manuel Imaz, *Boletín de la Real
Sociedad Vascongada de Amigos del País*, 2 (1946), pp. 469-470.

Así, a la altura de 1961, año en el que se publicó el trabajo emblemático –cuatro ediciones hasta 2010– de Mariano Ciriquiain Gaiztarro sobre *Los vascos en la pesca de la ballena*, cuya segunda mitad está principalmente dedicada a las cacerías en Terranova y Labrador, puede considerarse a *Les Basques dans l'Atlantique* como inexistente para la historiografía vasca y europea[36]. Hay que recordar que Ciriquiain trabajaba desde 1941 como secretario de la Diputación de Gipuzkoa, codo con codo con Arocena, único superviviente de entre aquellos que se entrevistaron con Buron en San Sebastián. Además, los dos habían sido estrechos colaboradores de Urquijo en el relanzamiento de la Real Sociedad Vascongada de los Amigos del País, en cuya editorial se publicó *Los vascos en la pesca de la ballena*, libro donde se hubiese dado a conocer la existencia del manuscrito de Buron de haber llegado este a manos de Urquijo o de los funcionarios de la Diputación[37].

Se ha achacado, con razón, a Ciriquiain no señalar convenientemente las fuentes de su valioso y difundido libro. En su obra hay otras ausencias ya apuntadas entonces por nacionalistas vascos en el exilio y motivadas probablemente por recelos políticos[38]. Nos referimos a la obra *Primitivos navegantes vascos* del historiador argentino Enrique Gandía, publicada en 1942 en la Editorial Vasca Ekin de Buenos Aires[39]. Pese a ser una obra más superficial que la de Buron, tiene muchos puntos en común con esta y ambas responden a una misma motivación, la de estudiar el tema de la navegación y pesquerías vascas en el Atlántico, incluyendo la hipótesis precolombina, separándolo de las tradiciones legendarias.

Ha correspondido a los historiadores canadienses posteriores –quienes han podido consultar el manuscrito de Buron en el Archivo Nacional de Canadá– mantener vivo su recuerdo, pero de manera algo velada. Según el registro archivístico, el Fondo Edmond Buron fue adquirido a sus descendientes entre 1990 y 1992, pero ya se conservaba una copia de *Les Basques dans l'Atlantique* desde 1962[40]. Por esas últimas fechas lo estudió el presbítero quebequés René

---

[36] CIRIQUIAIN GAIZTARRO, M., *Los vascos en la pesca de la ballena*, Andoain: Txertoa, 2010 (1ª ed., San Sebastián: Biblioteca Vascongada de los Amigos del País, 1961).

[37] Sobre la estrecha relación entre ambos, véase AROCENA, F., *In memoriam Mariano Ciriquiain Gaiztarro*, *Boletín de la Real Sociedad Vascongada de Amigos del País*, 20 (1964), pp. 455-456.

[38] Como parece leerse entre líneas en la reseña de GÁRATE, J., Los euskarianos tras los cetáceos, *Boletín de la Real Sociedad Vascongada de Amigos del País*, 21 (1965), pp. 177-184 (p. 178).

[39] GANDÍA, E., *Primitivos navegantes vascos y las Malvinas*, Buenos Aires: Editorial Vasca Ekin, 1986 (1ª ed., Buenos Aires: Editorial Vasca Ekin, 1942).

[40] BAC/LAC, Descripción archivística del Fondo Edmond Buron: https://recherche-collection-search.bac-lac.gc.ca/fra/accueil/notice?app=fonandcol&IdNumber=98918 (13 de octubre de 2023).

Bélanger (1908-2000), autor de *Les Basques dans l'estuaire du Saint-Laurent, 1535-1635*, un trabajo solvente basado en fuentes archivísticas e incluso arqueológicas que inicia la literatura científica canadiense sobre el tema.[41]

Con todo, Bélanger se limitó a tomar datos del manuscrito de Buron y a referenciarlos de manera muy ocasional en su libro publicado en 1971 y traducido al español –prueba de su éxito– en 1980[42]. Estas contadas referencias son las que llegaron de forma indirecta a otros autores como Anastasio Arrinda[43]. Solo los escasos lectores avisados del inédito de Buron, como Laurier Turgeon, profesor de la Universidad Laval, podrían establecer claramente a este como fuente de inspiración de Bélanger[44]. Más recientemente, las referencias al manuscrito han reaparecido en la obra de Mario Mimeault sobre la presencia vasca y bayonesa en el virreinato de Nueva Francia, lo que evidencia que el interés de *Les Basques dans l'Atlantique* no carece de fundamento[45].

Catherine Drouin, primero, y otros historiadores francocanadienses como el citado Turgeon y Denis Laborde, luego, se han referido de manera superficial a Buron, con motivo de la relación epistolar que mantuvo con Sylvio Dumas desde diciembre de 1935 hasta noviembre de 1938[46]. Dumas era un empresario quebequés que quiso revitalizar la memoria histórica vasca –por ejemplo, los restos de hornos de aceite, cotizado producto derivado de la ballena, al igual que sus barbas– en el estuario de San Lorenzo y que animó a Buron en sus investigaciones, pero el hecho es que para finales de 1935 la redacción de *Les Basques dans l'Atlantique* estaba prácticamente concluida.

------

[41] SERNA VALLEJO, M., Bélanger, René. En Madariaga Orbea, Juan (dir.), *Notitia Vasconiae. Diccionario de historiadores, juristas y pensadores políticos de Vasconia. IV. 1936-2022*, Donostia: Fundación Iura Vasconiae; Madrid: Marcial Pons, 2023, pp. 1123-1124.

[42] BÉLANGER, R., *Les Basques dans l'estuaire du Saint-Laurent, 1535-1635*, Montréal: Presses de l'Université du Québec, pp. 78, 144, 147, 156. Traducción al español de Carmela Saint-Martín: *Los vascos en el estuario del San Lorenzo. 1535-1635*; San Sebastián: Auñamendi, 1980, pp. 126, 224, 230, 244.

[43] ARRINDA, A., *Euskalerria eta arrantza = La pesca en Euskalerria*, [Donostia-San Sebastián]: Sociedad Guipuzcoana de Ediciones y Publicaciones, 1977, pp. 204, 260.

[44] Comunicación personal de Turgeon a Catherine Drouin en enero de 1994 con motivo del trabajo de *Master of Arts* de esta: DROUIN, C., *L'Île aux Basques. Un fleuve, une terre, des hommes. Mise en valeur d'un patrimoine historique et archéologique*, Université Laval, 1994, p. 28. Turgeon es autor de una tesis doctoral sobre la historia de las pesquerías labortanas en Terranova, resumida en TURGEON, L., Pêches basques du Labourd en Atlantique nord (XVI-XVIII siècle). Ports, routes et trafics, *Itsas Memoria. Revista de Estudios Marítimos del País Vasco*, 3 (2000), pp. 163-178.

[45] MIMEAULT, M., *Destins de pêcheurs. Les basques en Nouvelle-France*, Québec: Septentrion, 2011, pp. 20-21, 33, 36, 42-43, 49, 148, 150-154, 183.

[46] DROUIN, C., *op. cit.*, pp. 25-26; LABORDE, D. y TURGEON, L., Construire une histoire basque au Québec, *Material History Review = Revue d'histoire matérielle*, 50 (1999), pp. 46, 54.

En cualquier caso, el punto y aparte que supusieron las investigaciones archivísticas y arqueológicas de la historiadora canadiense Selma Huxley (1927-2020) sobre las pesquerías vascas transatlánticas y nórdicas, así como las mucho menos conocidas del historiador danés Sune Dalgård (1922-2007), han arrumbado la obra pionera de Buron de la memoria de la gran mayoría de los autores que han tratado el tema, ya que las aportaciones historiográficas anteriores, desde finales del siglo XIX a mediados del siglo XX, dentro de la que se inscribe el inédito de Buron, se consideraron obsoletas o superadas.

Mención especial merece la tesis doctoral de Sune Dalgård para todo lo referido a la presencia de balleneros vascos en aguas de soberanía danesa, tema escasamente tratado por la historiografía hasta hace pocos años. No en vano Dalgård fue desde 1962 jefe del Archivo Nacional de Copenhague (*Rigsarkivet*), año en el que publicó su tesis doctoral sobre la caza de ballenas en el reino de Dinamarca-Noruega entre 1615 y 1660[47]. En su estudio, relativo a la posición del Estado danés en la expansión mercantil europea, Dalgård empleó de forma exhaustiva los fondos del *Rigsarkivet* y pudo establecer, de forma tangencial, la importancia de los balleneros vascos en aguas árticas durante la primera mitad del siglo XVII, hasta su expulsión definitiva por los intereses de los Estados en liza, principalmente Inglaterra y los Países Bajos[48].

Por otro lado, la obra monumental de Selma Huxley[49], que enlazaba los datos archivísticos y notariales hispano-vascos con las exploraciones arqueológicas canadienses –incluyendo espectaculares hallazgos como el pecio de una nao guipuzcoana del siglo XVI en Red Bay (Labrador) identificada por Huxley– suscitó un renovado interés por la historia de las navegaciones y pesquerías vascas en el Atlántico norte. Desde los años noventa del siglo XX hasta la actualidad toda una serie de rigurosas obras académicas sobre el tema se han sucedido, donde, sin perjuicio de la calidad y visión innovadora de aquellas, el inédito de Buron es completamente desconocido. Así sucede, por ejemplo, en

---

[47] DALGÅRD, S., *Dansk-norsk hvalfangst 1615-1660. En studie over Danmark-Norges stilling i europæisk merkantil expansion*, København: Gad, 1962.

[48] Algunos de estos datos fueron recogidos por Már JÓNSSON, *op. cit.*, pp. 18-20.

[49] HUXLEY, S. (coord.), *Itsasoa. Los vascos en el marco Atlántico norte, siglos XVI y XVII*, Lasarte-Oria: Ostoa, 1992, pp. 26-209 (1ª ed., Donostia: Etor, 1987). Además del trabajo central de Huxley, el tomo incluye otros artículos relacionados de Álex Aguilar, Michael Barkham, Trausti Einarsson, Jerardo Elortza, Geoffrey Farmer, José Antonio Hernández Vera, Eneko Oregi, Freyr Sigurjónsson, Sigurður Sigursveinsson e Iñaki Zumalde. Sobre Huxley, véase BARKHAM, M., Huxley, Selma de Lotbinière. En Madariaga Orbea, Juan (dir.), *Notitia Vasconiae. Diccionario de historiadores, juristas y pensadores políticos de Vasconia. IV. 1936-2022*, Donostia: Fundación Iura Vasconiae; Madrid: Marcial Pons, 2023, pp. 1168-1174.

todos los artículos aparecidos en la revista de referencia sobre el tema, *Itsas Memoria*, cuyos ochos gruesos números fueron publicados por el Museo Naval de Gipuzkoa entre 1996 y 2016, constituyendo una verdadera mina de información para la historia marítima del País Vasco[50].

Sin ánimo exhaustivo, hay que citar, por su calidad, la tesis doctoral de Alberdi Lonbide[51] sobre la economía marítima guipuzcoana, las investigaciones históricos-jurídicas de Serna Vallejo[52], los resultados de las exploraciones arqueológicas de Azkarate, Lowen y otros en Canadá[53] y las de Ragnar Edvardsson y Magnús Rafnsson en Islandia[54], los trabajos de historia social de Azpiazu[55], las

---

[50] MUSEO NAVAL, *Itsas memoria. Revista de Estudios Marítimos del País Vasco*, Diputación Foral de Gipuzkoa = Gipuzkoako Foru Aldundia: Untzi Museoa = Museo Naval, 1996-2016, 8 vols. Fueron ocho números monográficos dedicados a los siguientes temas: «Estado de la cuestión de los estudios marítimos en el País Vasco»; «La construcción naval en el País Vasco»; «La pesca en el País Vasco»; «Transporte y comercio marítimos»; «Guerra marítima, corso y piratería»; «Patrimonio marítimo y fluvial»; «Historia portuaria» y «Patrimonio inmaterial, memorias y fuentes orales». Colección a la que habría que añadir el catálogo de la siguiente exposición: UNSAIN, J. M. (ed.), *San Sebastián, ciudad marítima*, San Sebastián: Untzi Museoa = Museo Naval, 2008. Sobre historia de la construcción naval y su relación ecológica con la política forestal, véase ahora TRAPAGA MONCHET, K., ARAGÓN-RUANO, A. y JOANAZ DE MELO, C. (eds.), *Roots of sustainability in the Iberian empires: shipbuilding and forestry, 14th-19th centuries*, London: Routledge, 2023.

[51] ALBERDI LONBIDE, X., Postrimerías de las pesquerías transatlánticas guipuzcoanas durante el siglo XVIII. Proceso de creación y extinción de la Compañía Ballenera de San Sebastián, *Boletín de Estudios Históricos sobre San Sebastián*, 33 (1999), pp. 555-590; ALBERDI LONBIDE, X., *Conflictos de intereses en la economía marítima guipuzcoana. Siglos XVI-XVIII*, Servicio Editorial de la Universidad del País Vasco/Euskal Herriko Unibertsitateko Argitalpen Zerbitzua, 2012 (especialmente cap. IV); ALBERDI LONBIDE, X., El más oculto secreto. Las cacerías de cachalotes y la industria del refinado del esperma en el País Vasco durante los siglos XVII y XVIII, *Boletín de la Real Sociedad Bascongada de Amigos del País*, 69 (2013), pp. 331-381.

[52] SERNA VALLEJO, M., *Los viajes pesquero-comerciales de guipuzcoanos y vizcaínos a Terranova (1530-1808). Régimen jurídico*, Madrid: Marcial Pons; Oñati: Instituto Vasco de Administración Pública, 2010 (historiografía sobre la cuestión en las pp. 67-86); SERNA VALLEJO, M., El derecho de las pesquerías de guipuzcoanos y vizcaínos en Islandia, Groenlandia y Svalbard en el siglo XVII, *Anuario de Historia del Derecho Español*, 84 (2014), pp. 79-119 (historiografía sobre la cuestión en las pp. 85-92).

[53] AZKARATE, A., HERNÁNDEZ, J. A. y NÚÑEZ, J., *Balleneros vascos del siglo XVI (Chateau Bay, Labrador, Canadá). Estudio arqueológico y contexto histórico*, Vitoria-Gasteiz: Servicio Central de Publicaciones del Gobierno Vasco, 1992; LOEWEN, B., BARREIRO ARGÜELLES, S. y COTTREAU-ROBINS, C., S'adapter pour rester. Continuités basques aux XVIIe et XVIIIe siècles, *Archéologiques*, 34 (2021), pp. 1-17; LOEWEN, B. y DELMAS, V., The Basques in the Gulf of St. Lawrence and Adjacent Shores, *Canadian Journal of Archaeology*, 36 (2012), pp. 213-266.

[54] Ragnar EDVARDSSON y Magnús RAFNSSON, *Basque whaling around Iceland. Archeological investigation in Strákatangi, Steingrímsfjörour*, Bolungarvík: Nátturústofa Vestfjaroa; Hólmavík: Strandagaldur Ses, 2006.

[55] AZPIAZU, J. A., *La empresa vasca de Terranova. Entre el mito y la realidad*, Donostia: Ttarttalo, 2008; AZPIAZU, J. A., *Hielos y océanos. Vascos por el mundo*, Donostia: Ttarttalo, 2016 (especialmente cap. VIII).

investigaciones del propio hijo de Huxley, Michael Barkham[56], las ponencias del congreso del *Comité des travaux historiques et scientifiques* celebrado en Pau en 1993[57], las aportaciones filológicas[58], el libro sobre balleneros vascos de Pasquier[59], los trabajos editados por Irujo y Miglio sobre la presencia vasca en Islandia[60] –motivados, en gran parte, por el aniversario de la matanza de marinos vascongados de 1615– y el libro de Romanovsky sobre balleneros vascos en Slvarbard[61], entre otros.

---

[56] Barkham es autor de la tesis doctoral *Shipowning, shipbuilding and trans-Atlantic fishing in Spanish Basque ports, 1560-1630. A case study of Motrico and Zumaya*, defendida en 1990 en la Universidad de Cambridge y resumida en artículos posteriores como BARKHAM, M., La industria pesquera en el País Vasco peninsular al principio de la Edad Moderna. ¿Una edad de oro?, *Itsas Memoria*, 3 (2000), pp. 29-75; o BARKHAM, M., Las pesquerías vasco-peninsulares en Terranova (c.1520-1650). En Guerrero Acosta, José Manuel (ed.), *La memoria recobrada. Huellas en la historia de los Estados Unidos = Oroitzapen berreskuratua. Aztarnak Estatu Batuen historian = The recovered memory. Traces in the history of the United States*, Bilbao: Iberdrola, 2017, pp. 183-207.

[57] BOURGOIN, J. y CARPINE-LANCRE, J. (eds.), *L'aventure maritime, du Golfe de Gascogne à Terre-Neuve. Actes du 118e Congrès National Annuel des Sociétés Historiques et Scientifiques, Pau, octobre 1993*, Paris: Editions du CTHS, 1995. Incluye trabajos de Maurice Fontaine, Suzanne Débarbat, Simone Dumont, Jacqueline Carpine-Lancre, Gérard Grau, Miren Egaña, Pierre Tucoo-Chala, Denis Lieppe, Catherine Bousquet-Bressolier, Nathalie Paletou, Jean-Pierre Proulx, Manu Izaguirre, Eric Rieth, Brad Loewen, Jean-Pierre Chrestien, Selma Huxley, Jean-Philippe Priotti, Thierry du Pasquier, Laurier Turgeon, Daniel Dufournier, Peter Bakker, Hubert Michéa, Christiane Villain-Gandossi, Bernard Doumerc, José Luis Casado, Elisa Ferreira, Clara Uriarte, Ernesto García, Javier Enriquez, Enriqueta Sesmero, Aingeru Zabala, Josette Pontet y Raymonde Litalien.

[58] BAKKER, P., BILBAO, G., DEEN, N. y HUALDE, J. I., *Basque pidgins in Iceland and Canada*, Donostia-San Sebastián: Diputación Foral de Gipuzkoa, 1991; OREGI, E. y Freyr SIGURJÓNSSON, Tres glosarios vasco-islandeses del siglo XVII. En Huxley, Selma (coord.), *op. cit.*, pp. 317-336; KNÖRR, H., Basque fishermen in Iceland. Bilingual vocabularies in the 17th and 18th centuries, *Euskera. Trabajos y actas de la Real Academia de la Lengua Vasca*, 51 (2006), pp. 491-499; ETXEPARE, R. y MIGLIO, V. G., The Newly-Discovered Fourth Basque-Icelandic Glossary. En Irujo, Xavier y Miglio, Viola G. (eds.), *Basque whaling in Iceland in the XVII century. Legal organization, cultural exchange and conflicts of the Basque fisheries in the North Atlantic*, Santa Barbara: Barandiaran Chair of Basque Studies, University of California; Hólmavík: Strandagaldur Ses, cop. 2015, pp. 345-392; EGAÑA GOYA, M., *500 años de presencia vasca en el Atlántico Norte*, Donostia-San Sebastián: Aranzadi Zientzia Elkartea, 2021.

[59] PASQUIER, T., *Les Baleiniers basques*, Paris: SPM, 2000.

[60] IRUJO, X. y MIGLIO, V. G. (eds.), *Basque whaling in Iceland in the XVII century. Legal organization, cultural exchange and conflicts of the Basque fisheries in the North Atlantic*, Santa Barbara: Barandiaran Chair of Basque Studies, University of California; Hólmavík: Strandagaldur Ses, cop. 2015, incluyendo trabajos de Óskar Holm, Már Jónsson, Rosa Ayerbe, Margarita Serna Vallejo, Magnus Rafsson, Ragnar Edvardsson y Ricardo Etxepare; IRUJO, X. y MIGLIO, V. G. (eds.), *Jón Guðmundsson Lærd's True Account and the Massbcre of Basque Whalers in Iceland in 1615*, Reno: Center for Basque þtudies, University of Nevada, 2017, incluyendo trabajos de Álvaro Aragón, Alberto Angulo, William Douglass, Tapio Koivukari, Helgi orláksson, Hjörleifur Guttormsson, Viðar Hreinsson, Ólína Kjerúlf horvarðardóttir, Einar G. Pétursson, Aurélie Arcocha-Scarcia y Mari Jose Olaziregi.

[61] ROMANOVSKY, V., *Le Spitsberg et les baleiniers basques,* Biarritz: Atlantica, 1999.

En los últimos años no ha cesado la investigación de todo lo relativo a esas navegaciones y pesquerías vascas que tanto fascinaron a Edmond Buron, tal y como pudimos comprobar recientemente, el 16 y 17 de octubre de 2023, en el simposio internacional «The Basque Whaleboat, at the Origin of Industrial Whaling» organizado por Albaola Itsas Kultur Faktoria en su sede de Pasaia, donde Xabier Alberdi Lonbide, director científico de Albaola y director de Euskal Itsas Museoa, dio una conferencia inaugural sobre el estado actual de los conocimientos sobre las actividades marítimas vascas desarrolladas en el Ártico durante la Edad Moderna y el amplio horizonte por descubrir que se presenta a todos los interesados en su estudio.

3.5. Nuestra edición

Merecen una mención especial las recién citadas obras de Xabier Alberdi Lonbide, Sune Dalgård, Thierry du Pasquier y Margarita Serna Vallejo, ya que nos han sido de gran ayuda a la hora de, no solo contextualizar la obra de Buron, sino también de interpretar correctamente y fijar el texto, pues las versiones del manuscrito que han llegado hasta nosotros contienen numerosos errores de lectura, muy especialmente en una onomástica (antroponimia y toponimia) que se extiende a lo largo de mares y continentes. En cuanto a fuentes primarias, las colecciones de actas de las Juntas Generales de Gipuzkoa de los siglos XVI y XVII publicadas por Rosa Ayerbe Iríbar[62] nos han permitido identificar correctamente algunos de estos nombres.

Así mismo, los catálogos *online* de la *Bibliothèque Nationale* de París[63] y del *Rigsarkivet*[64] de Copenhague nos han posibilitado solventar no pocas de estas dudas. Por último, nos han sido de gran utilidad los tres tomos del catálogo de la Colección Vargas Ponce del Museo Naval de Madrid publicados por Pilar San Pío Aladrén y Carmen Zamarrón Moreno, cuyas signaturas hemos completado, siempre que ha sido posible, en las notas al pie de *Les Basques dans l'Atlantique*, una vez identificados los documentos empleados por el investigador canadiense, para facilitar la consulta de los originales al lector interesado[65].

---

[62] Ayerbe Iríbar, M. R. y Díez De Salazar Fernández, L. M. (eds.), *Juntas y Diputaciones de Gipuzkoa*, [Donostia-San Sebastián]: Juntas Generales de Gipuzkoa; [Donostia-San Sebastián]: Diputación Foral de Gipuzkoa, 1990-, 41 vols.

[63] https://archivesetmanuscrits.bnf.fr/ (13 de octubre de 2023).

[64] https://en.rigsarkivet.dk/ (13 de octubre de 2023).

[65] San Pío Aladrén, P. y Zamarrón Moreno, C., *Catálogo de la colección de documentos de Vargas Ponce que posee el Museo Naval*, Madrid: Museo Naval, 1979-1996, 3 vols.

Dentro de este laborioso proceso de edición, hemos compulsado y corregido meticulosamente las abundantes citas de un texto que cuenta con más de cuatrocientas notas al pie y más de doscientas referencias bibliográficas, estas últimas en su gran mayoría disponibles actualmente en repositorios digitales públicos. Todas las referencias bibliográficas del inédito, así como las Bibliotecas y Archivos citados por Buron, han sido ordenadas en sendos listados que hemos incorporado al final de nuestra edición.

Debemos agradecer a los dos centros que conservan copias del manuscrito, el *Centre d'études acadiennes Anselme-Chiasson* de la Universidad de Moncton y la *Bibliothèque et Archives Canada/Library and Archives Canada*, por las facilidades que nos han dado para consultar y publicar *Les Basques dans l'Atlantique*. Finalmente, queremos agradecer a la profesora Margarita Serna Vallejo, catedrática de Historia del Derecho de la Universidad de Cantabria, su valioso consejo y desinteresada ayuda en la elaboración de esta edición, agradecimiento que hacemos extensivo a la Fundación Iura Vasconiae y a la Universidad del País Vasco/Euskal Herriko Unibertsitatea (UPV/EHU) que la han patrocinado. Sin embargo, todos los errores que pueda contener el texto que ponemos ahora a disposición de los lectores son responsabilidad exclusiva del editor del manuscrito y autor de esta introducción.

4. BIBLIOGRAFÍA

AILLY, Pierre d', *Ymago mundi y otros opúsculos*; volumen preparado por Antonio Ramírez de Verger y revisado por Juan Fernández Valverde y Francisco Socas, Madrid: Alianza, Sociedad Quinto Centenario; Sevilla: Universidad, 1992.

AILLY, Pierre d' y GERSON, Jean, *Imago Mundi*, Madrid: Testimonio, 1990-1991, 3 vols. Contiene: introducción y traducción de Antonio Ramírez de Verger (vol. 1), estudio crítico de Juan Pérez de Tudela (vol. 2) y reprod. facs. de la ed. de Lovaina por Juan de Westfalia, 1483 (vol. 3).

ALBERDI LONBIDE, Xabier, Postrimerías de las pesquerías transatlánticas guipuzcoanas durante el siglo XVIII. Proceso de creación y extinción de la Compañía Ballenera de San Sebastián, *Boletín de Estudios Históricos sobre San Sebastián*, 33 (1999), pp. 555-590.

-*Conflictos de intereses en la economía marítima guipuzcoana. Siglos XVI-XVIII*, Servicio Editorial de la Universidad del País Vasco = Euskal Herriko Unibertsitateko Argitalpen Zerbitzua, 2012. En línea: https://addi.ehu.es/handle/10810/12244 (13 de octubre de 2023).

-El más oculto *secreto*. Las cacerías de cachalotes y la industria del refinado del esperma en el País Vasco durante los siglos XVII y XVIII, *Boletín de la Real Sociedad Bascongada de Amigos del País*, 69 (2013), pp. 331-381.

AMADOR CARRANDI, Florencio, Les anciens traités de bonne correspondance entre les basques de France et ceux d'Espagne, *Revista Internacional de los Estudios Vascos*, 18 (1927), pp. 55-69.

ANGUIOZAR, Martín de, Sellos medioevales de tipo naval, *Revista Internacional de los Estudios Vascos*, 23 (1932), p. 130-138.

AREITIO, Darío de, La pesca de la ballena. Notas de un pleito de principios del siglo XVII, *Revista Internacional de los Estudios Vascos*, 17 (1926), pp. 194-200.

AROCENA, Fausto, José Manuel Imaz, *Boletín de la Real Sociedad Vascongada de Amigos del País*, 2 (1946), pp. 469-470.

-In memoriam Mariano Ciriquiain Gaiztarro, *Boletín de la Real Sociedad Vascongada de Amigos del País*, 20 (1964), pp. 455-456.

-In memoriam, Ricardo de Izaguirre y Epalza, *Boletín de Estudios Históricos sobre San Sebastián*, 5 (1971), pp. 307-308.

ARRINDA, Anastasio, *Euskalerria eta arrantza = La pesca en Euskalerria*, [Donostia-San Sebastián]: Sociedad Guipuzcoana de Ediciones y Publicaciones, 1977.

AYERBE IRIBAR, María Rosa y DÍEZ DE SALAZAR FERNÁNDEZ, Luis Miguel (eds.), *Juntas y Diputaciones de Gipuzkoa*, [Donostia-San Sebastián]: Juntas Generales de Gipuzkoa; [Donostia-San Sebastián]: Diputación Foral de Gipuzkoa, 1990-, 41 vols.

AZKARATE, Agustín, HERNÁNDEZ, José Antonio y NÚÑEZ, Julio, *Balleneros vascos del siglo XVI (Chateau Bay, Labrador, Canadá). Estudio arqueológico y contexto histórico*, Vitoria-Gasteiz: Servicio Central de Publicaciones del Gobierno Vasco, 1992.

AZPIAZU, José Antonio, *La empresa vasca de Terranova. Entre el mito y la realidad*, Donostia: Ttarttalo, 2008.

-*Hielos y océanos. Vascos por el mundo*, Donostia: Ttarttalo, 2016.

BAKKER, Peter, C. C. Uhlenbeck's Work on the Basque Language, *Anuario Del Seminario De Filología Vasca «Julio De Urquijo»*, 42-2 (2008), pp. 237-264.

BAKKER, Peter, BILBAO, Gidor, DEEN, Nicolaas G.H. y HUALDE, José Ignacio, *Basque pidgins in Iceland and Canada*, Donostia-San Sebastián: Diputación Foral de Gipuzkoa, 1991.

BARKHAM, Michael M., La industria pesquera en el País Vasco peninsular al principio de la Edad Moderna. ¿Una edad de oro?, *Itsas Memoria. Revista de Estudios Marítimos del País Vasco*, 3 (2000), pp. 29-75.

-Antes de Estados Unidos y Canadá. Las pesquerías vasco-peninsulares en Terranova (c.1520-1650). En Guerrero Acosta, José Manuel (ed.), *La memoria recobrada. Huellas en la historia de los Estados Unidos = Oroitzapen berres-kuratua. Aztarnak Estatu Batuen historian = The recorvered memory. Traces in the history of the United States*, Bilbao: Iberdrola, 2017, pp. 183-207.

-Huxley, Selma de Lotbinière. En Madariaga Orbea, Juan (dir.), *Notitia Vasconiae. Diccionario de historiadores, juristas y pensadores políticos de Vasconia. IV. 1936-2022*, Donostia: Fundación Iura Vasconiae; Madrid: Marcial Pons, 2023, pp. 1168-1174.

BÉLANGER, René, *Les Basques dans l'estuaire du Saint-Laurent, 1535-1635*, Montréal: Presses de l'Université du Québec. Traducción al español: *Los vascos en el estuario del San Lorenzo. 1535-1635;* trad. Carmela Saint-Martín, San Sebastián: Auñamendi, 1980.

BERRAONDO, Ramón de, *vid.* ANGUIOZAR, Martín de.

BILBAO, M. Carmen (*et al.*), *Catálogo del fondo Julio de Urquijo de la Biblioteca de la Diputación Foral de Gipuzkoa = Gipuzkoako Foru Aldundiaren Liburutegiko Julio de Urquijo hondoaren katalogoa*, Donostia-San Sebastián: Diputación Foral de Gipuzkoa, Departamento de Cultura, 1991, 2 vols.

BOURGOIN, Jean y CARPINE-LANCRE, Jacqueline (eds.), *L'aventure maritime, du Golfe de Gascogne à Terre-Neuve. Aactes du 118e Congrès National Annuel des Sociétés Historiques et Scientifiques, Pau, octobre 1993*, Paris: Editions du CTHS, 1995.

BRUCHÉSI, Jean, *vid.* JEAN-BAPTISTE.

BURON, Edmond, Chateaubriand en Amérique, *La Revue canadienne*, XLIII (1903), pp. 40-55, 176-187.

-*Voyage d'un canadien français en France*, Paris: A. Lemerre, 1903.

-*Les richesses du Canada*; préface de M. Gabriel Hanotaux, Paris: E. Guilmoto, 1904.

-Un prophète de la Révolution américain, *La Revue historique*, CIII (1910), pp. 283-291.

-*Donnez des terres aux soldats. L'exemple de l'Angleterre*, Paris: Bossard, 1919.

-(ed.), *Ymago Mundi, de Pierre d'Ailly, cardinal de Cambrai et chancelier de l'Université de Paris (1350-1420). Texte latin et traduction française des quatre traités cosmographiques de d'Ailly et des notes marginales de Christophe Colomb, étude sur les sources de l'auteur*, Paris: Maisonneuve frères, 1930, 3 vols.

CIRIQUIAIN GAIZTARRO, Mariano, *Los vascos en la pesca de la ballena*, Andoain: Txertoa, 2010 (1ª ed., San Sebastián: Biblioteca Vascongada de los Amigos del País, 1961).

DALGÅRD, Sune, *Dansk-norsk hvalfangst 1615-1660. En studie over Danmark-Norges stilling i europæisk merkantil expansion*, København: Gad, 1962.

DÉGROS, Maxime, La grande pêche basque. Des origines à la fin du XVIIIe siècle, *Bulletin de la Société des Sciences, Lettres et Arts de Bayonne*, 35 (1940), pp. 148-179, 37-39 (1941), pp. 27-33, 89-92, 156-163, 40-42 (1942), pp. 23-26, 74-78, 137-145, 43-46 (1943), pp. 39-53, 95-108, 165-183, 221-226, 47-49 (1944), pp. 17-28, 75-82, 127-131, 50 (1945), pp. 34-44.

DEMERS, Pierre, La naissance de l'énergie atomique. Notes d'un Québécois collaborateur de Frédéric Joliot-Curie. En Pajonk, Gérard (ed.), *Échanges scientifiques et techniques d'une rive atlantique à l'autre. Actes du 133e Congrès national des sociétés historiques et scientifiques, « Migrations, transferts et échanges de part et d'autre de l'Atlantique », Québec, 2008*, Paris: Editions du CTHS, 2009, pp. 74-96.

DROUIN, Catherine, *L'Île aux Basques. Un fleuve, une terre, des hommes. Mise en valeur d'un patrimoine historique et archéologique*, Université Laval, 1994.

DURÁN LÓPEZ, Fernando, *José Vargas Ponce (1760-1821). Ensayo de una bibliografía y crítica de sus obras*, Cádiz: Universidad, Servicio de Publicaciones, 1997.

ECHEGARAY, Carmelo de, Documentos del Excmo. Sr. Marqués de Seoane. Informe, *Revista Internacional de los Estudios Vascos*, 16 (1925), pp. 416-425.

EDVARDSSON, Ragnar y RAFNSSON, Magnús, *vid.* Ragnar EDVARDSSON y Magnús RAFNSSON.

EGAÑA GOYA, Miren, *500 años de presencia vasca en el Atlántico Norte*, Donostia-San Sebastián: Aranzadi Zientzia Elkartea, 2021.

ESTORNÉS ZUBIZARRETA, Idoia, *La Sociedad de Estudios Vascos. Aportación de Eusko-Ikaskuntza a la cultura vasca (1918-1936)*, [Donostia-San Sebastián]: Sociedad de Estudios Vascos, 1983.

ETXEPARE, Ricardo y MIGLIO, Viola G., The Newly-Discovered Fourth Basque-Icelandic Glossary. En Irujo, Xavier y Miglio, Viola G. (eds.), *Basque whaling in Iceland in the XVII century. Legal organization, cultural exchange and conflicts of the Basque fisheries in the North Atlantic*, Santa Barbara: Barandiaran Chair of Basque Studies, University of California; Hólmavík: Strandagaldur Ses, 2015, pp. 345-392.

EUSKO-IKASKUNTZA, *vid.* SOCIEDAD DE ESTUDIOS VASCOS.

FERNÁNDEZ DURO, Cesáreo, *Disquisiciones náuticas*. T. VI. *Arca de Noé*, Madrid: Ministerio de Defensa. Secretaría General Técnica: Instituto de Historia y Cultura Naval, 1996 (reprod. facs. de la ed. de Madrid: Imprenta, Estereotipia y Galvanoplastia de Aribau y C.ª, 1881).

GALARNEAU, Claude, Un intellectuel canadien inconnu. Edmond Buron (1874-1942), *Les Cahiers des dix*, 47 (1992), pp. 215-245.

GANDÍA, Enrique de, *Primitivos navegantes vascos y las Malvinas*, Buenos Aires: Editorial Vasca Ekin, 1986 (1ª ed., Buenos Aires: Editorial Vasca Ekin, 1942).

GÁRATE, Justo, Los euskarianos tras los cetáceos, *Boletín de la Real Sociedad Vascongada de Amigos del País*, 21 (1965), pp. 177-184.

GIL, Juan, *Mitos y utopías del descubrimiento*. T. I. *Colón y su tiempo*, Madrid: Alianza, 1989.

HUXLEY, Selma (coord.), *Itsasoa. Los vascos en el marco Atlántico norte, siglos XVI y XVII*, Lasarte-Oria: Ostoa, 1992 (1ª ed., Donostia: Etor, 1987).

IMAZ, José Manuel, *La Industria pesquera en Guipúzcoa al final del siglo XVI (documentos de la época)*, San Sebastián: Imprenta de la Diputación de Guipúzcoa, 1944.

IRUJO, Xavier y MIGLIO, Viola G. (eds.), *Basque whaling in Iceland in the XVII century. Legal organization, cultural exchange and conflicts of the Basque fisheries in the North Atlantic*, Santa Barbara: Barandiaran Chair of Basque Studies, University of California; Hólmavík: Strandagaldur Ses, 2015.

-*Jón Guðmundsson Lærð's True Account and the Massacre of Basque Whalers in Iceland in 1615*, Reno: Center for Basque Studies, University of Nevada, 2017.

JEAN-BAPTISTE, Un érudit canadien, *La Revue Moderne*, Montréal, IX-1931, p. 10.

JÓNSSON, Már, *vid.* Már JÓNSSON.

KNÖRR, Henrike, Basque fishermen in Iceland. Bilingual vocabularies in the 17th and 18th centuries, *Euskera. Trabajos y actas de la Real Academia de la Lengua Vasca,* 51 (2006), pp. 491-499

LABORDE, Denis y Turgeon, Laurier, Construire une histoire basque au Québec, *Material History Review = Revue d'histoire matérielle*, 50 (1999), pp. 42-56.

LAMBERT, Edmond, *vid.* BURON, Edmond.

LOEWEN, Brad, Barreiro Argüelles, Sarai y Cottreau-Robins, Catherine, S'adapter pour rester. Continuités basques aux XVIIe et XVIIIe siècles, *Archéologiques,* 34 (2021), pp. 1-17.

LOEWEN, Brad y Delmas, Vincent, The Basques in the Gulf of St. Lawrence and Adjacent Shores, *Canadian Journal of Archaeology*, 36 (2012), pp. 213-266.

MÁR JÓNSSON, Denmark-Norway as a Potential World Power in the Early Seventeenth Century, *Itinerario*, 2 (2009), pp. 17-27.

MARTÍN-MERÁS VERDEJO, María Luisa, Los mapamundis que inspiraron a Colón. En Varela Bueno, Consuelo (coord.), *Cristóbal Colón, 1506-2006. Historia y leyenda. Congreso internacional*, Sevilla: Universidad Internacional de Andalucía, CSIC, Ayuntamiento de Palos de la Frontera, 2006, pp. 51-76.

MIMEAULT, Mario *Destins de pêcheurs. Les basques en Nouvelle-France*, Québec: Septentrion, 2011.

MUGARTEGUI, Juan J. de, Cómo se reclutaba en el siglo XVI, en nuestras costas, una tripulación para la pesca del bacalao en Terra-Nova, *Revista Internacional de los Estudios Vascos,* 19 (1928), pp. 632-636.

MONREAL ZIA, Gregorio, Prólogo. En Jimeno Aranguren, Roldán (dir.), *Notitia Vasconiae. Diccionario de historiadores, juristas y pensadores políticos de Vasconia. I. Antigüedad, Edad Media y Moderna*, Donostia: Fundación Iura Vasconiae; Madrid: Marcial Pons, 2019, pp. 11-23.

[MUNITA, Juan José], *Índice de los documentos y papeles del Archivo General de la M.N. y M.L. Provincia de Guipúzcoa existente en la Iglesia Parroquial de Santa María de la M.N., L. y V. Villa de Tolos*a, San Sebastián: Imprenta de la Provincia, 1887.

MUSEO NAVAL, *Itsas memoria. Revista de Estudios Marítimos del País Vasco*, Diputación Foral de Gipuzkoa = Gipuzkoako Foru Aldundia: Untzi Museoa = Museo Naval, 1996-2016, 8 vols.

OREGI, Eneko y Freyr SIGURJÓNSSON, Tres glosarios vasco-islandeses del siglo XVII. En Huxley, Selma (coord.), *Itsasoa. Los vascos en el marco Atlántico norte, siglos XVI y XVII*, Lasarte-Oria: Ostoa, 1992 (1ª ed., Donostia: Etor, 1987), pp. 317-336.

PAQUET, Lucie, *Buron, Edmond MG 30, D 69. Instrument de recherche No 1932 = Finding Aid No 1932*, Archives nationales du Canada, Division des manuscrits = National Archives of Canada, Manuscript Division, 1993.

PASQUIER, Thierry du, *Les Baleiniers basques,* Paris: SPM, 2000.

Ragnar EDVARDSSON y Magnús RAFNSSON, *Basque whaling around Iceland. Archeological investigation in Strákatangi, Steingrímsfjörour*, Bolungarvík: Nátturústofa Vestfjaroa; Hólmavík: Strandagaldur Ses, 2006.

ROMANOVSKY, Vsevolod, *Le Spitsberg et les baleiniers basques*, Biarritz: Atlantica, 1999.

Roquebrune, Robert de, Le Cardinal d'Ailly et Christophe Colomb, *La Revue Moderne*, Montreal, IX-1931, pp. 5 y 42.

Roques, Mario, Recensión de Edmond Buron, *Ymago Mundi* de Pierre d'Ailly, *Romania*, 225-226 (1931), pp. 235-237.

Salvador Miguel, Nicasio, Libros y lecturas de Cristóbal Colón. En López Castro, Armando y Cuesta Torre, María Luzdivina (coords.), *Actas del XI Congreso Internacional de la Asociación Hispánica de Literatura Medieval*, León: Universidad de León, Servicio de Publicaciones, 2007, vol. I, pp. 123-140.

San Pío Aladrén, Pilar y Zamarrón Moreno, Carmen, *Catálogo de la colección de documentos de Vargas Ponce que posee el Museo Naval*, Madrid: Museo Naval, 1979-1996, 3 vols.

Seoane y Ferrer, Ramón, Un derrotero de Terranova del siglo XVII, *Revista Internacional de los Estudios Vascos*, 3 (1909), pp. 318-319.

-*Navegantes guipuzcoanos*; prólogo, Julián Martínez; epílogo con cartas inéditas, J. Ignacio Tellechea Idígoras, San Sebastián: Sociedad Guipuzcoana de Ediciones y Publicaciones, 1985 (1ª ed., Madrid: Imp. de la Revista General de Marina, 1908).

Serna Vallejo, Margarita, *Los Rôles D'Oléron. El coutumier marítimo del Atlántico y del Báltico de época medieval y moderna*, Santander: Centro de Estudios Montañeses, 2004.

-*Los viajes pesquero-comerciales de guipuzcoanos y vizcaínos a Terranova (1530-1808). Régimen jurídico*, Madrid: Marcial Pons; Oñati: Instituto Vasco de Administración Pública, 2010.

-El derecho de las pesquerías de guipuzcoanos y vizcaínos en Islandia, Groenlandia y Svalbard en el siglo XVII, *Anuario de Historia del Derecho Español*, 84 (2014), pp. 79-119.

-Bélanger, René. En Madariaga Orbea, Juan (dir.), *Notitia Vasconiae. Diccionario de historiadores, juristas y pensadores políticos de Vasconia. IV. 1936-2022*, Donostia: Fundación Iura Vasconiae; Madrid: Marcial Pons, 2023, pp. 1123-1124.

Sociedad de Estudios Vascos, *Boletín de la Sociedad de Estudios Vascos = Eusko-Ikaskuntza'ren deia*, San Sebastián: Eusko-Ikaskuntza, 1919-1936, 69 vols.

-*Cursos de verano (Año X) y VII Congreso de Estudios Vascos sobre Estudios Históricos. 1936 (de 15 de julio en San Sebastián a 13 de septiembre en Estella)*, [S.l.]: [s.n.], 1936.

TRAPAGA MONCHET, K., ARAGÓN-RUANO, A. y JOANAZ DE MELO, C. (eds.), *Roots of sustainability in the Iberian empires: shipbuilding and forestry, 14th-19th centuries*, London: Routledge, 2023.

TURGEON, Laurier, Pêches basques du Labourd en Atlantique nord (XVI-XVIII siècle). Ports, routes et trafics, *Itsas Memoria. Revista de Estudios Marítimos del País Vasco,* 3 (2000), pp. 163-178.

TXUEKA ISASTI, Fernando, El Colegio de Pilotos Vizcaínos de Cádiz. La otra historia marítima de los vascos. Del *Mare Nostrum* al Pacífico, *Itsas Memoria. Revista de Estudios Marítimos del País Vasco*, 8 (2016), pp. 591-645.

UGARTE MUÑOZ, Antón, Cultura vasca y regionalismo franquista. Julio Urquijo y los estudios vascos en la posguerra, *Cercles. Revista d'Història Cultural*, 22 (2019), pp. 163-192.

-Buron, Edmond. En Madariaga Orbea, Juan (dir.), *Notitia Vasconiae. Diccionario de historiadores, juristas y pensadores políticos de Vasconia. IV. 1936-2022*, Donostia: Fundación Iura Vasconiae; Madrid: Marcial Pons, 2023, pp. 1124-1126.

UNSAIN, José María (ed.), *San Sebastián, ciudad marítima*, San Sebastián: Untzi Museoa = Museo Naval, 2008.

UNTZI MUSEOA, *vid.* MUSEO NAVAL.

URQUIJO, Julio de, El Marqués de Seoane (1858-1928), *Revista Internacional de los Estudios Vascos*, 19 (1928), p. 145.

YTURBIDE, Pierre, Les anciens traités de bonne correspondance entre les basques de France et ceux d'Espagne, *Revista Internacional de los Estudios Vascos*, 13 (1922), pp. 179-220.

LES BASQUES
dans
L'ATLANTIQUE

Edmond BURON

TABLE DES MATIERES

AVANT-PROPOS

Nous ne savons pas d'où vient le petit peuple basque, ni comment, ni quand il est arrivé en Europe ; nous ne savons même pas l'origine de la langue qu'il parle. Vient-il de l'Asie, de la Géorgie, du Caucase ? Sa langue s'apparente-t-elle au Chinois, à celles de certaines races anciennes de l'Amérique du Nord ? L'imagination de l'homme est fertile en conjonctures. A défaut de documents, de monuments matériels, nous aimons à échafauder des hypothèses. L'Archéologie comme l'Histoire ancienne, en général, ne nous apporte que des schèmes, des systèmes approximatifs, des données concrètes parfois, mais insérées dans des cadres indéfinissables, indistincts. Sur l'histoire et l'origine euskariennes o a tenté d'établir plusieurs théories. On en instituera d'autres.

Les chercheurs se groupent, forment des Académies, des diètes pour étudier en commun les *membra disjecta* des familles dispersées, confronter les objets trouvés, chercher la signification des pierres ramassées dans leurs fouilles, des vocables recueillis, des traits moraux observés dans les récits populaires. Ils interprètent de leur mieux la physiologie des descendants et le sens de leur comportement, la courbure de la parabole qu'ils esquissent dans l'évolution que leur a assigné le destin : il en résulte un assemblage de pièces et de morceaux qu'à l'envi savants, ethnologues, psychologues essaient de reconstituer comme un *puzzle* informe. C'est là un travail accompli par la raison aidée de l'imagination — travail qui n'est jamais définitif. Les phénomènes les plus marquants de la Nature et de l'Histoire ne nous sont ainsi donnés que comme des approximations. On peut les percevoir sous un angle quelconque : ils restent énigmatiques. On en a une *connaissance approchée* ; ils demeurent inappréhendables. Le concret n'est pas saisissable. Je ne sais plus quel penseur a prétendu que l'avenir est plus accessible à l'esprit que le passé. C'est vrai.

Il existe une *Société Internationale des Etudes basques*. C'est à dire à quel point le problème basque a passionné les esprits. Dans tous les pays, des hommes, depuis des dizaines d'années, ont accumulé des matériaux dont ils espèrent reconstruire cet édifice historique qui a les caractères de la légende. On a parfois conclu hâtivement, en sorte que la conviction n'est pas encore acquise.

J'apporte une contribution modeste à cette collection de données historiques. Je les ai glanées dans la Tradition et dans les Archives. Il serait vain de prétendre tirer de ces quelques témoignages l'architecture d'une théorie. On n'en retiendra que quelques traits moraux pour l'histoire moderne, rien de précis pour l'ancienne, si ce n'est quelques qualités secondes. Il ressortira de l'examen des activités économiques de ce petit peuple en Europe, que les Basques y ont exercé une ingéniosité, une virilité et comme un ensemble d'aptitudes physiques et morales de la plus haute tenue. Mais, remarquera-t-on, les Basques ; dans leur carrière, ont subi visiblement l'influence du milieu où ils ont vécu. Or ce milieu est singulièrement aride. Il en était d'autant plus stimulant et fécond et les vertus natives de la race ont trouvé dans cette solitude pyrénéenne, aux bords de l'immense Océan des conditions pleinement favorables à leur développement. Je ne doute pas que les moralistes ne tirent de ces circonstances, ample matière à dissertation. Quoiqu'il en soit, les Basques ont gardé dans leur isolement l'esprit de famille, l'amour des aventures maritimes et une courageuse application au travail. L'austérité de leur vie, jointe à une compréhension sage de l'existence sociale et familiale les ont façonnés pour les entreprises individuelles hardies en même temps que pour les ambitions collectives modérées.

Ils furent les meilleurs artisans de la puissance navale que l'Espagne a acquise aux XVe et XVIe siècles. Leur enseignement a rayonné, de leur école de Cadix, sur l'activité de l'Atlantique. Ils ont été les maîtres de la navigation hauturière : Anglais, Flamands, Hollandais, Danois, Norvégiens leur doivent, en grande partie, la science des constructions navales, l'art inimitable de chasser la baleine, de pêcher la morue.

Comme leurs frères du Guipuscoa, les Basques du Labourd ont rivalisé avec les Bretons et les Normands dans les industries et le commerce de la mer. Nous leur sommes redevables du Code de justice institué à Oléron par la reine Aliénor d'Aquitaine. Ces *Rôles d'Oléron* dont tous les navigateurs de l'Europe occidentale adoptèrent, au XIIe siècle, les principes et appliquèrent la jurisprudence, ont fourni la base des codes de marine des peuples navigants.

Les Basques ont exercé une influence considérable sur les mœurs et les activités nautiques de la France.

Ils jouissaient d'une réputation de héros de la mer. Leur art a été envié. Les souverains cherchaient à les attirer non seulement dans les ports de leurs royaumes pour que leurs sujets en reçussent les leçons, mais même à leurs cours pour les combler de faveurs et de privilèges. On les attirait avec de hauts salaires. Le lecteur apprendra comme la suprématie technique et la valeur morale des Basques furent récompensées par les bénéficiaires de leur enseignement. Les mœurs du commerce maritime furent empreintes, aux XVIe et XVIIe siècles, d'une avidité inqualifiable. Quand les élèves avaient acquis la science de leurs maîtres, ceux-ci étaient chassés des mers où abondait le cétacé ; ils étaient dépouillés de leur gibier, rançonnés et poursuivis à coups de canon ; enfin, on leur dénia le droit de harponner dans les mers les plus lointaines, sous le cercle arctique, au Groenland et on s'arrogea le droit de vendre ses produits dans les ports basques mêmes.

LES BASQUES DANS L'OCEAN ATLANTIQUE

L'Histoire et la Philosophie nous apprennent que le mouvement est le premier symptôme de vie des peuples. Il y a eu sur notre planète, de tout temps, des migrations massives qui se sont produites le plus souvent dans la direction du soleil. Si l'on observe attentivement la nature de ces déplacements, on constate qu'ils se sont opérés selon un rythme et, en tout cas, à une allure discernable. Sénèque, étant exilé en Corse, écrivait à sa mère (*Consolation à Helvia,* VII.1) pour dire son émerveillement de voir, dans son lieu d'exil même, des traces de migrations humaines étonnantes : « Que signifient ces villes grecques installées en plein pays barbare ? ... ».

Sur tous les continents et sur toutes les mers, l'homme, comme un flot vivant, s'est porté en masse d'un lieu à un autre, d'un climat à un autre. L'Archéologie nous révèle, quelquefois, et la race des voyageurs et les étapes de leurs migrations. Les inscriptions qu'ils ont laissées dans la pierre ou sur des briques, quelquefois dans le bronze, nous informant de leur origine, de leur religion, de leur degré de culture. Les peuples de l'Asie, ceux de l'Afrique qui ont essaimé autour de la Méditerranée et dans les îles, depuis les fils de Lycaon qui ont, les premiers, abordé en Italie en 1527 avant J.C. jusqu'au Corinthien Archias qui fonda Syracuse en 735 avant J.C. nous ont laissé des traces de leur passage soit dans les inscriptions, soit dans les poèmes. Les vagues humaines qui, dans les âges postérieurs, ont abordé les terres occidentales, nous sont connues, plus ou moins, par les inscriptions. Il est vrai que quelques-uns de ces monuments sont indéchiffrables. Si nous interrogeons les races nordiques, nous trouvons, soit chez les Teutons, soit chez les Slaves, une richesse incroyable de monuments écrits, depuis les bords de la Baltique jusque dans les îles de l'Océan, en Islande, en Angleterre, en Ecosse, en Irlande, dans les Hébrides, dans les Féroé, au Groenland et jusqu'aux confins de la terre de Baffin[1].

---

[1] *cf.* C.C. Rafn : « Runic inscriptions in which the Western countries are alluded to », dans *Mémoires de la Société royale des antiquaires du Nord,* Copenhague, 1845-1849, pp. 331-352. — O. Montelius : *Les temps préhistoriques en Suède et dans les autres pays scandinaves,* trad. S. Reinach, Paris, 1895, p. 278. — *v.* aussi dans les *Mémoires* susdits le « Mémoire sur la découverte de l'Amérique au 10ᵉ siècle » de C.C. Rafn, et compte rendu de la séance du 31 janvier 1839 de la Société royale des antiquaires du Nord (*Mémoires de la Société royale des antiquaires du Nord,* 1836-1839, pp. 11, 27-55). — Déjà Jordan, dans son histoire des Goths (*Monumenta Germaniae Historica, Auctores antiquissimi,* V, pt. 1, p. 61), dit, en parlant des migrations de ce peuple en Scythie : « ... velut victores ad extremam Scythiae partem, que Ponto mari vicina est, properant. quemadmodum et in priscis eorum carminibus

Un rameau perdu d'une race antique a surgi, un jour, dans la tumultueuse migration des peuples orientaux, sur un point extrême du continent européen ; on le voit, accroché aux flancs des Pyrénées, sur les bords du golfe de Gascogne. Il a gardé les traits ethniques de ses lointaines origines : une langue, dont l'étrangeté fait l'étonnement du monde savant, un esprit et une mentalité qui commandent l'admiration des moralistes. Le peuple basque paraît avoir brillé, dans l'Empire, par des aptitudes militaires, s'il on en croit Strabon, Suétone et l'inscription de Nîmes à Lucius Sammius Aemilianus[2]. Il devait être assez redoutable à la fin de l'Empire[3]. Nous ne savons qu'une chose sur son origine et son caractère : c'est que ce peuple, par les quelques particularités ethniques qui le distinguent si nettement, nous présente un type foncièrement original, dont on peut dire, sans crainte de se tromper, qu'il a gardé, plus que tout autre, les traits ancestraux. Ce sont des indices, des traits négatifs, c'est à dire qu'on ne trouve guère chez d'autres. Il est un des rares peuples à qui s'applique l'adage ancien : « caelum non animum mutant qui trans mare currunt ». Mais nous n'avons aucun écrit qui nous instruise sur l'origine des Basques, rien qui marque les étapes de leur migration. Si nous devions nous en tenir au précepte des chartistes qui veut qu'il n'y ait histoire que là où se trouvent des textes, nous devrions renoncer à connaître le passé des Basques. Pourtant, les sciences auxiliaires de l'Histoire : Ethnographie, Géographie, Linguistique, Epigraphie, Archéologie, etc., doivent nous fournir leur contribution. On en sait quelque chose à la *Société Internationale des Etudes basques*. C'est ainsi qu'on n'hésite pas à faire quelque fonds sur l'instinct migrateur et le goût des aventures maritimes des Basques. Si un pareil fil conducteur ne peut nous conduire au vrai, il ne saurait, en tout cas nous égarer, si nous n'en usons que secondairement[4]. Nous sommes forcés de procéder

---

pene storicu ritu in commune recolitur ». Les bénédictins qui ont écrit l'histoire des Gaules ont constaté avec quelque regret, en face de cette richesse de poèmes gothiques, l'extrême pénurie des monuments celtiques (Dom Jacq. Martin et Dom J. Fr. de Brézillac : *Histoire des Gaules, et des conquêtes des Gaulois...*, I, Paris, 1752, pp. IX-XI).

[2] Chanoine J.B. Daranatz : « Les Basques : leur origine – leur langue », dans le journal *Eskualdun ona*, 12 oct. 1906, p. 4 ; et J.B. Daranatz : « Importantes découvertes de monnaies romaines », dans *Revue internationale des études basques,* I, 1907, p. 521.

[3] Venance Fortunat, dans une ode au comte Galactorius (VIe s.), le complimente sur sa promotion, lui souhaite de devenir duc : « Cantaber ut timeat, Vasco vagus arma pavescat » (*Mon. Germ. Hist., Auct. Ant.,* IV, pt. 1, p. 251). Le même poète, dans un poème adressé à Chilpéric, à l'occasion du concile de Braine (*Mon. Germ. Hist., Auct. Ant.,* IV, pt. 1, p. 203), le loue de ce qu'il protège ses vastes états, contre les Gètes, les Gascons, les Danois, les Euthiens, les Saxons et les Bretons. Dans l'édition de la *Collection d'auteurs latins*, Nisard penche à croire que les Esthiens ou Euthiens sont les Basques. Les Esthiens entraînés par Sigovèse auraient formé une colonie sur la Baltique. Au dire de Tacite (*Germanie*, éd. Panckoucke, Paris, 1833, p. 64) leur langue s'apparentait à celle des Bretons.

[4] Ce trait du caractère des Basques a été mis en relief par les historiens. Michelet a écrit des pages éloquentes sur la hantise de la mer. Le R.P. Pierre Lhande le rappelle, dans le tableau qu'il a fait du

par tâtonnements et conjectures pour nous former des théories sur leur origine et sur leur histoire ancienne.

Il est arrivé que, depuis leur établissement en Cantabrie et en Labourd, ce peuple discret s'est obstiné dans une sorte de mystérieuse solitude. Il est resté cantonné un peu en marge des grands groupements nationaux, appliqué à cultiver les vertus qu'il affectionne et à chérir la liberté, le travail[5], la famille et les aventures maritimes. Plus que tous les peuples navigants, le Basque a hanté la mer, les îles lointaines, y accomplissant, dans l'économie mondiale, des exploits étonnants que l'Histoire mentionne simplement et comme à regret, tant elle est sommaire et sèche.

---

goût des voyages de ses compatriotes : « L'émigration basque », dans *Revue internationale des études basques*, I, 1907, p. 609 et suiv.

[5] Dans son *Histoire de la Nouvelle France* (*The History of New France*, II, éd. Grant et Biggar, Toronto, 1911, p. 580), Lescarbot dit (en 1604) qu'à quatre lieues de Campseau, il rencontra, dans un port, un bon vieillard basque de Saint-Jean-de-Luz, nommé le capitaine Savalet, qui déclare en être à son 42e voyage. Il avait seize hommes à ses gages. Son vaisseau jaugeait 80 tonneaux et pouvait apporter 100 000 morues. — Nicolas Denys (*Histoire naturelle des peuples, des animaux, des arbres et plantes de l'Amérique septentrionale...*, II, Paris, 1672, p. 75), qui a décrit le caractère et les habitudes du pêcheur basque, dit qu'ils sont les mieux habillés pour la pêche ; qu'ils ont des vêtements en double, de sorte que s'ils se mouillent, ils ne perdent pas leur temps à attendre que leurs habits soient séchés comme font les Français. « Les Rochelois, Bourdelois et Islois ou Matelots des Isles Dieu, d'Olleron et autres ne sont pas si bien équipez ». Cet auteur dit, encore, que, du jour où les Basques sont arrivés à Terre-Neuve « il ne faut quasi plus parler de dormir, boire et manger qu'à la dérobée » ; que jamais on ne les voit courir le marigot, c'est-à-dire, aller se cacher dans une anse et, surtout les jours de pluie, faire du feu et manger des poissons grillés ; qu'ils rentrent le soir avec les chaloupes chargées. C'est pourquoi, dit-il, ceux-ci appellent les Basques, Sorciers « et disent qu'ils font joüer la Barrette, qui est une toque qu'ils portent sur la teste, qu'ils font tourner lorsqu'ils sont en colere ; tous ces reproches ne sont fondés que sur une haine que tous les pescheurs ont contre eux parce qu'ils sont plus habiles à la pesche que toutes les autres Nations ». On voudrait que Belsunce soit dans le vrai quand de l'art des Basques à fabriquer la toile et à se vêtir avec élégance, il dit : « Tandis que les Gaulois et les Celtibères se rangeaient à demi nus sous les drapeaux d'Annibal, les Cantabres jetaient sur leurs épaules d'élégants et riches manteaux » [Le vicomte H. de Belsunce : *Histoire des Basques, depuis leur établissement dans les Pyrénées occidentales jusqu'à nos jours*, III, Bayonne, 1847, p. XLIX].

1. Après avoir passé en revue l'opinion traditionnelle de la navigation précolombienne des Basques au Nouveau Monde.

2. Nous ramasserons les faits acquis à l'Histoire qui ont quelque rapport à la tradition susdite et nous en résumerons objectivement l'intérêt.

3. Enfin nous jetterons quelque lumière sur l'activité maritime des Basques dans les eaux européennes et septentrionales au Moyen Age et dans les temps modernes à l'aide des quelques documents recueillis en Guipuscoa et au Danemark.

TRADITION DE LA NAVIGATION PRECOLOMBIENNE DES BASQUES AU NOUVEAU MONDE

Les Basques ont appris aux peuples européens les grandes industries de la mer, l'art des navigations lointaines et périlleuses et l'Histoire en a, à peine, gardé le souvenir. C'est ce qui a fait dire à Carmelo de Echegaray, dans son *Essai sur les provinces basques*, parlant de la nécessité qui a poussé ces marins à des actes d'héroïsme singuliers : « ... tanto más dignas de respetuoso recuerdo, cuanto ha sido mayor el silencio que la historia ha guardado en torno suyo »[6]. Aussi, est-ce avec une pointe d'amertume que les écrivains qui se sont penchés sur ce peuple, en ont parlé[7]. Les navigations extraordinaires des marins basques sont rapportées par la plupart des historiens comme un souvenir légendaire, sans aucune précision, sans preuves, et donc, sans grande conviction. On en parle comme on parle des exploits d'Hercule ou comme on évoque le touchant souvenir de Romulus et de Remus ou encore, comme Strabon mentionnant l'audace extraordinaire des Ibères qui affrontaient l'Océan sur leurs frêles canots de cuir. Leurs navigations comme leur origine nous sont aussi inconnues que celles du roi Salomon, ou celles des Tartares, des Chinois, des Ethiopiens, des Juifs et des Phéniciens, des Carthaginois, qui tous auraient connus l'Amérique en leur temps, au dire des grands chroniqueurs ou historiens[8].

La tradition de ces navigations anciennes des Basques s'est conservée en Egypte[9], en Espagne[10]. Tacite a dit que les Siluriens du sud du pays de Gal-

---

[6] C. de Echegaray : *Las provincias vascongadas a fines de la Edad Media...*, Saint-Sébastien, 1895, p. 280.

[7] C. Fernández Duro, dans son *Arca de Noé* (*Disquisiciones náuticas*, VI, Madrid, 1881, p. 349), n'hésite pas à vitupérer : « Hakluyt, Purchas, Pedro Martin de Angleria y Corterreal tuvieron á menos la mención de aquellos hombres del arpon y el anzuelo ; si acudian á la informacion, transmitian por originales suyas las noticias obtenidas de ellos... »,

[8] *cf.* J. E. Nieremberg, S.I. : *Historia naturae, maxime peregrinae, libris XVI. distincta...*, Anvers, 1635, p. 73. — *cf.* aussi Santiago Pérez Junquera, dans sa réédition de *Orígen de los Americanos*, ou *Esperanza de Israel de Menasseh ben Israel*, théologien et philosophe hébreu du XVIIe siècle (Madrid, 1881). D'après cet auteur juif et beaucoup d'autres, les flottes de Salomon allaient au Pérou chercher l'or qui servit à la construction du Temple de Jérusalem. Cette thèse a été soutenue jusqu'au siècle dernier, avec des arguments philologiques, par l'orientaliste Onffroy de Thoron.

[9] *cf.* Strabon : *Geographica*, Lib. III, Cap. 3, éd. Müller et Dübner, Paris, 1853, p. 129.

[10] J. Álvarez de Colmenar : *Annales d'Espagne et de Portugal*, II, Amsterdam, 1741, p. 50.

les, noirs et frisés, ressemblaient aux Ibères[11]. Est-ce là l'origine de la croyance rapportée par Geoffroy de Monmouth, chroniqueur peu véridique, il est vrai, qui fait venir une colonie d'Ibères en Irlande, en 338 avant J.C. Ces Ibères ou Basques auraient été chassés d'Espagne et seraient venus, à bord de trente vaisseaux[12]. Les anciennes chroniques irlandaises mentionnent certaines immigrations parties d'Espagne[13]. D'autres ont prétendu que les Basques s'apparentaient aux Pictes[14], en raison de leur origine commune préceltique ; ou aux Atlantes (!) et, par conséquent, les auraient fait naviguer jusqu'à l'Atlantide[15] et jusqu'à l'Amérique préhistorique, déduction tirée de la similitude de leur langue et de celle des Hurons-Iroquois[16].

---

[11] Tacite : *Agricola,* éd. Panckoucke, Paris, 1833, p. 194.

[12] Geoffroi de Monmouth : *Historia Britonum,* éd. Giles, Londres, 1844, p. 49. « Hibernia Barclensibus incolenda datur ». — Même assertion dans l'*Historiae britannicae* de Lodovico Pontico Virunio (*ib.*). — Gérald Barry : *Topographia Hiberniae,* Cap. VIII, rapporte cette émigration aux XIIe et XIIIe siècles (*The historical works of Giraldus Cambrensis...,* éd. Th. Wright, Londres, 1863, pp. 120-121). — Le jésuite Gabriel de Henao : *Averiguaciones de las antigüedades de Cantabria,* I, éd. Villalta, Tolosa, 1894, pp. 107-113, croit à cette aventure. Il nomme même le chef de l'expédition, Bartolomé, et prétend que ces émigrés auraient fondé l'Université de Cambridge. — Bruzen de La Martinière, à l'article *Celtes,* de son *Grand Dictionnaire géographique et critique* (II, pt. 2, La Haye, 1730, p. 440), raconte qu'ayant, un jour, réuni chez lui, un gentilhomme bas Breton, un Gallois et un Biscayen, « chacun d'eux, dit-il, croioit sa Langue inintelligible à tout autre qu'à ses compatriotes. Ils en firent l'essai et furent surpris de pouvoir s'entendre, et se parler les uns aux autres ».

[13] E. O'Curry : *Lectures on the manuscript materials of ancient Irish history,* Dublin, 1878, p. 447, cite le vieux *Drom Sneachta,* écrit avant l'arrivée de saint Patrick en Irlande, où il est dit que les Milésiens venant d'Espagne, débarquèrent à l'embouchure de la Slaney (comté de Wexford) vers 1700 avant J.C.

[14] Prof. J. Rhys : *Celtic Britain,* cité par John Reade dans sa communication « The Basques in North America » (*Proceedings and transactions of the Royal Society of Canada,* VI, 1889, sect. II, p. 29), disant : « the Pictish people not Celtic, but the pre-Celtic aboriginal inhabitants of Northern Britain, their language having been derived from the same source as the Basque ».

[15] A. Winchell : *Preadamites...,* Chicago, 1880, pp. 149-150, 377-378. — Prof. D. Wilson : « The lost Atlantis », dans *Proceedings and transactions of the Royal Society of Canada,* IV, 1887, sect. II, pp. 105-126.

[16] H. Hale : *The Iroquois book of rites,* Philadelphie, 1883, p. 188 : « The derivation of the American population from this source presents no serious improbability whatever ». — Prof. W.D. Whitney : *The Life and growth of language...,* New York, 1875, p. 259 : « The Basque forms a suitable stepping-stone from which to enter the peculiar linguistic domain of the New World, since there is no other dialect of the Old World which so much resembles in structure the American languages ». — Cette théorie s'apparente à celle de Charencey, exposée dans les fascicules 23 [1875-1885], 27 [1885-1888], 30 [1885-1888], 38 [1892-1894], 39 [1894-1896], 45 [1896-1898], 49 [1898-1901] du *Bulletin de la Société de Linguistique de Paris.* Partis du N.E. de l'Asie, un groupe d'Euskariens se serait dirigé vers l'Amérique, ce qui expliquerait la similitude des langues, tandis qu'un autre groupe dirigeait son exode ver l'Atlantique. — *cf.* J. Vinson : « La langue basque et les langues américaines », dans *Congrès International des Américanistes...,* II, Paris, 1875, pp. 46-80.

Cette tradition des voyages maritimes n'est pas perdue, on la citait encore au siècle dernier[17]. Seraient-ce les descendants de ces colons basques, établis en Irlande, qui fidèles à leur instinct migrateur, auraient émigré vers la Floride ou le golfe Saint-Laurent et peuplé la région que ; dans les Sagas irlandaises, on désigne sous le nom de *Hvitramannaland* (terre des hommes blancs) ou *Irland it mikla* (la Grande Irlande)[18]. Ces récits de voyages et de migrations, tel celui de Madoc fils d'Owain Gwynedd (vers 1170) devront attendre des confirmations scientifiques. Nous restons sceptiques. S'il n'y a que la tradition ou des témoignages secondaires pour porter la conviction dans les esprits, le doute subsistera.

Les Basques ne nous ont pas laissé de documents formels. Il est constant que si les chartes et les documents diplomatiques abondent en général dans le Midi de la France, les sources narratives sont peu importantes[19] ; puis, les archives des places maritimes, au sud comme au nord, ont été détruites par faits de guerres, au cours des siècles[20] : celles de Saint-Jean-de-Luz et le Ciboure ont été détruites en 1372, en 1511[21] et, brulées encore en 1558 et en 1636 ; celles de Saint-Sébastien l'ont été en 1813. Parviendrons-nous à prouver que les baleiniers basques opéraient, dès 875, dans les parages des îles Féroé, ainsi que l'affirment Pastorín et Lyders[22], ce qui correspondrait approximativement à l'époque des voyages cénobitiques des saints hommes d'Iona[23]. Grâce aux efforts

---

[17] W.L. Clowes, dans son grand ouvrage sur la Marine anglaise (*The Royal Navy*, I, Londres, 1897, pp. 58-59) rappelait cette tradition en ajoutant que les bateaux basques étaient des pirogues faites de troncs d'arbres creusés et recouverts de cuir. Le même historien cite (*ib.*, p. 60) avec une sympathie mitigée, le voyage légendaire des trois fils de l'Irlandais Ua Corra qui, avec cinq compagnons, partit en 540 à travers l'Atlantique pour revenir après des aventures terribles, aborder en Espagne.

[18] L.E. Borring : *Notices on the life and writings of Carl Christian Rafn*, Copenhague, 1864, p. 8. Ce pays est mentionné sous le nom de *Irlandeh el-Kabirah* par Abou Abdallah Mohammed Edrisi, géographe arabe du XIIe siècle ; Edrissi avait fait ses études à Cordoue. Il fut à la cour du roi normand Roger II de Sicile (1130-1157). Les connaissances qu'il avait des régions du Nord et de l'Ouest lui étaient sans doute venues des Normands de Palerme. Cette Grande Irlande a fait l'objet de nombreuses études, on l'a placée, comme le Vinland, dans des lieux divers, notamment à l'entrée du Saint-Laurent, en Floride, au Mexique, à Cuba, au Brésil et aux Açores.

[19] A. Molinier : *Les sources de l'histoire de France des origines aux guerres d'Italie (1494)*, V, Paris, 1901, p. LXXIV. La Gascogne est restée un peu isolée du mouvement civilisateur de Charlemagne ; puis, elle a subi l'influence des souverains du nord de l'Espagne ; ensuite, il y a eu trois siècles de domination anglaise...

[20] C. Fernández Duro : *Arca de Noé... op. cit.*, pp. 285-286. « El incendio ó destrucción de los archivos habrá consumido las relaciones y noticias de l[a]s antiguas expediciones ».

[21] G. Musset : *Les Rochelais à Terre-Neuve, 1500-1789*, La Rochelle, 1899, p. 15.

[22] J. Pastorín y Vacher : *Les pêcheries en grand Océan*, trad. H. Léon, Biarritz, 1902. — E. Lyders : *Sobre el establecimiento de una pesquería española en los mares que rodean a Islandia é islas Faeroe*, Madrid, 1893. Il n'est pas parlé, chez cet auteur, de l'époque où ces pêcheries se faisaient.

[23] Ch. Weule : « La surface terrestre », dans H. Krämer : *L'Univers et l'humanité...*, trad. A. Schalck de La Faverie, III, Paris, (1904-1905), p. 424.

méthodiques des savants qui s'occupent de l'archéologie des îles de l'Océan, on découvrira peut-être des inscriptions relatives à des Basques, dans les ruines des églises et des monastères du Moyen Age, que les savants du Nord continuent d'exhumer[24]. On en a trouvé quelques-unes à Terre-Neuve même, mais ce sont des pierres funéraires de Basques décédés dans l'île au XVIIe siècle[25].

Une petite flottille, conduite par des marins andalous, biscayens et guipus-coans serait allée, en 1393, explorer les côtes d'Afrique jusqu'au 29e de latitude ; elle aurait atterri dans l'archipel des Canaries. Ce fait est rapporté par [Julio de Lazúrtegui][26], qui ajoute : « Casi al mismo tiempo, descubrían los vascos la isla de Terranova ». Cette assertion a été faite, à peu près dans les mêmes termes, par un grand nombre d'historiens, de cosmographes et de chroniqueurs espagnols, français, anglais, flamands, norvégiens depuis le XVIe siècle[27]. Duro lui-même affirme que les Biscayens et les Portugais furent les premiers qui organisèrent la chasse à la baleine dans les eaux de Terre-Neuve[28] et il invoque, pour le prouver, la tradition, la possession et les droits reconnus par les traités[29]. Malachy Post-lethwayt, dans son grand *Dictionnaire du commerce*, destiné à stimuler l'esprit

---

[24] C.C. Rafn : « Runic inscriptions… » et O. Montelius : *Les temps préhistoriques…*

[25] M.F. Howley : « Les anciennes tombes basques à Placentia », dans *Revue internationale des études basques*, II, 1908, p. 734.

[26] [J. de Lazúrtegui : « El Comercio, la Industria y la Navegación en el País Vasco », dans] Fr. Carreras y Candi : *Geografía general del País Vasco-Navarro*, Barcelone, [c. 1911-1925], p. 651

[27] Mentionnons les auteurs les plus souvent cités : Guillaume Postel, le Prof. flamand Corneille Wytfliet, Marc Lescarbot (*op. cit.*, éd. Grant et Biggar, II, p. 394), D. Bernabé Antonio de Egaña, Jean Blaeu, géographe des Pays-Bas, D. José Julio de la Fuente, Oviedo, Garibay, le P. Henao, le *Diccionario Geográfico-histórico de España de la Real Academia de la Historia* (Madrid, 1802, I, p. 331 et II, p. 313). Pour d'autres, Terre-Neuve fut visitée d'abord par des Portugais : L. Cordeiro : « De la part prise par les portugais dans la découverte de l'Amérique », dans *Congrès International des Américanistes…*, I, Paris, 1875, pp. 290-297) et Jaime Cortesão ; puis il y a Gaspar Corte-Real, qu'un calcul fait sur les dires de cet explorateur, reporterait la découverte du continent américain à 1463 (Cordeiro, *ib.*, p. 293). Fernández Duro, plus difficile sur les exigences de la vérité, enregistre néanmoins, cette vieille tradition (*Arca de Noé…* p. 388) : « Está tan acreditada la posesión de los vascongados en Terranova, que los sabios de este siglo (faisant allusion au *Dicc. Enciclop., let. Morue. tom. X, fól. 733*) dicen á boca llena que *se atribuye el descubrimiento del grande y pequeño banco de los bacallaos á pescadores vascongados, que llegaron á ellos siguiendo á ballenas cien años ántes del viaje de Colon* ».

[28] C. Fernández Duro : *Arca de Noé…*, p. 342. Il tire argument du fait qu'en 1713, au traité d'Utrecht, alors que l'Angleterre dépouillait en partie la France de ses droits à Terre-Neuve, elle reconnaissait (en laissant les Espagnols jouir du droit de pêche) le *droit immémorial* qu'ils invoquaient (p. 326).

[29] *Ib.*, p. 387 ; voir aussi *ib.*, p. 332. Les diplomates espagnols ont invoqué le droit du premier occupant ou découvreur en deux grandes circonstances : en 1722 au Congrès de Soissons et en 1760 : « Hallan en este caso los Vasallos de S.M.C. Vizcaínos, y Guipuzcoanos, que haviendo sido descubri-dores de la Isla de Terranova, de sus Costas, y Puertos… » (*Memorial para presentarlo en el Congreso de Soissons por los plenipotenciarios españoles sobre la pesquería de Bacalao en Terranova*, dans la Collection Vargas Ponce, III, doc. 108, ff. 227-230, Museo Naval à Madrid). Et encore : « … expondré

commercial de l'Angleterre, admet la priorité des découvertes basques et françaises, et va même plus loin : il prétend, sur la foi de plusieurs cosmographes, qu'un Biscayen habitué en Terre-Neuve, aurait appris à Colomb l'existence d'un nouveau continent. C'est encore une autre tradition qu'il a recueillie chez les historiens espagnols ou français[30].

Moréri[31], Delamare[32], Nicolás de Soraluce[33] (qui rapporte cette découverte au XIVe siècle), Léonce Goyetche[34], Cleirac[35], se font les échos de cette tradition. Dans son *Histoire des Basques*, Augustin Chaho prétend que les Basques ont découvert les Canaries en 1393 et l'Amérique au XVe siècle[36]. Jenkins, surinten-

---

un echo que no se puede dudar, y es el mérito que tienen los Vizcaínos y Guipuzcoanos de ser los primeros descubridores de la Isla de Plasencia, la denominación, es una prueba bastante auténtica » (*Memoria presentada a la Corte de Inglaterra por la de España a cerca de la pesca del Bacallao, en nueve de septiembre de mil setecientos sesenta* (*id.*, 29, doc. 68, ff. 324-327).

[30] L'ouvrage de Postlethwayt, fait en collaboration avec le duc de Rutland, Lord lieutenant et Conservateur des *rôles* (archives) du comté de Leicester, est une traduction et adaptation de l'ouvrage célèbre de Jacques Savary des Brûlons, inspecteur général des Manufactures et de la Douane en France, paru pour la première fois en 1723 ; cet ouvrage était célèbre dans toute l'Europe. Postlethwayt était un admirateur de Colbert et de Louvois. Il avoue qu'il a remanié le livre de Savary quant aux faits et à sa substance [*The Universal Dictionary of Trade and Commerce...*, Londres, 1751-1755]. L'atlas qu'il joint au Dictionnaire est fait avec les cartes de d'Anville retouchées et améliorées. Il passe, dans cet ouvrage, un souffle du patriotisme et de la férocité de l'ère élizabéthaine ; on dirait une œuvre vengeresse de l'honneur anglais blessé, quelque chose comme la grande entreprise de Hakluyt, jaloux des découvertes des autres nations, comme il ressort de son épitre dédicatoire à Sir Fr. Walsingham, de 1589. Néanmoins Postlethwayt respecte certaines traditions. Il travaille vingt ans à ce Dictionnaire.

[31] L. Moreri : *Le grand dictionnaire historique...*, X, article *Terre-Neuve*, Paris, 1759, pp. 93-94 ; il place la découverte en 1504.

[32] N. Delamare : *Traité de la police...*, III, Paris, 1719, p. 66. Nicolas Delamare cite les deux opinions courantes, à savoir celle qui veut que « nos Biscayens » soient allés à Terre-Neuve avant Colomb et celle qui place à 1504 les premières pêches des Basques, ce qui manque de précision.

[33] N. de Soraluce y Zubizarreta : *Historia general de Guipúzcoa*, I, Vitoria, 1870, p. 185 ; après avoir parlé de la fondation en 1348, à Bruges, du consulat d'Espagne et quelques années après, de celui de La Rochelle, il dit, en parlant de la chasse aux baleines : « Escaseando por estas costas en el mismo siglo, en una de sus navegaciones tras estos cetáceos, descubrieron los *Bancos de bacalao é Isla de Terranova*, aunque se ignoró hasta un siglo despues, que ésta formase parte de un *Nuevo Continente* » (p. 340).

[34] L. Goyetche : *Saint-Jean de Luz historique et pittoresque...*, Paris, 1883, p. 71.

[35] E. Cleirac : *Us et costumes de la mer, divisées en 3 parties...*, Bordeaux, 1647, p. 151. Cet ouvrage de Cleirac, avocat au parlement de Bordeaux, a servi de base à la célèbre ordonnance de 1681 sur la marine : « Les grands profits, dit-il, et la facilité que les habitans de Capberton prez Bayonne et les Basques de Guyenne ont trouvé à la pescherie des Balenes ont servi de Lurre et d'amorce à les rendre hazardus à ce point, que d'en faire la queste sur l'Ocean par les longitudes et les latitudes du monde. A c'est effect ils ont cy-devant équippé des Navires, pour chercher le repaire ordinaire de ces monstres. De sorte que suivant cette route, ils ont descouvert cent ans avant les navigations de Christophle Colomb, le grand et petit banc des mourues, les terres de Terre-neufve, de Capberton et Baccaleos (*Qui est à dire Morue en leur langage*) ».

[36] A. Chaho : *Histoire primitive des Euskariens-Basques...*, I, Bayonne, 1847, p. XXII.

dant des pêcheries occidentales d'Angleterre, après avoir cité le savant mémoire de P. Fischer sur les cétacés du Sud-Ouest de la France[37] dit que les Basques ont chassé la baleine, en pleine mer, avant l'invention de la boussole et qu'on croit qu'ils ont atteint les bancs de Terre-Neuve dès 1372, où ils trouvèrent de grandes quantités de baleines, notamment celles qu'ils ont appelées *Sarda* (qui vit en troupe). Continuant leur course, dit-il, ils vinrent au golfe du Saint-Laurent, où ils trouvèrent l'espèce dite de la *Grande Baie*. C'est le nom qu'Edge a adopté dans sa classification des baleines du Spitzberg. Quand la baleine se fut raréfiée dans le golfe du Saint-Laurent, ils poussèrent leurs expéditions jusqu'à la frange glacée du Groenland, où ils chassèrent la baleine groenlandaise qui leur parut être la même que celle du golfe du Saint-Laurent[38].

Citons encore Edouard Ducéré, ancien conservateur des Archives de Bayonne[39] ; le P. Charlevoix[40], Pascual Madoz[41] ; « de Forbonnais » auteur supposé d'une *Histoire et commerce et des colonies anglaises de l'Amérique Septentrionale*[42]. Joseph Nogaret historien de Saint-Jean-de-Luz, soutient la même opinion[43], ainsi que M. René Cuzacq[44]. Plusieurs historiens rapportent des té-

---

[37] P. Fischer : *Cétacés du sud-ouest de la France* (extrait des *Actes de la Société linnéenne de Bordeaux*, XXXV), Paris, 1881.

[38] J.T. Jenkins, D.Sc., Ph.D. : *A history of the whale fisheries...*, Londres, 1921, p. 64. Il ajoute : « Prior to the first voyages of Columbus (1492) and John Cabot (1497) to America there was an extensive fishery for sea fish at Iceland, a fishery participated in by British, Bretons, and Basques, and probably not confined to Icelandic waters but extending both to Greenland and the Grand Banks of Newfoundland » (p. 65).

[39] E. Ducéré : *Recherches historiques sur la pêche de la morue et la découverte de Terre-Neuve par les Basques et les Bayonnais*, Pau, 1893.

[40] P. Charlevoix : *Histoire et description générale du Japon... avec les fastes chronologiques de la découverte du Nouveau-Monde*, I, Paris, 1736, p. XXI des *Fastes*. Il dit que les pêcheurs basques, normands et bretons faisaient la pêche sur le Grand Banc, sur les côtes de Terre-Neuve, sur celles de l'Amérique et de tout le golfe du Saint-Laurent quelque temps avant 1503, mais qu'on ne sait pas au juste en quel temps ils commencèrent à fréquenter ces mars.

[41] P. Madoz : *Diccionario geográfico-estadístico-historico de España y sus posesiones de ultramar*, IX, Madrid, 1847, à l'article *Guipúzcoa*, p. 100.

[42] V. de Forbonnais : *Histoire et commerce des colonies angloises, dans l'Amerique septentrionale...*, Londres, 1755, pp. 52-53. Signalons, en passant, l'insistance avec laquelle M. Bellet, dans sa belle *Histoire maritime de Fécamp*, tient à rendre hommage à la priorité des voyages basques à Terre-Neuve (II, Fécamp, 1896, p. 119 et suiv.).

[43] J. Nogaret : *Saint-Jean-de-Luz des origines à nos jours...*, Bayonne, 1925, pp. 159-160.

[44] Dans un article sur « La pêche à Saint-Jean-de-Luz » (*Revue géographique des Pyrénées et du Sud-Ouest*, IV, 1933, p. 288) par René Cuzacq, agrégé de l'Université. [M. Bronkhorst] dit que les Basques peuvent appuyer leurs prétentions sur le *Commentaire sur l'ordonnance de la marine du mois d'août 1681*, de Valin, entre autres autorités « qui rapportent tous que les pêcheurs biscayens fréquentaient Terre-Neuve avant que Christophe-Colomb ait découvert l'Amérique » (*La pêche à la morue*, Paris, 1927, p. 25).

moignages en faveur des pêcheurs bretons, et M. Bronkhorst rappelle, après d'autres, un document authentique attestant les voyages de Bretons aux Terres Neuves et en Islande en 1454. Il s'agit de la transaction du 14 décembre 1514, passée entre les pêcheurs de Bréhat et les moines de l'abbaye de Beauport, qui percevaient la dîme sur les morues pêchées par eux « tant en la coste de Bretagne, la Terre-Neuve, Islande qu'ailleurs » depuis soixante ans[45]. Saint-Brieuc, dit encore M. Bronkhorst, envoyait des navires aux Terres Neuves avant 1514, et Binic était déjà un des sept ports autorisés à délivrer les passeports pour les grandes pêches[46]. Il ajoute qu'au XVIe siècle, les ports de Paimpol, Roscoff, Morlaix et Cherbourg armaient pour Terre-Neuve.

La liste des auteurs qui ont répété cette affirmation pourrait être allongée, M. Hans Bogen, dans son *Esquisse de l'histoire de la chasse à la baleine norvégienne*, dit qu'à partir du XIe siècle, peut-être avant, des pêcheurs basques chassaient la baleine biscayenne qu'on appelle aujourd'hui *Nordkaper* ; que, de bonne heure, peut-être avant d'atteindre Terre-Neuve (1372), ils chassaient la baleine au large de l'Irlande et de l'Islande et que, en 1596, quand le Conseil d'Etat dano-norvégien interdit aux étrangers les eaux de Finnmark au septentrion de la Norvège, cette interdiction frappait les Basques comme les Hollandais[47]. Au siècle dernier, Sir Clements R. Markham fit, à la suite d'un séjour d'études au pays basque, une communication a la *Zoological Society* de Londres[48], sur les chasses de la baleine par les Basques d'Espagne. Il dit qu'il s'est appliqué à la recherche des origines de cette chasse chez les Basques. Il conclut que cette industrie était en pleine prospérité au XIIe siècle et que probablement elle se pratiquait deux siècles auparavant. La conjecture du savant anglais ne paraît pas trop hasardeuse si on se rappelle que la chasse à la baleine se pratiquait déjà au IXe siècle dans les mers d'Europe et que l'époque assignée par Pline à l'appari-

---

[45] Cette transaction qui se trouve aux Archives du Département des Côtes-du-Nord, série H, fonds de l'abbaye de Beauport, a été publiée et citée plusieurs fois. — cf. H.P. Biggar : *The precursors of Jacques Cartier, 1497-1534*, Ottawa, 1911, pp. 118-123. — *Mémoire de la Société archéologique des Côtes-du-Nord*, 2e série, II, Saint-Brieuc, 1885-1886, p. XXXIII.

[46] M. Bronkhorst : *op. cit.* — cf. J. Lemoine et H. Bourde de La Rogerie : *Inventaire sommaire des archives départementales antérieures à 1790. Finistère. Archives civiles. Série B,* III, Quimper, 1902, p. CCXXXV.

[47] H. Bogen : *Linjer i den norske hvalfangsts historie*, Oslo, 1933, pp. 14-15. — cf. L. Papy : « La pêche en Islande », dans *Annales de Géographie*, XLII, 1933, p. 401. Il dit que dès le XIIIe siècle ou le XIVe les pêcheurs basques, bretons et normands fréquentèrent l'Atlantique du Nord et les Terres Neuves et qu'au XVe siècle, ils allaient en Islande. M. Bronkhorst précise, d'après des chroniques du temps, qu'en 1443 trente gros navires pratiquaient la pêche dans les eaux islandaises (*La pêche à la morue...*, p. 118).

[48] Cl.R. Markham : « On the Whale-Fishery of the Basque Provinces of Spain », dans *Proceedings of the Zoological Society of London*, 1881, pp. 969-976 (communiqué par le Prof. Flower).

tion des baleines dans la mer de Cadix concorde avec celle du passage du cétacé des Basques dans le golfe de Gascogne[49]. On connait le miracle de saint Vaast ou Vedast accompli *in Britannico mari* en 875[50]. Dans le récit des Bollandistes, il est dit que, plusieurs pêcheurs, de nations différentes chassaient la baleine ensemble, quand, un jour, un groupe de marins prétendait faire payer par les autres la faveur de les accompagner. Il s'en suivit un échange de moqueries, après quoi, les présomptueux partirent seuls à l'attaque d'un cétacé qu'ils ne purent capturer. Les autres, après invocation à saint Vaast, prirent une énorme baleine. Les deux marins danois Ottar et Wulfstan, que le roi Alfred envoya explorer dans les mers du Nord, rapportèrent qu'ils étaient allés aussi loin au Nord que vont les chasseurs de baleines et même trois jours au-delà. C'était vers la fin du IXe siècle[51]. Dans une vie de saint Arnoult, évêque de Soissons, au XIe siècle, il est fait mention d'une chasse à la baleine sur les côtes de Flandre, au moyen du harpon[52]. On connait la charte octroyée à Saint-Sébastien en 1150, par Sanche le Sage, dans laquelle il fixe les droits d'entreposage de certaines marchandises, parmi lesquelles, les fanons de baleine tiennent une place importante[53]. Les ducs de Normandie s'étaient réservés, au XIIe siècle tous les droits sur les « pisces sylvestres, ut pote balenam et grass uni pesium, porphesium, lutam, espaart et alia genera piscium sylvestrium »[54]. En l'année 832 les moines de Saint-Denis avaient un établissement pour la chasse de la baleine dans le Cotentin[55]. Raoul Tortaire, qui vivait au XIIe siècle, a, dans une épitre adressée à son ami Robertus, fait une description de la chasse à la baleine telle qu'il l'avait vu pratiquer, au cours de son voyage à Caen et à Bayeux vers 1110-1115. C'est une composition de 354 vers latins :

> *Perfodiunt trifido pinguissima viscera ferro ;*
> *Ad littus trahitur saucia contiguum...*[56]

---

[49] Charles Rau : *Prehistoric fishing in Europe and North America*, Washington, 1884, p. 22. — Strabon signalait déjà dans sa *Geographica*, Lib. III, Cap. 2 (éd. Müller et Dübner, Paris, 1853, p. 121), que la mer Bétique était remplie de baleines.

[50] Société des Bollandistes : *Acta sanctorum februarii...*, I, Anvers, 1658, p. 806.

[51] R. Hakluyt : *The principal navigations, voyages, traffiques & discoveries of the English nation...*, I, Glasgow, 1903, p. 11, ou éd. de 1598, I, pp. 4-5.

[52] Hariulf : *Vita Sancti Arnulfi*, Lib. III, Cap. 8 (dans Godefroy d'Admont : *Ven. Godefredi abbatis Admontensis Opera omnia...*, éd. B. Pez, Petit-Montrouge, 1854, pp. 1431-1432, qui comprend les écrits d'Hariulf).

[53] Sir Cl.R. Markham : *op. cit.* : « Carga de boquinas-barbas de ballenas... 2 dineros » (p. 971).

[54] Charte de Thomas Hoel pour le Mont-Saint-Michel, communiquée par M. de Gerville à Léopold Delisle. — *cf.* L. Delisle : « Des revenus publics en Normandie au XIIe siècle », dans *Bibliothèque de l'École des chartes*, XI, 1850, p. 429.

[55] Dom M. Bouquet : *Recueil des historiens des Gaules et de la France...*, VI, Paris, 1749, p. 580 : « ad capiendum crassum piscem ».

M. Fischer, déjà cité, rappelle qu'un poète italien Guillaume de Pouille, a raconté la capture, au XIe siècle, d'une baleine dans la baie de Tarente, par Robert Guiscard et ses compagnons. En voyant, dans la Méditerranée, un grand cétacé inconnu aux Italiens, le fondateur du royaume de Naples reconnut la baleine qu'on harponnait sur les côtes normandes. Il indiqua les procédés de chasse en usage dans son pays et eut la satisfaction de les appliquer avec succès[57].

Les fanons de baleine étaient employés dans l'industries des vête-ments et de la chapellerie de bonne heure au XIIIe siècle. Guillaume le Breton (1165-1226) historien de Philippe Auguste, parle, dans sa *Philippide*, composée en 1224, comme d'un fait notoire, des gens qui faisaient des plumets pour les casques militaires avec les fils tirés des barbes de baleine[58]. Léopold Delisle a rapporté un *Journal des visites pastorales* d'Eudes Rigaud, archevêque de Rouen (1248-[1275]) qui s'élevait avec véhémence contre le port, par les re-ligieuses, de ceintures ferrées ou argentées, de bourses indécentes et les pare-ments de baleine ou d'autre matière qui décoraient les manches et l'encolure des habits[59].

Sur un tarif des crédits à percevoir sur les marchandises entrant par voie d'eau à Rouen au XIVe siècle, on trouve sous une rubrique ainsi formulée *Guirs, Feutres, Balenne, Peaux de beil*, costume, la mention suivante : « pour la dou-zenne de balenne, II d. »[60].

À la lumière de ces textes et d'autres que je pourrais rapporter, la pensée se reporte, sans peine, au IXe siècle, pour voir l'industrie de cette chasse au moins aussi florissante, dans la Biscaye, que sur les côtes normandes, surtout quand on sait que les Basques ont été les maîtres incontestés de toute l'Europe. Il suffit, pour cela, de lire les recueils de *fueros* ou de privilèges des communes de

---

[56] Congrégation de Saint-Maur : *Histoire littéraire de la France...*, X, Paris, 1756, pp. 85-94. — J. Du Bois : *Floriacensis vetus bibliotheca...*, Lyon, 1605. — Publié en partie par L.-Fr. Du Bois dans *Archives annuelles de la Normandie, historiques, monumentales, littéraires et statistiques*, 1824, pp. 209-215. — *cf.* E. de Certain : « Raoul Tortaire », dans *Bibliothèque de l'École des chartes*, XVI, 1855, pp. 489-521.

[57] P. Fischer : *op. cit.*, p. 45.

[58] Guillaume lc Breton : *Philippidos*, Lib. IX (dans *Oeuvres de Rigord et de Guillaume Le Bre-ton...*, II, éd. Delaborde, Paris, 1885, p. 270), où parlant de Renaud de Dammartin, l'auteur dit : « Cujus equum, cujus clypeum, galeamque nitentem, Baleneque jubas ceu cornua bina gerentem... ».

[59] L. Delisle : « Le clergé normand au treizième siècle, d'après le journal des visites pastorales d'Eudes Rigaud, archevêque de Rouen (1248-1269) », dans *Bibliothèque de l'École des chartes*, VIII, 1847, pp. 479-499. Le *Journal* a été publié par Théodose Bonnin dans *Regestrum visitationum archie-piscopi rothomagensis...*, Rouen, 1847.

[60] Bibl. Nat. (Paris), Ms fr. 14571, f. 7.

cette région. Les pêcheurs basques formaient une sorte de caste : Saint-Sébastien, Orio, Zarauz, Guétaria, Zumaya, Deva, Motrico, Ondarroa, etc., obtinrent de bonne heure des privilèges exceptionnels[61]. Leurs armoiries rappellent leurs titres de gloire : en fait d'armes parlantes on y voit, des baleinières (*balingera*), des baleines[62], la mer[63], des bateaux[64]. Au Moyen Age, les provinces basques étaient des pays d'Etat jouissant de libertés spéciales, de constitutions privilégiées ; les Bayles et les Echevins avaient les prérogatives de la noblesse[65] ; les habitants de la Biscaye étaient reconnus pour nobles dans toute l'Espagne par le seul fait d'être Biscayens — reconnaissance qu'ils tenaient de la reine Jeanne Ire de Castille[66]. Ils ne payaient au Roi qu'un maravédis d'imposition, à la fin du XVIe siècle ; ce n'était, du reste, qu'un symbole ; ce maravédis, les Biscayens l'offraient au Roi en une bourse et au bout d'une longue lance[67].

Les Basques de France avaient obtenu des privilèges analogues ; les Archives de Saint-Jean-de-Luz ont réussi à garder, en dépit des vicissitudes du temps sinon tous en originaux, du moins en copies authentiques (notariées), les privilèges que la ville tient des rois de France depuis 1463. En cette année 1463, Louis XI étant venu à Saint-Jean-de-Luz, accorda à cette ville pour neuf ans, « exemption de tout droit d'assise, entrée, issue, sur leurs denrées et marchandises vendues, échangées par mer, par eau douce, par terre en tous royaumes et

---

[61] *Colección de fueros municipales y cartas pueblas de los reinos de Castilla, León, Corona de Aragón y Navarra*, éd. Tomás Muñoz y Romero, Madrid, 1847. — *Colección de cédulas, cartas-patentes, provisiones, reales órdenes y otros documentos concernientes a las provincias vascongadas*, éd. Tomás González, Madrid, 1829-1830. — *Nueva recopilación de los Fueros, privilegios, buenos usos y costumbres, leyes y ordenanzas de la muy N. y muy L. Provincia de Guipúzcoa*, éd. Miguel de Aramburu, Tolosa, 1696, connue sous le titre *Libro de los Fueros*, 1685-1690.

[62] La baleine se trouve dans les écus de Biarritz, Hendaye, Guétaria, Motrico, Ondarroa.

[63] Guipuscoa (*Guipúzcoa*).

[64] Saint-Jean-de-Luz, Ciboure, Saint-Sébastien, Pasajes. — *cf.* J. Meurgey de Tupigny : *Les blasons des provinces et des villes basque*, Bayonne, 1932. — D. S. Múgica : *El blasón de Guipúzcoa*, Saint-Sébastien, 1930. Le savant inspecteur des Archives du Guipuscoa rapporte (p. 14) dans cet ouvrage, ce que Fernández Duro disait des armes de Guipuzcoa. « Les Guipuscoans, dit-il, ont un Roi dans leur écu parce qu'ils sont les Rois de la mer » (*Armada Española desde la unión de los Reinos de Castilla y León*, Madrid, 1895-1903).

[65] « Ledit lieu [Saint-Jean-de-Luz] auroit esté un des meilleurs du Royaume, Messieurs les Bayle et Jurats tiennent aussi rang de nobles et comme tels, ils sont appelés aux Etats de la Sénéchaussée... » (*Inventaire général tant des privilèges et attributs octroyez par Roys de France aux habitans du lieu de Saint Jean de Luz, vériffications d'iceux, tant aux Parlements de Paris, Bordeaux, Rouen, Rennes, que Cours des Aydes*, etc., par Martin de Goyeneche, Notaire royal. Ms. des Archives Municipales de Saint-Jean-de-Luz, II, 1).

[66] L. Vivien de Saint-Martin : *Nouveau dictionnaire de géographie universelle...*, I, Paris, 1879, p. 355, art. *Basques*.

[67] *Mémoire sur l'Etat des finances du Roi d'Espagne en 1609*. Ms. aux Archives du Ministère des Affaires Etrangères (Paris), dans Correspondance Politique : Espagne, vol. 12, ff. 188-200.

pays »[68]. En cette même année 1463, à la date du 15 avril, Henri IV l'Impuissant roi de Castille et de Léon, disait, dans le privilège qu'il accordait à Saint-Sébastien, que la morue (*bacallao*) se trouvait au nombre des marchandises introduites par les vaisseaux basques[69]. Les Anglais qui, à cette époque, rapportaient de la morue de leurs expéditions du côté de l'Islande, appelaient ce poisson *stockfish*. Et on voit sur les cartes anciennes, une île située vers l'Islande qui est désignée sous le nom de *Stocafixa*, comme on remarque sur les premières cartes du Nouveau Monde, une île nommée Terre des *Bacaillos*. À ce sujet. Ducéré fait allusion aux pêches que les Basques faisaient sur les côtes de l'Ecosse et de l'Irlande en 1351 et de l'invention qu'ils auraient faite des méthodes de salaison, de sécherie et de pressage. Il est certain que la sécherie et la salaison des poissons se faisaient longtemps avant le quinzième siècle. Varron, Columelle, Pline en sont témoins. On a signalé des sécheries de poisson sur les côtes du Léon et de la Cornouaille, dans le Finistère et aux environs de Paimpol, au début du XIIIᵉ siècle. Il y avait des sécheries sur toutes les côtes bretonnes. Le duc Jean le Roux, fils du duc Pierre Mauclerc afferma, en 1279, les sécheries de Saint-Mathieu, appelées aussi de *Saint-Mahé*, à des marchands de Bayonne : Auger de Gavarrot, Aimé Daugressa, Aimé de Pujana, Pierre Guillaume de Mota, Petrus ar' de Laua, Paumier de Acon et Assaride de Corneilhan[70].

Ces fermiers bayonnais se brouillèrent avec les habitants du Conquet et, finalement, associés à des marchands anglais, ils auraient pillé et brûlé la ville le 28 août 1289[71]. Les Basques, de chaque côté de la frontière, jouissaient donc de privilèges tout à fait exceptionnels ; leurs chartes témoignent hautement des services que cette population de pêcheurs a rendus à la vie économique — et par conséquent politique — de la région[72].

---

[68] Archives Municipales de Saint-Jean-de-Luz, A/A/1, A/A/3. — Cartons contenant les privilèges, lettres patentes, etc., concédés par Louis XI, Charles VIII, Louis XII, Reine Louise, mère du Roi, François Ier, Henri II, Charles IX. — *cf.* J. Nogaret : *Saint-Jean-de-Luz des origines à nos Jours...* Bayonne, 1925, p. 15.

[69] *cf.* E. Ducéré : *Recherches historiques sur la pêche de la morue...*, p. 30.

[70] A. de La Borderie : *Recueil d'actes inédits des ducs et princes de Bretagne (XIᵉ, XIIᵉ, XIIIᵉ siècles)*, Rennes, 1888, pp. 264-267.

[71] J. Trévédy : « Pêcheries et sécheries de Léon et de Cornouaille », dans *Bulletin de la Société archéologique du Finistère*, XVIII, 1891, pp. 104-113, 140-154. Les moines de Beauport avaient les revenus des sécheries de *Kerity* et de *Plouec* dès 1212. M. Trévédy dit qu'il y avait en Bretagne des sècheries ducales, seigneuriales et privées. Quant à la sècherie de Saint-Mathieu, elle appartenait, avant 1410, à des « bourgeois de Nantes ».

[72] Le carton A/A/1 des Archives Municipales de Saint-Jean-de-Luz contient 64 pièces dont 54 en parchemin, 10 en papier et 5 sceaux ; ce sont les privilèges, lettres patentes relatant d'autres lettres patentes antérieures, relatives à l'exemption des droits d'assise, d'entrée, de sortie et de vente des marchands. L'inventaire, déjà cité, dit : « Les privilèges ci-inventoriés ont été accordés aux habitants de

Markham rapporte avoir vu à Llanes (Asturies) un grand bâtiment qui servait autrefois de *Casa de Ballenas*, sorte de chambre de commerce pour les industries de la chasse des baleines ; à Gijón également, on pouvait voir, de son temps, une *Casa de Ballenas*[73].

Quelle es l'origine des faveurs qu'obtinrent les Basques de leurs souverains ? Duro dit que les premiers privilèges accordés aux habitants de la côte, notamment, à Guetaria, Pasajes et Santander datent du temps où Bonifaz (1248) avait rassemblé une flotte importante et remporté une victoire mémorable sur les Maures, à l'embouchure du Guadalquivir. La flottille basque constituait l'élément prépondérant des forces navales. C'est de cette victoire de Séville que date la fondation de la dignité d'amiral en faveur de Bonifaz[74].

Je citerai encore quelques auteurs qui ont cru à cette priorité des Basques ou des Bretons dans la connaissance du Nouveau Monde. Antonio de Herrera[75] ; John Reade[76] ; Marc Lescarbot[77] ; Pierre Davity[78] ; l'auteur du Mémoire des Commissaires du Roi du 4 octobre 1761, en réponse aux Mémoires des Commissaires de S.M.B., des 21 septembre 1750 et 11 janvier 1751, concernant l'Acadie[79] ; Bellet[80] ; un auteur anonyme a écrit un mémoire au XVIIᵉ siècle sur les voyages de long cours depuis l'Antiquité : ouvrage savant, plein de citations

---

Saint Jean de Luz en considération des services signalés rendus par eux aux Rois de France. Ces lettres Patentes ou confirmatives furent concédées par les Rois Louis XI, Charles VIII, Louis XII, par la Reine Louise, mère du Roi, par François I, Henri II, Charles IX, (1473 à 1559) … ».

[73] Sir Cl.R. Markham : *op. cit.*, pp. 974-975.

[74] C. Fernández Duro : *Arca de Noé...*, p. 278.

[75] A. de Herrera : *Histoire generale des voyages et conquestes des Castillans...*, I, trad. de La Coste, Paris, 1660, p. 454.

[76] J. Reade: « The Basques in North America »..., pp. 21-39.

[77] M. Lescarbot : *Histoire de la Nouvelle France*, écrite en 1608, éd. Grant et Biggar, II, p. 394. Cet auteur parle des voyages que les Bretons, les Basques et les Normandes faisaient « dès plusieurs siècles ».

[78] P. d'Avity : *Description generale de l'Amerique...*, éd. revue par J.B. de Rocoles, historiographe du Roi, Paris, 1660, p. 28. La première édition est de [1614].

[79] *Mémoires des commissaires du Roi et de ceux de Sa Majesté britannique...*, I, Paris, 1755, p. 11. Parlant du voyage de Cabot en 1497 à la recherche d'un passage aux Indes, l'auteur du mémoire dit : « Son voyage se borna à la simple vûe de quelques parties du continent de l'Amérique, très-eloignées les unes des autres ; mais apercevoir une terre, n'en a jamais donné la propriété et ne fut qu'une course, sans établissement, sans tentative pour en former, sans qu'il paroisse même qu'on ait alors songé aux pêches abondantes que les François ont faites de temps immémorial vers l'isle de Terre-neuve, la seule terre dont on puisse dire que Cabot ait pris quelque connoissance ».

[80] Dans son *Histoire maritime de Fécamp*, II, p. 116., M. Bellet dit : « Tout l'honneur en revient aux Basques du Cap Breton, près de Bayonne… trouvèrent plus de cent ans avant le génois Christophe Colomb, la route du Nouveau-Monde, visitèrent les îles de la côte ferme du golfe du Saint-Laurent où ils fondèrent des établissements et se mirent en relation avec les naturels du pays ».

d'historiens anciens et modernes où il dit que « les Basques et les Bretons sont depuis plusieurs siècles les seuls qui se soient employés à la pesche des Balenes et des molues ». Il trouvait remarquable que Cabot découvrant le Labrador, ait en même temps découvert « le nom de terre de Bacaillaos qui signifie des molues en langue des Basques »[81]. Pierre de Lancre, conseiller au parlement de Bordeaux fut chargé de faire, en 1609, avec le président de la cour, d'Espaignet, une enquête sur les nombreux cas de sorcellerie signalés dans le Labourd et de déférer à la Justice les personnes qui se livraient à ces pratiques, afin d'extirper cette superstition du pays. La commission siégea dans vingt-sept paroisses. De Lancre dit qu'à l'approche des enquêteurs, les gens s'enfuyaient dans la crainte d'être condamnés au feu ; ils feignaient de s'en aller en pèlerinage à Montserrat, à Saint-Jacques-de-Compostelle ou... à Terre-Neuve. Le magistrat bordelais fut tellement ému des révélations qui lui furent faites, au cours de son enquête ; qu'il en écrivit un ouvrage de 600 pages[82]. Il dit, dans cet ouvrage, qu'on lui a assuré qu'en 1609, le sieur de Mons plaidant, au Conseil privé du Roi, contre des gens de Saint-Jean-de-Luz, à propos de « certains dommages et interests qu'ils disoyent avoir faicts et soufferts pour avoir envoyé quelques navires en Canada, il luy fut maintenu que de tout temps et avant qu'il en eust cognoissance les Basques y trafiquoyent : si bien que les Canadois ne traictoient parmy les François en autre langue qu'en celle des Basques »[83]. On rencontre, chez plusieurs historiens, cette affirmation, au sujet de l'extension de la langue basque parmi les indigènes du Nouveau Monde. Lope de Isasti[84] dit que les Basques fréquentaient les Esquimaux, les Montagnais et les Canalais. Il ajoute, en parlant des voyages annuels que les Basques font aux Terres Neuves pour la pêche de la morue, qu'ils avaient appris leur langue aux sauvages... « que entre

---

[81] Bibl. Nat. (Paris), Ms fr. 12394, f. 11.

[82] P. de L'Ancre : *Tableau de l'inconstance des mauvais anges et démons, où il est amplement traicté des sorciers et de la sorcellerie...*, Paris, 1612. On célébrait les mystères de la sorcellerie dans le pays même et les sorcières étaient souvent transportées à Terre-Neuve. Là, perchées sur le haut du mât du navire (car elles n'osaient entrer dedans attendu qu'il était béni), elles jetaient des poudres et empoisonnaient tout ce que les pauvres marins avaient mis sécher au bord de la mer. Tel est le résumé de la déposition de Marie de Larralde, qui confesse avoir fréquenté les sabbats depuis l'âge de dix ans. Jeannette d'Abadie, de Ciboure, déclare avoir fait souvent le voyage de Terre-Neuve avec d'autres sorcières ; le diable les transportait toutes à la fois, dit-elle. Là, elle rencontrait de ses pareilles, toute venues du Labourd, etc. De Lancre dit que le sabbat de Terre-Neuve attirait chaque nuit plus de deux mille sorcières et qu'on y voyait jusqu'à des aveugles (*op. cit.*, pp. 89-91, 114). — cf. Fr. Michel : *Le pays basque : sa population, sa langue, ses mœurs, sa littérature et sa musique*, Londres, 1857, p. 177. La lecture du livre de Lancre éclaire d'un jour singulier la fréquentation des eaux terre-neuviennes par les Basques.

[83] P. de L'Ancre : *op. cit.*, p. 29.

[84] L. de Isasti : *Compendio historial de la M. N. y M. L. provincia de Guipuzcoa*, écrit en 1625 et publié à Saint-Sébastien en 1850, p. 164 et suiv.

otras cosas preguntándoles en bascuence : *nola zaude*, como estás : responden graciosamente : *Apaizac obeto*, los clérigos mejor : sin saber ellos, qué cosa es clérigo, sino por haberlo oido. Hablan y tratan con los nuestros, y ayudan à beneficiar el pescado en la ribera á trueque de algun pan bizcocho y sidra que allá no tienen ellos ». Lescarbot[85] dit que les sauvages de la côte acadienne parlaient un langage à moitié basque « … dont les Sauvages étonnés disoient en mots empruntez des Basques *Endia chavé Normandia*, c'est à dire que les Normans sçavent beaucoup de choses ». Champlain[86] fut aussi frappé de cette influence basque sur les indigènes ; il en fait la remarque, en disant que le mot *orignal* ou *orignac, orignas*, est un mot basque, d'après Lescarbot. Le Prof. Ganong[87] qui a donné une édition moderne de la *Relation* du P. Chrétien Le Clercq, admet que ce nom a été donné à l'élan par les Basques. Dans un ouvrage destiné à exposer la thèse de la France dans la question des *limites* et les droits des Français dans les provinces maritimes du Canada il est affirmé que la langue des Indigènes, dans cette région, est à demi euskarienne[88]. Pierre Martyr d'Anghiera, ami de Cabot (1497) donna à une partie de la terre qu'il explora, le nom de *Baccalaos*, à cause de la grande quantité de poisson (morue) qu'il y vit ; il y en avait tellement que son navire en était gêné. Il dit que ces poissons étaient appelés *baccalaos* par les naturels[89].

---

[85] M. Lescarbot : *op. cit.*, éd. Grant et Biggar, II, p. 572.

[86] S. de Champlain : Voyage de 1603, dans *The Works of Samuel de Champlain*, I, éd. Biggar, Toronto, 1922, p. 146.

[87] Le P. Ch. Le Clercq : *Nouvelle relation de la Gaspesie…* (*New relation of Gaspesia*, éd. Ganong, Toronto, 1910, p. 274). — *v.* J. de Perochegui : *Origen de la nacion bascongada, y de su lengua…*, Pampelune, 1760, p. 72. Cet auteur et voyageur a trouvé dans les langues américaines des preuves du passage des Basques, notamment dans les mots *Canada, Guebec, Missipi, Missechipi, Echemin*, etc. J'avoue que ses déductions sont un peu fantaisistes.

[88] *Mémoires des commissaires du Roi et de ceux de Sa Majesté britannique…*, I, Paris, 1755, p. 27, d'après Escarbot. L'auteur de ce mémoire soutient qu'il résulte de cette désignation que les Basques ont fréquenté ce pays avant S. Cabot (*Id.*, IV, Paris, 1757, p. 489).

[89] P.M. d'Anghiera : *De Orbe novo… labore et industria Richardi Hakluyti…*, Paris, 1587, pp. 232-233 ; *v.* aussi p. 471 ; « Baccallaos Cabottus ipse terras illas appellavit, eô quod in earum pelago tantam repererit magnorum quorundam piscium tynnos asmulantium, sic vocatorum ab indigenis, multitudinem ut etiam illi navigia interdum detardarent ». La citation des pp. 232-233 est extraite de la 3e Décade, ch. 6, qui était adressée au pape Léon X ; celle (« Ad eorum… ») de la page 471 est prise dans la 7e Décade, ch. 2 ; il y a une édition et traduction française du *De Orbe novo* faite par Paul Gaffarel, chez Leroux à Paris, 1907. Dans une note, p. 286 de son édition, qui correspond à la p. 237 de l'édition d'Hakluyt, au sujet du mot *Baccalaos*, Gaffarel dit que ce mot paraît être d'origine basque. Il y a eu, depuis, des travaux philologiques qui ont conclu que ce mot est basque ainsi que l'a reconnu le Prof. C.C. Uhlenbeck : « Kabeljauw », dans *Tijdschrift voor Nederlandsche taal- en letterkunde*, XI, 1892, pp. 225-228 : [« Het Baskische bakallao werd in later tijd door onze Groenlandvaarders als *bakkeljauw* ontleend »] (v. plus loin p. [75], art. I).

Il semble que les Basques fussent à leur aise et comme chez eux dans les eaux du Nouveau Monde. On a l'impression qu'ils estimaient que la mer fut la seule frontière de leur pays et qu'elle fut aussi naturellement franchissable que la Bidassoa. Pour fuir l'Inquisition de la commission judiciaire de Lancre et d'Espaignet, ils s'enfuirent à Compostelle ou à Terre-Neuve ; pour sauvegarder leur indépendance politique et maintenir leur parlement appelé *Bilçar* dans leur capitale du Labourd, à Ustaritz, ils menacent d'émigrer en Espagne ou à Terre-Neuve[90]. On voit même, dans des documents d'archives, la Terre-Neuve désignée comme une *province*[91]. Quand le commandeur de Razilly ; écrivant à Richelieu, le 25 juillet 1634, datait sa lettre « En la Nouvelle France, province de Guyenne, au Fort Sainte Marie de Grâce », il semble qu'il ait voulu dire que la Nouvelle-France était une dépendance de Bayonne ou de La Rochelle[92].

---

[90] P. Yturbide : « Le Bilçar d'Ustaritz au pays de Labourd », dans *Revue internationale des études basques*, I, 1907, pp. 74-83. C'est à l'occasion de son voyage à Saint-Jean-de-Luz, pour son mariage, que Louis XIV, mécontent des troubles qui avaient éclaté à Ustaritz, aurait voulu abolir tous les privilèges dont les Basques jouissaient depuis longtemps. Il y renonce en partie et l'accord se fit sur une réglementation des réunions du *Bilçar*.

[91] En 1605 la ville de Motrico se plaint de ce que celle de Saint-Sébastien leur impose des règlements abusifs, « que no permite que ningun dueño de navio ni capitan armador que vaya a cualquiera parte de las Provincias de Terranoba, o Andalucia, o otras… » (Museo Naval, Madrid, Collection Vargas Ponce, III, doc. 31, ff. 68-69). Parlant des grands avantages que produit la pêche de Terre-Neuve, en formant des marins, Santiago de Tellería, et Miguel de Ondarza, majordomes de la Confrérie des marins de Saint-Pierre, de Saint-Sébastien, écrivent : « es la nabegación que hacen sus naturales a la Provincia de Terranoba » (*Id.*, 29, doc. 43, ff. 180-181).

[92] Archives du Ministère des Affaires Etrangères (Paris). Mémoires et Documents, Amérique, 4, f. 130.

2ème partie

FAITS ACQUIS À L'HISTOIRE AYANT RAPPORT À LA TRADITION DES NAVIGATIONS PRÉCOLOMBIENNES

Toutes les cédules que les rois d'Espagne ont articulées, tous les édits ou ordonnances des rois de France n'ont jamais éteint entre les deux fractions de la race euskarienne (celle de France et celle d'Espagne) le sentiment national qui les unit ; on n'a pour ainsi dire, jamais avant le XIXe siècle, empêché les Guipuscoans de monter sur les navires de Saint-Jean-de-Luz, ni les Labourdins de vendre les produits de leurs pêches à Saint-Sébastien ou à Bilbao[93]. Il était des périodes d'animosités entre les deux fractions de la race euskarienne, des batailles fratricides. La tour construite en 1455 au port d'Hendaye porte ombrage à Fontarabie. Henri IV de Castille voyant dans cette construction, une provocation, la désigna à la vindicte des Guipuscoans. C'était là une rivalité de clocher plutôt qu'un motif d'inimitié. Je ne crois pas que les rivalités des *corregidores* de Guipuscoa et des lieutenants généraux du Labourd aient jamais entamé profondément l'amitié et le sentiment de fraternité des Basques des deux allégeances[94]. Tantôt, ce sont les Basques français qui exhortent officiellement leurs frères du

---

[93] Pedro de Segura écrit, de Biarritz, le 8 fév. 1564, à la ville de Saint-Sébastien, pour harmoniser les rapports des pêcheurs français et espagnols dans leurs voyages de Terre-Neuve (résumé fait par Vargas Ponce des papiers d'archives qu'il a explorés au début du XIXe siècle pour former sa collection de 5 000 pièces. Après avoir fait partie du fonds du Depósito Hidrográfico de Madrid, cette collection a été répartie entre l'Académie d'Histoire et le Musée naval de cette ville. Je donne la cote du Museo Naval, Collection Vargas Ponce, III, doc. 8, ff. 19-20). Des lettres semblables furent écrites en 1619 par la ville de Saint-Jean-de-Luz et de Ciboure se plaignent auprès des autorités de Guipuscoa du traitement qui leur a été fait récemment et de l'application trop rigoureuse de la cédule royale (*Id.*, III, doc. 55, f. 102) ; ils se plaignent aussi de l'impôt de 30 % qu'on leur a arraché comme s'ils eussent été des étrangers (*ib.*).

[94] *cf.* La correspondance de 1676 relative à la restitution réciproque des prises faites par les Guipuscoans sur les Labourdins et par ces derniers sur les premiers ; cette restitution devait se faire « en observancia de los convenios de buena correspondencia celebrados entre si » (Archivo General de Guipúzcoa, à Tolosa, 2e section, XII : *Marina, navegación, servicio de buques*, etc., liasse 38). Plus d'un siècle antérieurement, en 1554, une cédule royale autorisa les habitants de Guipuscoa à remplacer la vente et l'achat par le troc : échange de baleine, sardine et morue contre les bateaux (*Id.*, 1er section, X : *Bastimentos ó extracción de dinero al extranjero,* liasse 15) ; il y a une copie de cette cédule dans la Collection Vargas Ponce du Museo Naval, III, doc. 5, ff. 9-10. On trouvera aux Archives de Saint-Jean-de-Luz, dans A/A/4 le double de l'acte de ratification d'un traité de bonne correspondance entre les députés de la seigneurie de Biscaye et ceux de Saint-Jean-de-Luz remis à l'île des Faisans sur la Bidassoa.

Guipuscoa aux frères du Labourd[95]. En 1655 la cour de Versailles prend des mesures draconiennes pour conserver à la France ses meilleurs marins. Ayant édicté la peine de mort contre ceux qui serviraient sur des navires étrangers, la seigneurie de Biscaye écrit au gouvernement de Guipuscoa qu'une telle mesure est contraire à la concorde qui doit régner entre Biscayens et Labourdins[96]. La collaboration des deux groupes basques paraît être toujours licite, en dépit des ordonnances et des cédules[97].

Dans les actes publics que les Basques ont dû exécuter dans les temps modernes, soit devant les tribunaux, soit dans les chancelleries, soit dans les conférences diplomatiques, Biscayens et Labourdins ont apporté les mêmes considérants et arguments comme si leur histoire était commune.

Cette constance dans la fraternité de race est bien remarquable. L'Histoire nous en rapporte des exemples assez nombreux au cours des siècles, mais ils n'ont pas tous cette intensité d'attachement qu'offre le sentiment national basque, et qui se manifeste même dans les relations essentiellement économiques.

Je vais énumérer succinctement, quelques documents et rappeler quelques faits peu connus : récits historiques, actes officiels, procès-verbaux ou déclarations qui ont quelque rapport à la question des navigations des Basques. D'assez nombreux documents concernant les Basques, les Bretons et les Normands. Plusieurs historiens ont associé, dans les premières navigations lointaines, ces trois nations comme si elles étaient effectivement unies ou comme si, s'épiant mutuellement, elles avaient rivalisé d'ambition et d'industrie dans la recherche des îles fortunées. Cela est de pratique courante entre marins. Les gens qui vivent de la mer sont à l'affut des nouvelles et sont plus vite informés que les terriens des aventures lointaines et des découvertes qui s'y font. Chacun sait des routes merveilleuses. Lelewel dit qu'au Moyen Age on dessinait des cartes ou des portulans par milliers et qu'aux siècles des grandes découvertes (XVᵉ et XVIᵉ) — basant ses calculs sur les nombreuses éditions d'Ortelius — il devait y avoir de 300 à 400 000 cartes marines en circulation[98]. Ce qui se disait un jour dans le port de Venise ne tardait pas à se savoir à Pise et à Gênes. De même dans les ports du

---

[95] Le directeur de l'amirauté de Bilbao, D. Diego de Hinojosa, écrit, le 3 sept. 1655, à la ville de Saint-Sébastien, pour lui faire part de ses démarches auprès du Roi en faveur de la liberté du commerce de la morue avec les Labourdins (Museo Naval, Collection Vargas Ponce, III, doc. 75, ff. 145-147).

[96] Museo Naval, Collection Vargas Ponce, 29, doc. 45-46, ff. 185-189.

[97] C. Fernández Duro : *Arca de Noé...*, p. 303 : « Dicho queda que los guipuzcoanos se hacian acompañar de sus vecinos franceses en la pesca de la costa de Galicia, como si á todo ellos fuese lícita ; pues la misma mancomunidad tuvieron en las expediciones del Norte ».

[98] J. Lelewel : *Géographie du Moyen Age*, I, Bruxelles, 1852, p. CXII.

Ponant : ce qu'un marin rapportait à Saint-Jean-de-Luz ou à Saint-Sébastien, les Rochelais et les Malouins ne tardaient pas à le savoir.

De ce faisceau il jaillira peut-être quelque lumière qui replacera la question sous des aspects nouveaux. Il sera, en tout cas, un point de départ pour de nouvelles recherches. La conviction, disait Fustel, ne se forma pas par la parole du maître, mais par les documents[99].

I - Voici un témoignage : Pierre Martyr d'Anghiera, homme d'Eglise, écrivant au Pape, rapporte la déclaration de son ami Cabot, disant qu'à son voyage de découverte, en 1497, les indigènes appelaient la terre neuve la *Terre des Bacaillos*[100]. Cette déclaration a été confirmée, dans la suite, par Sébastien Cabot écrivant à Henri VII d'Angleterre. Parkman, dans ses *Pioneers of New France*, dit que si le mot *Baccalao* est basque, il est difficile d'éviter la conclusion que les Basques allaient dans ces parages avant l'arrivée de Cabot. Or, le mot *Baccalao* est basque ainsi que l'ont établi les philologues qui ont étudié la langue euskarienne. On a sur ce point le témoignage du professeur hollandais C.C. Uhlenbeck (*op. cit.*). On pourrait encore citer J.G. Bourinot, dans son mémoire sur le Cap Breton, mais cet auteur ne me paraît pas aussi qualifié qu'Uhlenbeck (*v.* notes 88 et 89 ci-dessus).

II - Dans le *Commentaire sur l'ordonnance de la marine du mois d'août 1681*, il est dit que les pêcheurs biscayens fréquentaient Terre-Neuve avant que Christophe Colomb eût découvert l'Amérique.

Le savant universitaire P. Boissonade qui a écrit des ouvrages remarquables par leur richesse d'information et par leur composition, remarque dans *La Renaissance et l'essor de la vie et du commerce maritime en Poitou, Aunis et Saintonge du Xe au XVe siècle* [p. 307] que ; dans la deuxième moitié du XVe siècle, les Rochelais et les Olonnais commencèrent à s'aventurer vers le nord de l'Europe et vers Terre-Neuve. Mentionnons encore, les documents recueillis dans les *Délibérations du Corps de la Ville* de Bayonne[101], qui rapportent des voyages de pêcheurs à Terre-Neuve, en 1520 et années suivantes.

III - Des trois caravelles que, cinq ans avant le voyage de Cabot, Colomb utilise pour sa découverte, la *Santa María*, capitaine, était de construction basque et elle portait un équipage en majorité basque. Le maître-pilote, Juan de la Cosa, était Basque.

---

[99] N.D. Fustel de Coulanges : *Questions historiques*, éd. Jullian, Paris, 1893, p. 406.

[100] P.M. d'Anghiera : *De Orbe novo ...*, Paris, 1587, pp. 232-233 : « Baccallaos Cabottus... » citation faite *v.* note 89. Pierre Martyr était grand ami de Cabot : « Familiarem habeo domi Cabottum ipsum, et contubernalem interdum ».

[101] E. Ducéré *et al.* : *Registres gascons...*, II, Bayonne, 1898, pp. 240-242, 280-282, 460-462.

Dans son deuxième voyage, Colomb avait encore dans son équipage, le même Juan de la Cosa, qui est l'auteur de la première carte que nous avions de l'Amérique. Cette carte est de 1500. En examinant la carte de ce pilote on est porté à croire qu'il connaissait mieux Cuba que ne faisait Colomb lui-même puisqu'il en fait une île, alors que Colomb a soutenu jusqu'à sa mort, en 1506, que Cuba était une terre firme faisant corps avec l'Asie.

Quant au voyage de Cabot, il y a une affirmation d'Ispizua que, si elle était appuyée d'une preuve, serait décisive ; c'est à avoir que les navigateurs vénitiens auraient rencontré, dans les parages de Terre-Neuve, des pêcheurs européens de baleines : « Lo cierto es que los Cabotos encontraron allí pescadores europeos de ballenas y hablan de bacallaos, palabra euzkérica con que se designa el pez que en extraordinaria abundancia vive en aquellas aguas » et qu'ils parlaient de *bacallaos*, mot basque désignant l'espèce de poisson qu'ils y trouvèrent en grande quantité[102].

IV - Au cours des négociations qui eurent lieu aux XVIe et XVIIe siècles entre la cour de France et celles d'Espagne et d'Angleterre, pour le règlement de certaines réclamations de dommage causés aux pêcheurs français au Groenland ou au Nouveau Monde, les ambassadeurs français arguent de l'antériorité des découvertes de la baleine et de la morue au Groenland et à Terre-Neuve. Spifame écrit de Londres à la cour, en 1613, à la suite d'un entretien qu'il venait d'avoir avec le roi d'Angleterre : « Je luy ay en suitte, reparlé de l'empeschement donné à la pesche de morues, non pour en avoir une résolution par escript, luy ayant cy devant déclaré que les Français estoient délibérez de conserver la possession Immémoriable en laquelle ilz sont de ladite pesche aux terres neufves, desquelles ils ont les premiers faist la découverte, mais affin… d'y pourveoir… »[103].

Dans une autre lettre de 1614, le même ambassadeur dit qu'il a soutenu que les Français avoient été les premiers découvreurs du Groenland, ou du moins de la pêche de ces parages[104]. Louis XIV soutiendra la même prétention à la cour de Copenhague en 1691 par son ambassadeur, de [Martangis][105]. Plus de cinquante ans auparavant, Sébastien de L'Aubespine, évêque de Limoges, étant en ambassade à la cour d'Espagne, eut à négocier les règlements de comptes pour

---

[102] *v.* note 100. S. de Ispizua : *Historia de los vascos en el descubrimiento, conquista y civilización de América*, I, Bilbao, 1914, pp. 28, 30, 35, 80 et tout le chap. IV, pp. 38-61.

[103] Bibl. Nat. (Paris), Ms fr. 15987, ff. 85-88.

[104] *Ib.*, ff. 201-205.

[105] O.A. Johnsen : *Innberetninger fra den franske legasjon i Kjøbenhavn… Rapports de la Légation de France à Copenhague (correspondance consulaire) relatifs à la Norvège, 1670-1791*, I, Oslo, 1934, p. 37.

des pilleries faites par les Français aux Indes espagnoles : on trouve dans ses déclarations, l'affirmation que les pêcheurs français fréquentaient les côtes sud-américaines au milieu du XVIᵉ siècle. Mais, en 1566, le baron de Fourquevaux, ambassadeur de France à Madrid déclare, au nom de Charles IX, à Philippe II, au sujet du massacre des Français par Pedro Menéndez, à la *Terre aux Bretons* — il s'agit du massacre de la Floride — que ce crime demande punition « de sorte qu'il ne fault baptiser du nom de pirates les subjectz de S.M. Très Chrétienne, qui n'ont fait aucun acte de briganderie mais sont allez au lieu où leurs prédécesseurs ont estez de tout temps sans faire tort ni dommage à personne... que ceulx qui estoient en ladite terre aux Bretons y estoient allez d'eulx-mêmes comme ont accoustumé de traffiquer et aller les subietz de Sad.M.T.Ch. librement partout à cause de la paix universelle... Ains s'estoient fermez au lieu ou il y a plus de cent ans que les François ont esté et imposé nom au lieu mesmes auquel estoient ceulx que led Menendez et ses gens ont esté si cruellement traictez par ou il appert clairement du peu de raison qu'il y a eu en leur endroict de la cruaulté qui leur a esté uzée »[106]. On peut se demander si Fourquevaux ne confondait pas la Terre aux Bretons où les Français se rendaient depuis plus de cent ans, — donc avant 1466, — avec la Floride où eut lieu la massacre, ou s'il ne comprenait pas dans cette Terre aux Bretons tout le littoral oriental de l'Amérique. Il réclame la liberté de dix-sept mariniers français, pêcheurs de poisson, qui sont prisonniers de Menéndez et qui, seule survivent du massacre. Dans une lettre postérieure (4 août 1566) Fourquevaux ne parle plus de la Terre aux Bretons, mais de la Floride[107].

On a dû confondre plus d'une fois Terre-Neuve, Terre aux Bretons avec la Floride, comme il nous arrive quelquefois de ne pas distinguer, nous-mêmes, les diverses provinces de la Chine. Pareille méprise arrivait aux Espagnols eux-mêmes en 1526 : dans une cédule de Grenade, du 16 novembre de cette année-là, les souverains, confirmant la conquête de Villalobos et en reportant le bénéfice sur sa fille Aldonza, disent et, renouvelant les charges attribuées à plusieurs gouverneurs, notamment à ceux de la Floride, s'expriment ainsi : « ... y de la Florida ó Tierra Nueva... »[108]. Le globe de Johann Schöner, disciple de Regiomontanus, porte diverses désignations de l'Amérique du Sud, représentée sous la forme d'une grande île : ce sont *America, Terra Nova, Brasilia* et *Papagalli terra* (pays des perroquets). J.G. Kohl remarque à ce sujet que les contemporains

---

[106] Bibl. Nat. (Paris), Ms fr. 3899, f. 124.

[107] *Ib.*, f. 127.

[108] *cf.* J. de Oviedo y Baños : *Historia de la conquista y población de la provincia de Venezuela*, II, éd. Fernández Duro, Madrid, 1885, p. 357.

de Schöner n'appelaient du nom d'Amérique que l'Amérique du Sud qui était le théâtre des expéditions d'Améric Vespuce[109].

V - Un homme extraordinaire, un savant prodigieux, né en 1510, mort en 1581, a acquis dans toute l'Europe une réputation considérable par ses études, par les cinquante-sept ouvrages qu'il a écrits et par l'enseignement qu'il a professé au Collège de France, en Italie, à Vienne, etc. Cet homme avait étudié les langues orientales et il s'était particulièrement livré à l'étude de l'histoire des Gaulois. Je veux parler de Guillaume Postel. Quand un étudiant nous aura donné sur Guillaume Postel une thèse ou une biographie définitive et retrouvé les sources de sa vaste information, peut-être pourrons-nous accorder quelque crédit à ce qu'il rapporte des voyages des anciens Gaulois. Cet homme, qui était entré chez les jésuites au temps de saint Ignace, a fait en Métaphysique et en Théologie des spéculations extravagantes. Il a été chassé de l'ordre des jésuites et, plus d'une fois, mis en arrestation. Sa science et son éloquence étaient telles qu'au Collège de France, des foules d'auditeurs lui faisaient cortège. Les salles de cours étaient trop petites pour contenir tous ceux qui voulaient l'entendre ; Postel était obligé de grouper ses élèves dans la cour du Collège et de leur adresser la parole par une fenêtre des étages supérieurs. Il a écrit que les Gaulois sont allés au Nouveau Monde environ seize cents ans avant le XVIe siècle et qu'ayant trouvé ce pays trop désert, ils auraient cessé de le fréquenter[110]. Signalons encore cette chronologie manuscrite du XVIIe siècle que j'ai trouvée à la Bibliothèque nationale de France[111], où se trouve l'affirmation que les Normands, les Bre-

---

[109] J.G. Kohl : *A history of the discovery of Maine,* Portland, 1869, p. 160. Cette terre des Bacalaos apparait sur les premières cartes géographiques du Nouveau Monde de même que la Terre aux Bretons. Mentionnons-en quelques-unes : donnant *Bacalaos*, la carte de Reinel, de 1505 ; celle de Ruysch, de 1508 ; la carte portugaise indiquée par Kohl, de 1520 ; la carte de Gastaldi (1550) ; celle de Ruscelli, de 1561 ; celle d'Agnese, de 1536 ; le portulan de 1536, cité par Kohl ; la carte de Diego Homem, de 1540 ; celle de Ribero, de 1529 ; celle de Dolfinatto (1560) ; la carte franco-espagnole de 1543 (Kohl) ; cette dernière porte, en outre des gravures de dessins représentant la chasse à la baleine dans les parages du détroit de Belle Isle ; celle de Vallard, de 1543 ; la carte présumée de Sébastien Cabot, de 1544, etc. Quant à la *Terre aux Bretons*, elle figure ou est indiquée sur la carte de Ribero (1529) ; de S. Cabot (1544) ; de Gastaldi (1550) ; de Ruscelli (1561) ; du Ptolémée de Bâle (1530) ; le portulan de 1536 ; sur celle de Viegas (1534) ; d'Agnese (1543) ; de Dolfinatto (1560) ; de Vallard (1543) ; franco-espagnole (1543) ; etc., Ces cartes ne sont pas des témoignages sûrs, car on sait qu'elles ont été faites bien souvent à l'aide de récits de marins, ou copiées sur des cartes authentiques et modifiées pour induire en erreur des concurrents. Les cartes authentiques étaient gardées secrètement et n'étaient communiquées qu'aux pilotes du roi. — D'après E. Lavisse et A. Rambaud : *Histoire générale du IVe siècle à nos jours*, IV, Paris, 1894, p. 905, les îles de *Bacalaos* figureraient sur de nombreuses cartes de l'Océan, à partir de 1450. — Musset, dans *Les Rochelais à Terre-Neuve…*, dit, que les premières cartes connues portent le nom de la *Regio baccalearum* et celui d'*Ourrognousse*, qui vient probablement du bourg d'Urrugne, voisin de Saint-Jean-de-Luz (p. 16).

[110] *cf.* M. Lescarbot : *op. cit.*, éd. Grant et Biggar, II, p. 394.

[111] Bibl. Nat. (Paris), Ms fr. 13423, f. 241.

tons et les Basques seraient allés au Nouveau Monde avant les Espagnols et les Portugais. « Ils y hantaient et avoient imposé plusieurs noms à divers ports et havres. La langage mesme du païs est a moitié basque et ce pays a esté appellé par les Basques, Bacalos ou Bacaillos, qui signifie morue en leur langue pour la quantité de ce poisson qui s'y prend ».

VI - Il y dans les Archives des Indes, à Séville, deux lettres de Ferdinand aux directeurs de la *Casa de Contratación* de Séville, des 21-24 décembre 1511 et 23 février 1512, leur reprochant leur inertie et leur négligence dans la solution du projet de voyage du Catalan Juan de Agramonte, qu'il désirait envoyer pour scruter le *secret* de l'île des Bacaillos qu'on appelle Terre-Neuve. Cet Agramonte, dit-il, a déjà fait ce voyage et il en a ramené deux indigènes. Le Roi, courroucé, dit qu'Agramonte était prêt à s'embarquer à Laredo et Santander, sur deux navires frétés à ses frais. Dans la lettre du 23 février 1512, il parle des difficultés que ses fonctionnaires de la *Casa de Contratación* lui signalent et d'un préjudice qui pourrait être porté au commandant Ochoa. Il dit que les Indiens ramenés par Agramonte, ne viennent pas d'Hispaniola, qu'ils sont plus frileux que ceux de cette terre et qu'il espère qu'il sera plus heureux dans cette exploration que ne l'ont été les Portugais et que tel est le sentiment de plusieurs personnes de Laredo et de Saint-Vincent qui ont déjà visité la terre qu'Agramonte veut explorer[112]. On sait que pour ce voyage, le Roi avait mis comme condition qu'Agramonte prendrait deux pilotes bretons ou d'une nation qui y seraient déjà allés[113].

Dès cette époque les Bretons ou les Normands se rendaient très certainement aux Indes occidentales puisque, dans les instructions données à Pedrarias Dávila, gouverneur de Panama en 1515, il lui est recommandé d'attaquer et de châtier les Français qu'il y rencontrerait[114].

---

[112] Archivo General de Indias (Séville) : Sección de Indiferente General, 418, Liv. III, f. 210 (note communiquée à l'auteur par le Prof. Jaime Cortesão) : « 14. Aqui a venido agora nuevamente un Juan de Agramonte catalan a tomar empresa de yr a descubryr a su costa una tierra ques a la parte del norte hazia la ysla de los bacalaos que se llama tierra nueva e yo le e dado licencia para ello en cierta forma, que vaya con dos navios a su costa y segun dezian dos yndios que tenya diz que es tierra muy provechosa e donde ay oro e otras cosas. Este a de enbarcar por Laredo e Santander e acudir trayendole Dios en salvamento por la via de Galizia ; y estoy maravillado estando ay vosotros no venir alguno a ofrecerseos con semejantes viajes sabiendo que esta a vuestro cargo esta negociacion no se sy la causa no tener vosotros alguna platica o intelligencia sobre ello… ».

[113] Accord fait avec la reine Jeanne de Castille pour la découverte du secret de Terre-Neuve. Dans les Archives de Simancas (Valladolid), Registro General del Sello, 1511. Publié par H.P. Biggar : *The precursors of Jacques Cartier…*, pp. 102-111. — *v.* H. Harrisse : *Jean et Sébastien Cabot…*, Paris, 1882, p. 272.

[114] *cf.* A. de Herrera : *Histoire generale des voyages et conquestes des Castillans…*, I, p. 755, cité dans un mémoire manuscrit de la Bibl. Nat. (Paris), Nouv. acq. fr. 9388, f. 174.

VII - Il y a dans les Archives de la Loire inférieure, des lettres de rémission accordées en janvier 1512, à Guillaume Dobel, de Pléneuf (Côtes du Nord). Ce Dobel, revenant en septembre 1510 de vendre à Rouen un chargement de poissons pêché à Terre-Neuve, avait menacé de son poignard, son compagnon Guillaume Garroche ; celui-ci fuyant Dobel, s'était jeté à la mer et s'était noyé. Ils étaient douze hommes à bord du bateau nommé la *Jacquette*[115].

VIII - Il y a dans les Archives des Côtes du Nord une transaction des 14-17 décembre 1514, entre l'abbaye de Beauport et les habitants de Bréhat, fixant à cent sous, de rente par an, pour chacune des paroisses de Plounez, Plouézec, Kérity et Ploubazlanec, à payer à l'abbaye, en place de l'ancienne dîme de 18 et 9 deniers par chaque habitant (selon l'âge) pour le droit de pêcher congres, à Terre-Neuve ou en Islande. Le supérieur de l'abbaye déclare que la dîme est perçue pour ces pêcheries depuis soixante ans (c'est-à-dire depuis 1454) et les paroissiens conviennent du tout [116].

IX - Un traité a été signé à Valladolid, le 12 juin 1523, avec le licencié Lucas de Ayllón qui voulait faire un deuxième voyage d'exploration à Terre-Neuve. Ayllón recevait, à cette occasion, « dos pesquerías de bacallaos »[117]. Harrisse rapporte que douze ans auparavant, c'est-à-dire en 1511, un Italien de Naples indiquait l'emplacement de Terre-Neuve sur un portulan du 20 janvier 1511. Il signale aussi que Vesconte de Maggiolo inscrivait sur la carte qu'il dressa du Nouveau Monde, la légende de « terra de pescaria » tout près de ce qu'il appelle la *Terra de corte reale*[118]. Enfin, six ans auparavant, le 14 octobre 1506, une ordonnance royale du roi de Portugal enjoignait à Diogo Brandâo de continuer à lever la dîme sur la morue apportée des *Bacallaos* dans les ports situés entre le Minho et le Douro[119].

X - Presque tous les explorateurs officiels avaient pour mission « d'aller à la Terre Neuve ou à la terre des Bacallaos ». A leur retour, ils disent ou écrivent qu'ils sont allés à la Terre-Neuve ou à la *Terres des morues* (bacallaos). On peut se demander comment les souverains qui organisaient ces expéditions pouvaient savoir qu'il y eut une « terre des morues » si ce n'est par les pêcheurs. Dans sa communication au Congrès des Américanistes de Nancy en 1875, Luciano

---

[115] Archives de la Loire inférieure, série OM/B/21, année 1513, ff. 15-16. Le document a été publié par Biggar dans *The precursors of Jacques Cartier...*, pp. 116-118.

[116] *v.* note 45. — *cf.* D. Tempier : « Les Bretons en Amérique avant Christophe Colomb », dans *Annales de Bretagne*, IX, 1894, pp. 175-182.

[117] Real Academia de la Historia (Madrid), Colección Muñoz, LXXVI, f. 305. — *v.* C. Fernández Duro : *Arca de Noé...*, p. 312.

[118] H. Harrisse : *Jean et Sébastien Cabot...*, pp. 165-167.

[119] *Ib.*, p. 143.

Cordeiro affirme (p. 299 du *Rapport*) que le P. A. Cordeiro, dans son *Historia insulana*, dit expressément que ce fut le roi de Portugal qui les envoya (João Vaz Corte-Real et Alvaro Martins Homem) à la découverte de la *Terre des Morues* vers 1463 (ou selon Harrisse 1474) et, qu'en fait, ces deux navigateurs découvrirent « l'île des morues » ; en récompense, ils reçurent la capitainerie de Terceira[120]. Selon Luciano Cordeiro, le P. Antoine Cordeiro écrivit son *Historia insulana* en 1717, aux Açores, d'après Fructuoso et d'autres auteurs et aussi d'après des « papiers authentiques et des traditions ». Il est impossible de croire à ce récit dans l'état actuel de la documentation que nous avons. En tout cas, aller à la découverte de la *Terre de Morues* et découvrir la *Terre des morues*, implique l'existence plus ou moins connue d'un telle Terre, car on n'imagine pas spontanément et sans quelque raison une Terre des Morues ou des Bacallaos.

Cabot, en 1497, apprit par les indigènes, que cette terre s'appelait *Baccalaos*. Les indigènes ne pouvaient connaître ce mot que par les Basques. Les souverains la connaissaient par les pêcheurs.

John Rut fit un voyage à Terre-Neuve en 1527. Il vit à son arrivée, dans la baie de Saint-Jean, onze navires de pêche normands, un breton et deux portugais[121].

---

[120] L. Cordeiro : « De la part prise par les portugais dans la découverte de l'Amérique »…, p. 299. Cordeiro était le P.A. Cordeiro, qui dit dans son *Historia insulana* : « … succedeu aportarem à Terceira dois fidalgos que vinham da Terra dos Bacalhaus que por mandado del rey de Portugal tinham ido descobrir… Alvaro Martins Homem não era de menos qualidade e fidalguia que seu companheiro João Vàz Cortereal pois egualmente a ambos tinha el rey mandado a descobrir a terra dos Bacalhaus, e delta vindo ambos junctos aportarão na nova Ilha Terceira… » (*ib.*, p. 292). Le témoignage de Fructuoso et celui de Cordeiro sont cités par Harrisse dans son ouvrage sur *Les Corte-Real* (Paris, 1883, pp. 24-27), qui s'étonne que cette découverte ne soit pas mentionnée par Garcia de Resende, ni par Antonio Galvam ni par Damiam de Goës. Mais les chroniqueurs ont des ignorances ou observent des silences étranges. Commines n'assure-t-il pas que Louis XI « n'entendoit point… le faict de la mer, ne ceulx à qui il donnoit auctorité », ce qui fait dire à Ch. de La Roncière : « Voilà en deux lignes un faux témoignage que cent textes récusent » (« Les navigations françaises au XVe siècle », dans *Bulletin de géographie historique et descriptive*, 1895, p. 183). Harrisse a lui-même signalé l'ignorance étonnante de certains chroniqueurs : Francis Godwin, dans ses Annales (1630), parlant de Cabot, le qualifie de Portugais (H. Harrisse : *Jean et Sébastien Cabot…*, p. 15). J.G. Kohl, dans son *A history of the discovery of Maine* insère une Préface de W. Willis. Celui-ci dit que Lord Bacon dans son *History of the Reign of King Henry VII* ignore le premier voyage de Cabot, que Willis estime être le plus important évènement du règne d'Henry VII (p. IV). Spced dans son *History of Great Britaine* (1611) y fait une simple allusion ainsi : « some other actions, as Sebastian Cabot's discovery » (*ib.*, p. V).

[121] *cf.* S. Purchas: « *Hakluytus posthumus* »…, III, Londres, 1625, p. 809 (Reed., XIV, Glasgow, 1906, pp. 303-305). Harrisse dit (*Jean et Sébastien Cabot…*, p. 75) qu'il faudrait plutôt lire « cincuenta naos castellanas é francesas, é portuguesas, » si la lettre écrite par l'audience de Hispaniola, le 19 nov. 1527, se rapporte à Rut et non à quelque autre capitaine anglais. De Prato qui accompagnait John Rut, dit la même chose (v. H.P. Biggar : « An English expedition to America in 1527 », dans *Mélanges d'histoire offerts à M. Charles Bémont…*, Paris, 1913, p. 467). — v. note 137, p. [85].

Paulmier de Gonneville, dans la relation de son voyage de 1503, affirme que, depuis quelques années les Dieppois, les Malouins, les Normands et les Bretons fréquentaient les pays des Indes occidentales où ils vont « quérir du bois à teindre en rouge, cotons, guenons et perroquets et autres denrées ». Ce texte servira à éclairer un point que nous exposerons plus loin[122].

XI - Pierre Garcie-Ferrande, armateur de Saint-Gilles-sur-Vie, disait, en 1483, dans son *Routier de la mer*, que : « Il est certain et natoire que mariniers vont en plusieurs et maintes contrees et regions estranges comme en Morytayne, Turquie, Barbarie, en egypte petite et grande, es terres neufves, es isles trouvees, es isles de madere, es isles novantes, es fins et termes des hauftes alemaignes, et es terres du prestre ihean ».[123]

XII - Ducéré a rapporté une délibération de la ville de Bayonne de 1520 sur la demande que faisait un capitaine de faire son chargement à Capbreton pour aller « à la pesque à les Terres Nabes », par ce que les eaux étaient trop basse pour venir à Bayonne[124]. Il y eut au même conseil de Bayonne, le 6 mars 1520 une demande en autorisation de Michel de Segure et Mathieu de Biran, d'apporter à Terre-Neuve, quarante pipes de *pomade*, du meilleur[125]. Bartho-myu de Montauser, désirant aller à la pêche de Terre-Neuve demande au conseil municipal, le 6 février 1526, la permission de charger, chez lui, à *Seinhans*, vingt-quatre pipes de *pomade*[126]. Autre délibération du même conseil, du der-

---

[122] B.P. de Gonneville : *Campagne du navire « l'Espoir », de Honfleur, 1503-1505...*, éd. d'Avezac, Paris, 1869, p. 104.

[123] P. Garcie, dit Ferrande : *Le Grant routier...*, Rouen, 1525, f. 74v (*v.* Ch. Dugast-Matifeux : « Notice sur Pierre Garcie-Ferrande et son *Routier de la mer* », dans *Annales de la Société royale académique de Nantes et du département de la Loire-Inférieure*, XXXVIII, 1867, pp. 3-22).

[124] E. Ducéré : *Recherches historiques sur la pêche de la morue...*, p. 55. C'est par erreur que Ducéré a daté ce document en 1512. Le document est reproduit dans la riche collection des *Registres gascons* (E. Ducéré *et al.* : *op. cit.*, II, p. 240). Ce bourgeois nommé Pes de le Lande, faisait probablement le voyage de Terre-Neuve tous les ans. Il y a dans l'inventaire de sa succession (13 août 1528) la mention des comptes de 1523. Ces comptes écrits sur six feuilles de papier, se rapportent à « augunes carguesons et abaries deu biatge feyt en l'an mil Vᵉ XXIII per lo nabiu apperat la *Francese* a Terre Nabe » (*ib.*, p. 514). Pes de le Lande paraît avoir frété deux navires en 1520 pour Terre-Neuve.

[125] Archives Municipales de Bayonne : série B/B/6, f. 189. (E. Ducéré *et al.* : *Registres gascons...*, II, p. 281 ; publié par H.P. Biggar : *The precursors of Jacques Cartier...*, pp. 125-126).

[126] *Id.*, B/B/6, ff. 641-642 (E. Ducéré *et al.* : *Registres gascons...*, II, pp. 461-462 ; Biggar : *The precursors...*, pp. 163-164). Ces deux dernières délibérations appellent une remarque. La pipe valait 600 litres, croit-on ; un pêcheur qui apporte 24 pipes de cidre doit avoir un intérêt commercial, car il n'est pas vraisemblable que, même avec un équipage de dix hommes, un bateau de pêche puisse consommer, même si le voyage durait six mois, une pareille quantité de cidre. Il devait se faire quelque trafic que nous ne connaissons pas, soit avec les autres pêcheurs, soit avec les indigènes. Lope de Isasti (*Compendio historial...*) cité plus haut, parlant des relations des Basques avec les naturels du pays, dit, en effet, que les pêcheurs leur vendaient du cidre. Il se peut que les pêcheurs achetassent déjà des pelleteries.

nier mars 1520, sur demande en autorisation de Pes de le Lande et Mathieu de Biran propriétaires de la *Marie*, de décharger une cargaison de plomb rouge, au Boucau et non à Bayonne, à cause des courants ; ils désirent faire ensuite la pêche de Terre-Neuve. Déjà, en février, Pes de le Lande demandait la permission d'achever son chargement du navire, le *Senct Pe*, à Capbreton pour l'envoyer à Terre-Neuve.[127]

XIII - Le cordelier André Thevet, géographe du roi Henri II, contemporain et ami de Jacques Cartier, de Roberval, de Hakluyt, auteur d'ouvrages connus de Cosmographie et d'Histoire, dit que quatorze ans avant l'arrivée des Portugais en Amérique, c'est-à-dire en 1487, « ceste terre avoit esté visitée par quelques capitaines rochelois de la part du golfe de Merosse, lesquels furent fort avant dans ledit goulfe ». *Merosse* paraît être l'ancienne désignation de la baie d'Hudson[128].

XIV - Antoine de Conflans écrivait un ouvrage intitulé *Les Faiz de la marine et navigaiges*, entre 1516 et 1522 « au port de Grace que le Roy […] faict faire et ediffier », dans lequel il donne une statistique des navires qui viennent de l'étranger acheter du sel à Brouage et quelques renseignements sur les marines étrangères. Parlant des navires portugais il dit : f. 4v « Par la couste de Portingal a grands nefzs comme celles de Normendie ou de Guyenne, faictes a carauelle, qui vont a Caliqueu, en Guynee, aux Terres Neufues et aux autres Isles Trouuees ». Au f. 5, il dit : « Aux Terres Neufues a basteaulx ou il y peult six ou sept hommes, qui sont d'escorce d'arbre cousus de cordes, de boyau ou d'autres escorces, qui est delyé comme chanvre »[129]. C'est dans cet ouvrage qu'Antoine de Conflans dit que le code de droit maritime institué par Éléonore d'Aquitaine et connu sous le titre de *Rôles d'Oléron* était invoqué par les marins de toute la côte occidentale d'Europe jusqu'en Norvège et que de partout on venait faire trancher les différends d'ordre maritime par les légistes de La Rochelle.

XV - Dans les premières années du XVIe siècle un Portugais notait dans une lettre ou relation qui se trouve en traduction allemande à Dresde, que les indigènes du Brésil voyaient de temps en temps arriver d'autres navires que

---

[127] *Id.*, B/B/6, ff. 91-92 (E. Ducéré *et al.* : *Registres gascons…*, II, p. 240-242 ; Biggar *: The precursors…*, p. 132).

[128] P. Gaffarel : *Les découvreurs français du XIVe au XVIe siècles…*, Paris, 1888, p. 120. Cette expression de « la part du golfe de Merosse » peut paraître étrange parce que peu connue et Gaffarel ne l'explique pas. Thevet veut-il dire que des Rochelois s'étaient rendus à la baie d'Hudson ? J'ai souvenir d'avoir lu cette désignation sur une des cartes manuscrites de Thevet dans un des volumes manuscrits de ce cosmographe à la Bibliothèque nationale de France. En tout cas, je trouve dans une carte de Mercator (Duisbourg, 1569), reproduite par Kohl (*op. cit.*, nᵒ XXII, p. 384), sur laquelle la baie d'Hudson est désignée sous l'appellation de *Golfam de Merosro*.

[129] Bibl. Nat. (Paris), Ms fr. 742, f. 5.

ceux de son pays et que, d'après la description qu'ils en faisaient, ce devaient être des Français[130].

XVI - Citons pour mémoire le voyage de Thomas Aubert de Dieppe qui ramena des Terres Neuves, en 1508, sept sauvages. On vit ces hommes à Rouen dans le courant de l'année 1509 et le fait a été marqué, en 1514, par Alain Bouchart en ses *Grandes croniques de Bretaigne* rééditées par Le Meignen en 1886, à Rennes. La description que faisait Bouchart de ces sauvages a été reproduite en latin dans une réédition de la *Chronologie* d'Eusèbe continuée et publiée à Bâle en 1528. Ces sauvages y sont décrits minutieusement[131]. Rappelons aussi le voyage de Jean Denys et de Gamart, de Honfleur, en 1506. Denys fit, à son retour, une carte de côtes de Terre-Neuve[132]. Mentionnons encore la tentative de colonisation du baron de Léry en 1518[133] et les voyages que Parmentier aurait faits « à Terre Neuve, aux Antilles, à la côte de Terre Ferme », de 1520 à 1526[134]. Dans sa description de Saint-Domingue (inachevée) Parmentier dit qu'il y avait « diversitez d'hommes, tant sauvages, Indiens, Espagnols, François, qu'autres estans en la dite isle »[135]. Plus loin, parlant du port de Jacquimo, le même voyageur décrit les occupations des nègres et la chasse qu'ils font aux vaches ; il ajoute que les Français y viennent ordinairement trafiquer, qu'il « y a grandes prairies [...] et y font grande quantité de cuirs, et grand traffic pour les François, grande quantité de palmes, orangers, et autres »[136].

---

[130] Il s'agit d'un opuscule intitulé *Copia der Newen Zeytung auß Presillg Landt* qui est la traduction d'un fragment de lettre relative à un navire arrivé du Brésil le 12 octobre précédent (1514). Cet imprimé ne porte aucune indication de lieu ni date ni nom d'auteur. Par l'interprétation de certains passages on sait qu'il est des premières années du XVIe siècle. — *cf.* A. de Humboldt : *Examen critique de l'histoire de la géographie du Nouveau continent...*, V, Paris, 1839, pp. 239-258, et H. Ternaux-Compans : *Archives des voyages...*, II, Paris, 1841, pp. 306-309. Mais Konrad Haebler aurait trouvé l'original de cette lettre dans les papiers de la famille Fugger ; elle serait de Christobal de Haro et D. Nuño Manuel, du 12 octobre 1514 (*cf.* G.E. Nunn : *The Columbus and Magellan concepts of South American geography*, Glenside, 1932, pp. 6-7). Cette lettre rend compte de l'exploration de ses auteurs dans l'estuaire de la Plata.

[131] Eusèbe de Césarée : *Chronicon...* publié par Henri Pierre, à Bâle en 1529, avec une dédicace de Cochlée, datée de Mayence le 3 des ides de novembre 1528 : « Septem homines sylvestres ex ea insula, quae terra nova dicitur, Rothomagum adducti sunt... Regio eorum parallelus septimi climatis, plus sub occidente quàm Gallica regio supra occidentem » (f. 153v).

[132] *cf. Mémoires des commissaires du Roi...* déjà cité : *v.* le mémoire du 4 oct. 1751, I, Paris, 1755, p. 28. — *cf.* aussi G.B. Ramusio : *Delle navigationi e viaggi...*, III, Venise, 1606, f. 359r.

[133] *Mémoires des commissaires du Roi...*, I, pp. 28-31.

[134] *cf.* Ch. Schefer : *Le discours de la navigation de Jean et Raoul Parmentier, de Dieppe...*, Paris, 1883, p. IX, dans le *Recueil de voyages et de documents pour servir à l'histoire de la géographie depuis le XIIIe jusqu'à la fin du XVIe siècle*.

[135] *Ib.*, p. 87.

[136] *Ib.*, p. 93.

XVII - Il existe une lettre adressée par l'audience de Hispaniola à la cour d'Espagne, le 19 novembre 1527, annonçant la prise d'un navire anglais dont le capitaine avait déclaré qu'ayant cherché des baleines dans leurs parages, il avait rencontré une cinquantaine de navires castillans, français et portugais qui y faisaient la pêche[137].

XVIII - Jacques Cartier raconte qu'au cours de son voyage (12 juin 1534) il rencontre un grand navire de La Rochelle faisant sa pêche au havre de Brest et que le 6 août 1534, il rencontra douze hommes qui disaient appartenir au capitaine Thiennot ; ils étaient sur le point de repartir pour la France avec leurs navires chargés de poisson[138]. Dans son deuxième voyage Cartier rencontre aux îles Saint-Pierre plusieurs navires tant de France que de Bretagne « despuis le jour sainct Bernabé, XIe de jung, jusques au XVIe jour dudict moys »[139]. Il avait constaté, l'année précédente (le 13 août 1535) dans les parages d'Anticosti qu'il n'est mémoire de jamais avoir tant vu de baleines que ce jour[140]. C'est précisément dans cette région et autour de Tadoussac que les Basques ont fait la chasse à la baleine. On y a découvert des fours qu'ils avaient construits pour fondre les lards, notamment dans une île appelée encore aujourd'hui l'île aux Basques. Cartier fait une constatation analogue en parlant de l'estuaire des rivières qui descendent des monts du Saguenay ou il a « veu grand nombre de baillaines et chevaulx de mer »[141].

XIX - Jean le Moyne (de La Rochelle) armateur, a donné à Yvon le Fleuchier, maître du navire la *Marie*, du Croisic, le droit de *vitailles* par acte du 17 juin 1523. Il se réserve sa part provenant de la pêche des « moulues, huilles, gaings et prouffits des navires qu'il a aydez à avitailler pour aller à la Terre Neufve »[142].

XX - Pierre Jourdain et André Morisson, de La Rochelle, donnent procuration de recevoir sa part des profits de Michel Tredieu maître du navire la *Catherine,* de Binic (Côtes du Nord) et ses compagnons, dans sa pêche de poisson

---

[137] *cf.* C. Fernández Duro : *Arca de Noé...*, p. 316.

[138] J. Cartier : *The voyages of Jacques Cartier...*, éd. Biggar, Ottawa, 1924, pp. 21 et 76-77. Le savant éditeur dit en note que ceci prouve qu'il venait annuellement d'autres navires de France outre celui de La Rochelle.

[139] *Ib.*, p. 239.

[140] *Ib.*, p. 103.

[141] *Ib.*, p. 103. Il s'agit d'après Biggar des rivières Pentecôte et Moisie ; c'est là, en effet, que vers 1604 Champlain rencontre des Basques chasseurs de baleines et avec lesquels il eut des difficultés.

[142] Archives de la Charente inférieure. Minutier de Jacques Hémon, à La Rochelle, f. 48. — G. Musset : « Les Rochelais à Terre-Neuve (1500-1550) », dans *Bulletin de géographie historique et descriptive*, I, 1892, p. 254. Cet acte est du 21 août 1523. Publié par Biggar, *The precursors of Jacques Cartier...*, p. 159.

et huile faite à Terre-Neuve, le 14 avril 1523 ; et aussi de recevoir de Guillaume le Gludic, maître du navire la *Marguerite* de Pornic, « et de tous aultres maistres de navires et leurs compagnons, puydavant frectez » par eux pour la pêche de Terre-Neuve, ainsi que « les pièces d'artillerie et munitions de guerre que lesdits Jourdain et Morisson baillèrent auxdits maistres de navires et compaignons d'eulx, pour eulx deffendre en leurdit voiage »[143].

Autre procuration du 15 octobre 1523, donnée par Jean Boisseau, marchand et bourgeois de La Rochelle, pour recevoir sa part de « pesche, mouLues, huilles, gaing et prouffict » de Alain Feullagat, maître de la *Margaritte* de Blavet, et des compagnons mariniers et autres, rapporté de Terre-Neuve, cette année 1523[144].

XXI - Promesse (22 octobre 1523) de Jean Tredian, maître de la *Marguerite*, de Saint-Brieuc, de garder et rendre le tiers des profits de la campagne de Terre-Neuve aux marins Yvon Bonsoul, Estienne Lauret et Gilles Galvan, compagnons et mariniers de ce navire pour la campagne de cette année à Terre-Neuve[145].

XXII - Les archives anglaises gardent le témoignage des prises faites sur les navires français revenant de Terre-Neuve, par Christopher Coo, de 1522 à 1524 : à savoir, un navire de Rouen monté par onze hommes, venant de Terre-Neuve chargé de neuf milliers de poisson. Dans le compte de son salaire Coo précise, en plus, six livres et dix-huit shillings pour la garde et les soins donnés à seize terre-neuviens[146].

XXIII - En novembre 1527, un navire anglais de 250 tonneaux, monté par environ 70 hommes, ayant été à la recherche du passage du Nord-Ouest, empêché d'avancer au Nord par les glaces, se serait dirigé, le long de l'île de Terre-Neuve et aurait côtoyé la terre américaine jusque dans les parages d'Haïti, où il rencontra une caravelle espagnole, le 19 novembre 1527, commandé par Ginés Navarro. Celui-ci envoya un procès-verbal de la rencontre et des paroles échangées avec les Anglais. Ceux-ci lui avaient dit qu'étant partis à la recherche d'un passage au pays du Grand Khan, ils passèrent près de Terre-Neuve où ils virent une cinquantaine de navires espagnols, français et portugais[147].

---

[143] Archives de la Charente inférieure. Minutier de Jacques Hémon, à La Rochelle, ff. 68v-69. — Publié par Biggar, *The precursors*…, pp. 160-161. Cet acte est daté du 15 sept. 1523.

[144] *Id.*, *ib.*, f. 105v. — Dans H.P. Biggar : *op. cit.*, pp. 161-162.

[145] *Id.*, *ib.*, f. 118v. — Dans H.P. Biggar : *op. cit.*, p. 162.

[146] *Letters and Papers, Foreign and Domestic, Henry VIII*, IV, Londres, 1875, p. 33. — Dans H.P. Biggar : *op. cit.*, pp. 162-163. Mentionnons, en passant, les avis, enregistrés le 21 août 1522, du retour de Terre-Neuve, d'une flottille de pêche (*Id.*, III, Londres, 1867, p. 1038. — Dans H.P. Biggar : *op. cit.*, p. 142).

XXIV - Il y un ordre du roi Henri VIII au gouverneur du château de Douvres et gardien des Cinq Ports, du 2 décembre 1531, prescrivant une enquête sur le pillage du navire la *Barbara*, de Saint-Brieuc, en Bretagne, qui s'était réfugié près de Ramsgate. Ce navire était chargé de poisson pris à Terre-Neuve ; il était commandé par un nommé Jean Collays ou Collet[148].

XXV - Un contrat a été passé entre le marchand rochelais Julien Giraud et Yvon Raymond, maître du navire, le *Christofle*, de Ploumanac'h (septembre-décembre 1533) pour deux milliers de morues qu'il ira chercher à Terre-Neuve[149].

XXVI - Dans son *Histoire des Indes occidentales*, parue en 1553, Fr. López de Gómara dit que Sébastien Cabot est la personne qui a apporté les nouvelles les plus certaines du pays de *Baccaleos*. Ce pays n'était donc pas tout à fait inconnu en 1497[150].

XXVII - Pierre Martyr d'Anghiera, contemporain de Christophe Colomb, dit dans son *Orbe novo* (éd. Gaffarel, Paris, 1907, p. 23) qu'au deuxième voyage du Découvreur à la Guadeloupe, en 1493-1494, en trouva dans les maisons des indigènes, « des poteries de tous genres, des jarres, de grands vaisseaux en terre, des caisses et beaucoup d'ustensiles qui ressemblent aux nôtres ; dans leurs marmites bouillaient des perroquets et des oies mêlés à des fragments de chair humaine ». On a trouvé, en novembre 1493, dans la hutte d'un insulaire à la Guadeloupe, un fragment de poupe de navire. Cette pièce ne provenait pas de la caravelle de Colomb, perdue l'année précédente sur la côte d'Haïti. On trouve également une sorte de casserole en fer (« un tegame di ferro »). Gaffarel, qui rapporte ces faits, ajoute : « Ces objets d'origine Européenne ne démontrent-ils pas que des navires Européens avaient, avant Colomb, abordé dans les Antilles, ou y avaient été poussés par la tempête ? »[151].

XXVIII - Balboa rapporte avoir trouvé trace d'expéditions antérieures de capitaines dont on ignore la nationalité[152].

---

[147] Archivo General de Indias, à Séville, Patronato, est. 2, caj. 5, leg. 1/20. — Publié dans *Colección de documentos inéditos relativos al descubrimiento, conquista y colonización de las posesiones españolas...*, XXXVII, Madrid, 1882, pp. 456-458. — *Id.*, *Segunda serie*, IV, Madrid, 1888, pp. 57-60. — Dans H.P. Biggar : *op. cit.*, pp. 165-168.

[148] *Letters and Papers, Foreign and Domestic, Henry VIII*, V, Londres, 1880, p. 285. — Dans H.P. Biggar : *op. cit.*, pp. 177-179.

[149] Archives de la Charente inférieure. Minutier du notaire Gaschet, de La Rochelle, f. 371v. — Dans H.P. Biggar : *op. cit.*, pp. 181-182.

[150] Fr. López de Gómara : *Histoire généralle des Indes occidentales...* trad. M. Fumée, Paris, 1568, p. 37. — Il est cité dans *Mémoires des commissaires du Roi et de ceux de Sa Majesté britannique*, IV, Paris, 1757, pp. 484, 489, 550-551.

[151] P. Gaffarel : *Histoire de la découverte de l'Amérique...*, II, Paris, 1892, p. 145.

[152] [*Ib.*, pp. 300-301, 317.]

XXIX - Ernesto do Canto publia en 1877 un manuscrit trouvé dans la bibliothèque de l'Université de Coimbra, sous le titre de *Traité des îles nouvelles et de leur découverte et d'autres choses*, fait par Francisco de Sousa en 1570. Il est dit dans cet ouvrage d'origine açorienne, qu'environ 45 ou 50 ans auparavant (donc vers 1520) certains gentilhommes de Viana résolurent de s'établir dans la « terra Nova do Bacalhao » et qu'ils s'y rendirent à bord d'un navire et d'une caravelle. Comme ils perdirent leurs vaisseaux, on n'entendit plus parler d'eux si ce n'est par les Basques (*Biscainhos*) qui continuaient à visiter cette côte pour y recueillir de nombreux articles, « a buscar e a resgatar muitas cousas », qu'ils y trouvaient. Ces colons étaient au Cap-Breton, dans une belle baie, pleine de gens et de denrées de grande valeur, de noix, de châtaignes, de raisin et autres fruits. Les Basques apportaient leurs messages par lesquels les colons priaient leurs parents de donner de leurs nouvelles et de ramener des prêtres. Il y avait dans cette colonie quelques familles des Açores qui y avaient été amenées. L'auteur de ce manuscrit ajoute que, depuis que les Anciens ont révélé l'existence de ces îles la route qui y conduit n'était pas aussi bien connue qu'elle l'est aujourd'hui ; il faut aujourd'hui corriger la route en ajoutant un degré au Nord ou au Sud et entre Ouest et Est au retour, en prenant la meilleure route connue des négociants[153].

XXX - Les premiers explorateurs allant à la recherche des îles du Brésil, des Sept Cités et de Terre-Neuve paraissent avoir recouru à des pilotes recrutés en Espagne et au Portugal, quelque fois en Bretagne : Cabot[154], Verrazzano[155], les Bristolois Richard Warde, Thomas Ashehurst et John Thomas, pour un premier voyage en 1501[156] ; les mêmes avec en plus, un nommé Thorne, en 1502[157]. On mentionne un voyage anonyme de 1502 entrepris par des Bristolois[158], un

---

[153] Bibliotheca da Universidade, Coimbra, Papeis politicos e historicos, Ms. 620 (anciennement Ms. 175), f. 80. Il existe un autre exemplaire de ce Ms. dans le fonds Miscellanea n° 135. H.P. Biggar (*Precursors...*, p. 196) dit que ce deuxième exemplaire n'a pas été retrouvé. Il en donne, lui-même, un extrait. — *cf.* G. Patterson : « The Portuguese on the north-east coast of America, and the first European attempt at colonization there. A lost chapter in American history », dans *Proceedings and transactions of the Royal Society of Canada*, VIII, 1891, sect. II, pp. 163-164, où le Rév. George Patterson en a publié un extrait.

[154] Dans H. Harrisse : *Jean et Sébastien Cabot...*, pp. 329-330. — *cf.* Lettre de Pedro de Ayala à Ferdinand et Isabelle (25 juillet 1498) aux Archives de Simancas (Valladolid), Estado, Tratado con Inglaterra, leg. 2, f. 196.

[155] Verrazzano navigua en 1524 sur les côtes de Bretagne et d'Espagne. Il était parti avec deux navires, l'un la *Normande* appartenant à Ango, de Dieppe, et l'autre la *Dauphine*. Rendu à Madère il quitta la *Normande* et partit pour l'Amérique le 17 janvier 1524 à bord de la *Dauphine* ; il atterrit à la Floride. Ce navire était commandé par Antoine de Conflans. — *cf.* Ch. de La Roncière : *Histoire de la Marine française...*, III, Paris, 1906, p. 261.

[156] H. Harrisse : *Jean et Sébastien Cabot...*, pp. 266-267.

[157] *Ib.*, p. 267.

[158] H.P. Biggar : *The precursors of Jacques Cartier...*, p. XX.

autre voyage anglo-portugais entrepris en 1505[159]. J.G. Kohl dit qu'à la suite des voyages de Ribault et de Laudonnière en Floride, les Anglais lancèrent une expédition sur la côte orientale de l'Amérique, dirigée par Sir John Hawkins et conduite par des pilotes français[160]. Même en 1593, sur trois vaisseaux que le comte de Cumberland avait envoyés aux Antilles, l'*Antoine*, le *Pilgrim* et la *Découverte*, deux avaient des pilotes espagnols, Antonio Martino et Diego Petrus. C'était pour une expédition de pillage[161].

XXXI - On a signalé la présence d'un pêcheur de Bretagne nommé Nicolas Don « à la pesqueria de Baccalaos » en 1526. Ce pêcheur avait avec lui trente hommes d'équipage[162].

XXXII - Des pêcheurs de la Hougue fréquentaient Terre-Neuve de bonne heure, car en 1520, le curé de ce port réclamait la dîme des morues pêchées outre-mer[163].

XXXIII - Les privilèges que les habitants de Saint-Jean-de-Luz tenaient des rois de France, datent de 1463, du moins ceux qui nous restent. Ils étaient considérables. Les habitants étaient « affranchis et exempts du droit d'assise qui se prenoit sur les denrées et autres marchandises, lesquelles leur estoit permis de faire conduire soit par mer ou par terre, franches et quittes desdits droits »[164]. Le notaire Martin de Goyeneche, qui fit un inventaire de ces pièces en 1671, puis en 1693[165], dit que ces privilèges ont attiré aux « habitants beaucoup d'envieux et particulièrement les Fermiers des coustumes et Receveurs d'autres droits… aussi bien que les Receveurs de la moitié de la coustume de Bayonne… ». On peut dire que les gens de mer, et principalement ceux du Sud-Ouest, avaient un régime de faveur. L'interdiction de tout commerce avec l'Espagne n'est pas applicable aux Basques[166]. Dans une lettre patente (4 mars 1556), portant renou-

---

[159] P. Gaffarel : *Histoire de la découverte de l'Amérique…*, II, p. 253.

[160] J.G. Kohl : *A history of the discovery of Maine*, Portland, 1869, p. 22.

[161] *cf.* S. Purchas : « *Hakluytus posthumus* »…, IV, Londres, 1625, p. 1146 ; cité dans *Mémoires des commissaires du Roi et de ceux…*, III, Paris, 1755, pp. 288-292.

[162] A. de Herrera : *Histoire generale des voyages et conquestes des Castillans…*, III, trad. de La Coste, Paris, 1671, p. 773. — *cf.* P. Gaffarel : *Les découvreurs français du XIVᵉ au XVIᵉ siècles…*, p. 124.

[163] Bibliothèque du Ministère de la Marine (Paris), Recueil des Ordonnances, édits, etc., formé par le bureau des Classes, t. I., cité par Ch. de La Roncière : *Histoire de la Marine française…*, III, p. 140.

[164] Archives Municipales de Saint-Jean-de-Luz : A/A/1, A/A/3 : Cartons contenant les privilèges, lettres patentes, etc., concédés par Louis XI, Charles VIII, Louis XII, Reine Louise, mère du Roi, François Ier, Henri II, Charles IX.

[165] Archives Municipales de Saint-Jean-de-Luz : A/A/1.

[166] Archives Nationales, à Paris, Conseil du Roi (Finances), E/7/A, f. 207 : arrêt autorisant les habitants de la côte de Saint-Jean-de-Luz, depuis Hendaye jusqu'au Capbreton, à continuer la pêche de la morue à Terre-Neuve et la vente en Espagne, nonobstant l'interdiction générale de trafiquer avec l'Espagne (3 août 1604).

vellement des lettres du 12 juillet 1548, il est dit : « tous leurs moyens de vivre n'est que de pescherie avec quelque peu de marchandise et traicte qu'ils font, comme des molues, baleines et huilles d'icelles qu'ils vont prendre et pescher jusques es terres neufves... »[167].

* * *

Mais, voici que, avec la centralisation politique et après les découvertes officielles faites de part et d'autre, les gouvernements se sont lancés dans une politique coloniale, laquelle devait fortement contrarier les populations maritimes. Les pêcheurs basques, comme les autres, voyaient d'un mauvais œil ces explorations et ces voyages de *découverte*, dont allaient profiter surtout les gros bourgeois et les grands seigneurs. L'ère des compagnies de commerce et de navigation s'ouvrait. Les pêcheries basques et françaises et leur commerce de traite allaient se heurter aux monopoles. Il fallut même interdire tous voyages de pêcheurs à Terre-Neuve pour faciliter à Cartier le recrutement de ses équipages[168]. Quand Cartier arriva en 1534 pour *découvrir* le Canada, trouver un passage à la Chine et s'enquérir des possibilités de christianiser des infidèles, il vit, dans les parages de la baie des Chaleurs, une nuée de canots remplis d'Indiens qui offraient des pelleteries à traiter. Le Malouin dut faire tirer quelques coups de canon à blanc pour dissuader les sauvages d'approcher. Ignorait-il, que ces indigènes tenaient foire en ce lieu depuis on ne sait combien de temps, pour la commodité des pêcheurs qui venaient d'Europe ? C'est assez douteux puisque Cartier lui-même serait allé en Amérique avant même son voyage officiel de *découverte*. Dans le cours du XVIe siècle et même auparavant, les pêcheurs affluaient aux Terres neuves ; plusieurs d'entre eux apportaient de la pacotille. Les belles pelleteries de l'Amérique, castor, martre, renard, chevreuil, arrivaient par pleins bateaux, en France principalement. Ceux qui les rapportaient gagnaient gros. Pour ne pas éveiller l'attention et exciter la jalousie, ils faisaient leur départ

---

[167] Archives Municipales de Saint-Jean-de-Luz : A/A/1.

[168] Ordonnance du 28 mars 1533 pour « prohiber et deffandre à touz et chacun les bourgeoys et maistres de navires de non les fere déplacer de redit port et havre de ceste ville des lieux où y sont, et de non les fere voiaiger, ne fere aultre navigation jucques à ce que tout premier lesdits deux navires audit Cartier, et audict nom, soient doubment equippez... à la paine de cinq cents escuz » (cité par P. Gaffarel : *Les découvreurs français...*, pp. 166-167). Si on rapproche ces détails de ceux qui marquèrent les préparatifs de départ de Colomb en 1492 on sera frappé de la similitude des cas. Comme Cartier, Colomb réussit avec peine à raconter ses équipages : il dut même prendre des criminels à qui on promit le pardon s'ils consentaient à naviguer. Les autorités de Palos elles-mêmes ne montrèrent pas d'empressement à obéir aux ordres de la Cour et il fallut une sommation (20 juin 1492) pour les décider à l'action (H. Harrisse : *Christophe Colomb...*, I, Paris, 1884, pp. 402, 405, 408). A peine fut-on parti que le gouvernail de la *Pinta* se détache ; c'était, parait-il un effet de la malveillance des propriétaires de cette caravelle (*ib.*, p. 409).

en cachette. On en a vu aller faire leurs affrètements à Jersey et former leurs équipages loin de leurs ports d'attache[169]. Aussi, quand les armateurs eurent commencé à former des compagnies et qu'ils eurent obtenu des privilèges de monopole, soulevèrent-ils la colère des pêcheurs. Ceux-ci se plaignirent, firent des procès, invoquèrent l'ancienneté de leurs titres et de leurs coutumes, le caractère sacré de leurs privilèges communaux, les services rendus à la Couronne en paix comme en guerre, enfin — pour la région Sud-Ouest — la pauvreté du sol, sa stérilité et l'impossibilité où ils étaient de vivre sur les ressources de leurs pays. Cette opposition se manifesta, au XVIe siècle, dès les premières tentatives de colonisation et les premiers projets de compagnies. Deux parents de feu Jacques Cartier, Jacques Nouël et La Jannaye, obtenaient le 14 janvier 1588, des lettres patentes constituant monopole. Cette concession suscite une telle protestation qu'elle dût être révoquée six mois plus tard, le 9 juillet 1588[170]. Quand Pierre de Chauvin, sieur de Tonnetuit eut obtenu une concession de monopole, les Malouins se soulevèrent et envoyèrent le 3 juin 1600, une supplique au Roi, demandant le maintien de la liberté du trafic à la Nouvelle-France[171].

XXXIV - Il y a aux Archives de Saint-Jean-de-Luz[172] une copie de la requête que les habitants du Labourd adressèrent au Conseil du Roi (circa 1623) pour demander l'abrogation du monopole créé en faveur de la Compagnie de la Nouvelle-France (dite Compagnie de Montmorency) comme étant préjudiciable aux intérêts du pays et contraire aux privilèges immémoriaux dont jouissaient les habitants de ce pays.

« Il y a plus de trois cents ans[173], disent-ils, que les habitants dudit lieu de Saint-Jean de Luz ont fait la découverte de la terre neufve et par leur soing, après grand nombre de pertes d'hommes et navires, le commerce y a esté estably et la pescherie et trafficq permis non-seulement à eux mais à toutes autres personnes. Comme ceste descouverte fut faicte, les Roys de France, puis le Roy Louis Unzième, recognoissant que les habitants de St-Jean de Luz en estoient les seuls autheurs, leur accordèrent de beaux privilèges qui leur ont tousjours depuis esté confirmez, de reigne en reigne, et particulièrement de pouvoir trafficquer

---

[169] cf. H.P. Biggar : *The early trading companies of New France...*, Toronto, 1901, ch. II, pp. 18-37, où l'on trouve une forte intéressante description de l'activité des pêcheurs et traitants au XVIe siècle.

[170] P. Gaffarel : *Les découvreurs français...*, pp. 277-280.

[171] *Ib.*, p. 180.

[172] Archives Municipales de Saint-Jean-de-Luz : E/E/4 (dossier de 111 pièces).

[173] A rapprocher ces « trois cents ans » de l'affirmation de Davity (*op. cit.*, p. 28) : « plusieurs siecles » et de Lescarbot (*op. cit.*, éd. Grant et Biggar, II, p. 394) : « car de toute mémoire, et dés plusieurs siècles ». Le même Lescarbot répète, en parlant des voyages anciens des Bretons et des Basques « ce que i'ay dit être dés plusieurs siècles ».

par tout le royaulme et pais y adherans »[174]. La requête parle de l'arrêt rendu en 1622 faisant défense à toutes personnes de trafiquer en la Nouvelle-France sans la permission de la Compagnie de Montmorency, de l'opposition que les habitants de Saint-Jean-de-Luz ont formée contre cet arrêt ; elle énumère les motifs de son opposition :

1) - Ils sont fondés en privilèges particuliers, confirmés « de règne en règne, par lesquels les rois de France, en considération de ce que lesdits habitants ont faict la descouverte de la Terre Neufve et nouvelle France, et pour les récompenser des brulemens et des grandes pertes d'hommes et vaisseaux qu'ils ont faict, leur ont permis de traffiquer audit pays et ailleurs, sans les avoir pour ce faict obligez à aulcun debvoir ».

2) - « Le Conseil est prié de considérer que Saint-Jean de Luz est un pays stérile ne jouissant d'aucun denier d'octroi ni patrimonial et que tous les habitants sont marins, ayant plus de cent cinquante navires et six à sept mille hommes vivant du trafic de Terre Neuve ; que si on leur enlève ce privilège ils n'auront que la ressource de se jeter dans les bras des Espagnols et de se donner aux voyages des Indes orientales pour gagner leur vie »[175]. Elle rappelle que

---

[174] On sait par les études de M. de La Roncière la sollicitude qu'avait Louis XI pour la navigation et le commerce maritime. On étudiait déjà de son temps des projets de grandes compagnies de navigation. — v. Ch. de La Roncière : « Première guerre entre le protectionnisme et le libre-échange », dans *Revue des questions historiques*, XIV, 1895, pp. 66-95. Louis XI s'est appliqué principalement à relever les ports du Ponant ruinés par les guerres anglaises : création de deux foires franches à Bayonne, deux autres à Bordeaux ; exemption de la grande coutume aux Bordelais ; autorisation (en 1480) aux nobles de faire le commerce maritime sans déroger ; La Rochelle déclarée port neutre en 1472 ; un traité avec la Hanse pour assurer des débouchés dans les eaux du Nord (1473), etc.

[175] Ce fait de la stérilité du sol basque a, peut-être, une plus grande importance qu'on se serait porté à lui donner. En général on sait que les populations qui vivent de la mer, ont tendance à mépriser les occupations proprement terriennes, même dans les côtes fertiles ; mais il est notoire que le pays basque et la côte du Labourd restent peu développés au point de vue agricole. Les Basques espagnols se sont toujours plaints de cette infertilité de sol. Il y a dans la Collection Vargas Ponce du Museo Naval, 29, doc. 10, ff. 87-88, des réclamations contre l'application de la pragmatique : « seyendo ella esteril que de suyo no tiene çeberas pan ny vino ny carnes a que se pueda tener consideraçion sino que todo es de acarreo ». Dans une pétition de Saint-Sébastien on allègue de semblables griefs : « dicha Provincia es muy esteril, y no se coje en ella pan, ni bastimento para dos meses del año y en partes ninguno y se bastece de lo que viene por la mar » (*ib.*). Quand, en 1586 les gens de Guipuscoa se plaignirent des réquisitions pour la guerre que le capitaine général García de Arce avait faites, empêchant ainsi les pêcheurs d'aller à Terre-Neuve et leur occasionnant de ce fait une perte de 200 000 ducats, ils alléguèrent le caractère indispensable de cette industrie de la pêche de Terre-Neuve en raison de la stérilité du sol (*id.*, III, doc. 11, ff. 27-32). François Ier donna à Martin Dupin, marchand de Bayonne (18 avril 1515) le droit pour sa vie durant, d'acheter en Guyenne, Saintonge, La Rochelle ou ailleurs, 500 tonneaux de blé, tous les ans, pour les conduire au Labourd « et illec les vendre à nos subgectz et non à aultres ». Ceci est un indice significatif (E. Ducéré *et al.* : *Registres gascons...*, II, pp. 124-125). Il y a plusieurs documents dans ces *registres gascons*, qui montrent qu'à cette époque le Labourd dépendait de l'extérieur pour son alimentation en blé : l'évêque d'Aire, demande, en 1519, l'autorisation à Bayonne de

dans un procès que les gens de Ciboure on fait à la Compagnie de Caën, qui avait confisqué leurs bateaux avec pêche et leurs pelleteries de castors, ils ont eu gain de cause et que Guillaume de Caën fut condamné aux dommages et intérêts, modérés à 2 000 livres, qu'à plus forte raison, ceux de Saint-Jean-de-Luz sont en meilleur droit que ceux de Ciboure.

3) - Que si l'on prétend qu'ils doivent faire partie de la Compagnie de Montmorency et entrer en des frais communs, ils répondent qu'au contraire, ce sont eux qui doivent être indemnisés « des grandes pertes de vaisseaux et de deux mille hommes qu'ils ont faict en faisant et recherchant ladite descouverte et pour establir ledit trafficq sur quoy il est sans doute qu'on n'auroit jusques à présent entendu parler de ladite terre neufve »[176] ; que déjà, en 1603, ils ont eu gain de cause contre de Mons et sa compagnie, qu'on leur a laissé liberté de trafic et que, appelés devant le Conseil à rembourser ledit de Mons, ils ont été déchargés de ce remboursement, ainsi que les habitants de Bayonne, en raison de leurs privilèges anciens, mais que ce sont les gens de Saint-Malo qui ont dû indemniser de Mons de 6 000 livres ;

4) - Que la colonisation tentée par cette Compagnie de Montmorency n'a réussi ni à l'Acadie, ni à Québec, etc.

XXXV - Harrisse, après John Boyd Thacher, a fait état d'un poème, écrit vers 1517 par un poète anglais inconnu, disant que, dans les régions qu'Améric Vespuce a fait connaître, d'autres découvertes furent accomplies sous les auspices d'Henri VII, que, plus tard, entre 1509 et 1517, on trouva encore des terres à l'ouest et que des Anglais, avec l'autorisation du roi (Henri VIII) s'y dirigèrent, mais qu'ils ne purent y arriver à cause de la couardise de l'équipage

---

transporter 100 tonneaux de blé dans le Labourd (*ib.*, p. 218) ; d'autres, tel que Menaut de Belsunce et Miquelon de le Farguenabe demandent à distribuer du froment dans le Labourd (*ib.*, pp. 245, 262, 270, 272, 287) en 1519, 1520, 1521. Miquelon de Garat demande à importer cinquante charges de millet à distribuer en Labourd en 1521 (*ib.*, pp. 287-289, 291). Déjà en 1516 François Ier autorise la distribution des blés de la munition (*ib.*, p. 107). On trouve des documents analogues en 1527, 1528, 1529 (*ib.*, pp. 466, 495) ou des dépenses d'exporter le blé ; il y eut un édit du 4 avril 1528 interdisant d'exporter le blé à l'étranger sous peine de « estre fustigés » (*ib.*, p. 509). Jusqu'en 1770 on se plaint de cette aridité du sol labourdin. Dans un rapport sur la marine des Basques écrit par Dammartin de Lissalde pour le ministre de la Marine (Archives de la Chambre de Commerce de Bayonne, publié par Ducéré dans ses *Recherches historiques sur la pêche de la morue...*, pp. 104-116) l'auteur déplorant la diminution des grandes pêches dit que les jeunes Basques vont travailler dans la marine d'Espagne et dans les chantiers navals de ce royaume parce qu'ils sont rebutés par l'aridité du sol de leur pays.

[176] Ce souvenir des catastrophes maritimes, fréquentes dans les anciens voyages de long cours, fait une sorte d'écho aux doléances si souvent exprimées dans les Sagas du Nord et dans les Annales islandaises. Duro reproduit une phrase du capitaine Thomé Cano, auteur d'un traité de navigation (de 1611) qui attribue ces pertes énormes de navires et d'hommes à l'imperfection des constructions navales (C. Fernández Duro : *Arca de Noé...*, p. 42).

qui refusa d'achever le trajet. Le poète le déplore et regrette que cette terre soit en quelque sorte abandonnée aux Français qui y envoient annuellement plus de cent navires[177].

XXXVI - On s'est demandé à quel moment la côte orientale des Etats-Unis, entre la Floride et la Nouvelle-Ecosse a pu être explorée par des navigateurs européens. On possède une carte — la carte de Cantino qui est de (1502) — laquelle donne la terre de Corte-Real et toute une nomenclature de la côte qui s'étend de Terre-Neuve à la Floride. Or nous ne connaissons pas d'explorateur qui ait pu décrire cette côte avant 1513 (Juan Ponce de León) ou 1520 (Lucas Vásquez de Ayllón) ou 1525 (Estevan Gómez). Devons-nous conclure, avec Harrisse que : « Entre la fin de l'année 1500 et l'été de 1502, des navigateurs dont on ignore le nom et la nationalité, mais que nous présumons avoir été espagnols, ont découvert, exploré et nommé la partie du littoral des Etats-Unis qui, des environs de la baie de Pensacola, borde le golfe du Mexique jusqu'à l'extrémité de la péninsule floridienne, et, la contournant, longe au nord la côte de l'Atlantique jusque vers l'embouchure de la Chesapeake, ou de l'Hudson »[178] ? Telle paraît être aussi la conclusion de E.L. Stevenson qui dit qu'il n'y a plus de raison de douter que la côte orientale n'ait été visitée et explorée avec soin avant le voyage de Gómez, soit par Cabot, Vespuce, Ayllón ou tout autre navigateur inconnu, et il ajoute, ou tous autres navigateurs inconnus[179]. Dans ce cas, nous devons rechercher ces voyageurs inconnus. Gros problème. Il y en a tellement de voyageurs inconnus, de pêcheurs obscurs, de chasseurs de baleine ignorés et même de chercheurs de terre neuves, que nous risquons de tomber sur le faux. Si nous connaissions toutes les mers que les voyageurs inconnus ont visitées, nous pourrions aller chercher des traces de leur passage. Aussi ne faut-il pas oublier qu'en général, les hommes de mer, pêcheurs, négociants, n'ont aucun intérêt à faire connaître par description cartographiques surtout, les parages où ils font de fructueux voyages. A défaut de précisions, recourons aux données plus générales. Il y a dans les Archives des Indes, un mémoire de Pedro de Arpide, pilote guipuscoan, sur le trajet naturel des baleines aux Terres Neuves. Ce document est daté de 1587. Dès le mois de décembre, dit-il, la baleine commence à revenir du Sud-Ouest, sur la côte de Floride jusqu'au cap de Canaveral et elle suit cette côte jusqu'à la fin d'avril. Ceux qui ont été dans les ports de la Floride disent qu'elles vont mettre bas dans les eaux

---

[177] *A new interlude and a mery of the nature of the IIII elements declarynge many proper poynts of phylosophy naturall…* Le seul exemplaire connu est au British Museum. — *cf.* H. Harrisse : *Découverte et évolution cartographique de Terre-Neuve et des pays circonvoisins…*, Paris, 1900, p. IV.

[178] H. Harrisse : *Les Corte-Real et leurs voyages au Nouveau-Monde…*, pp. XI, 101, 109 et 151.

[179] E.L. Stevenson : « Comparative fallacies of early New World maps », dans *Congrès international des américanistes : XVe session…*, I, Québec, 1907, p. 130.

chaudes, pour retourner ensuite, avec leurs petits au Nord-Est, où les Biscayens sont apostés pour les tuer. L'auteur de ce mémoire déclare que si cette pêcherie de baleine était découverte sur la côte de Floride et dans les ports de Saint-Augustin et de Sainte-Hélène, tous ceux qui font la chasse à Terre-Neuve se précipiteraient dans ce nouveau territoire qui est un pays plus agréable, moins froid que Terre-Neuve, parce qu'il est sous une latitude meilleure. Oviedo avait parlé du grand nombre de baleines qu'il vit aux Antilles[180]. Dans ce golfe même du Mexique, Francisco d'Ulloa, dans la relation de son voyage, parle (en 1539-1540) de cinq cents baleines qu'il vit dans les parages de *Santa Cruz*[181].

Pedro de Arpide, ajoute, dans son mémoire, des considérations intéressantes. Si cette pêcherie, dit-il était connue, le Roi en tirerait avantage du fait que 1 500 hommes, qui vont chaque année à Terre-Neuve, pour la chasse à la baleine, en se portant aux côtes de la Floride, constitueraient une sécurité contre ses ennemis et un aussi grand profit. Il ajoute que Pedro Menéndez, commandant des forteresses, pourrait, pour la défense des ports de Saint-Augustin et de Sainte-Hélène, réunir facilement tous ces hommes ; il pourrait même transporter, en quatre jours, plus de 400 hommes pour la défense de la Havane, en cas de besoin. Enfin, dit-il, les morues ont, dans cette région, un régime analogue à celui des thons qui sont sur nos côtes : elles vont frayer dans le canal de Bahama, de même que les thons ici dans le détroit de Gibraltar ; de sorte que si ces deux pêcheries étaient connues il y aurait plus de deux mille hommes qui s'y rendraient et qui assureraient d'autant la protection et la défense des côtes floridiennes[182].

Je dois rendre cette justice à Pedro de Arpide, qu'il avait un excellent jugement. La chasse à la baleine dans les eaux floridiennes a fini par attirer les pêcheurs de l'Europe, si déjà elle n'était pas pratiquée de son temps. Dans un mémoire français de 1753 sur la pêche dans les eaux de la côte orientale d'Amérique, qui existe en manuscrit aux Archives Nationales à Paris (dans Colonies, C/ii/A/99, f. 216 et suiv.) l'auteur anonyme dit textuellement que « aux mois de mars, avril et mai on fait cette pêche de la baleine dans le golfe de la Floride et en juin, juillet et août, à l'orient du Grand Banc de Terre Neuve. Elle (cette pêche) employait en 1753, cent seize chaloupes de 70 tonneaux, ce qui fait 8 120

---

[180] G. Fernández de Oviedo : *Historia generale e naturale dell'Indie occidentali*, dans G.B. Ramusio : *Delle navigationi e viaggi...*, III, ff. 61v-187r. — *v.* Lib. XIII, Cap. I et II, ff. 130 et suiv. consacrés à la description des poissons et des manières de pêcher et au grand nombre de baleines qu'on rencontre dans les îles.

[181] Francisco d'Ulloa, capitano dell'armata di Fernando Cortese : *Navigatione per discoprire l'Isole delle Specierie fino al mare detto Vermeio...*, dans G.B. Ramusio : *op. cit.*, f. 295r.

[182] Archivo General de Indias, à Séville, Patronato, est. 2, caj. 1, leg. 1/27, n. 7.

tonneaux d'embarquement et treize hommes d'équipage par bateau en tout 1508 hommes », etc.

Le P. Fournier a, du reste décrit, dans son *Hydrographie* d'une façon fort pittoresque la manière de chasser la baleine des Indiens de la Floride : « Vous verrez, dit-il, en ces quartiers là un Indien monté sur un canot armé de deux bons pieux et d'un maillet, costoyer finement ce Monstre marin, et l'abordant se ietter sur son dos, tenant tousiours la corde de son canot, et s'avançant doucement iusques sur son col, s'y affourcher comme sur un cheval, et se promener avec ce Monstre iusques à ce qu'il le voye en posture qu'il iuge propre pour son dessein : et pour lors prenant en main l'un desdits pieux, il l'enfonce le plus avant qu'il peut dans l'un des nazeaux ou evans », etc.[183].

L'auteur du mémoire (Arpide) semble parler d'un grand secret. Cette pêcherie floridienne était peut-être quelque peu connue, pour que ce Guipuscoan en parlât si savamment. Quoi qu'il en soit, nous voyons dans le récit du voyage de Champlain au Mexique, en 1599[184] à bord d'un navire espagnol, qu'étant chargé de surveiller les parages d'Hispaniola pour en chasser les pêcheurs étrangers qu'on pourrait y rencontrer, l'amiral étant allé sur la terre ferme, le navire sur lequel se trouvait Champlain, allé à *Portoplatte* (port de la côte de Saint-Domingue ou d'Haïti) s'informer si, éventuellement, il y aurait eu des violations de règlement. Les étrangers qui étaient surpris à pêcher ou à trafiquer, étaient pendus ou envoyés aux galères et les nègres recouvraient leur liberté s'ils en dénonçaient. Effectivement, ils rencontrèrent un nègre qui leur dénonça deux vaisseaux français au port de Mancenille. Vérification faite, on rencontra au port des Mousquittes, près de la Tortue, deux bateaux français auxquels on donne la chasse : l'un fut abandonné en mer par son équipage, qui se sauva en barque et l'autre alla se briser sur la côte. Tous se sauvèrent dans les bois, à l'exception d'un homme, un boiteux qui ne pouvait courir. Il apprit aux Espagnols que ces pêcheurs étaient de Dieppe que, d'autre part, il y avait encore treize grands navires, tant français, anglais que flamands, armés, moitié en guerre, moitié en marchandises, du côté de Saint-Nicolas.

---

[183] G. Fournier : *Hydrographie, contenant la théorie et la practique de toutes les parties de la navigation*, Paris, 1643, p. 239. Le P. Georges Fournier (1595-1652), savant jésuite de grande réputation, qui, après avoir enseigné à la Flèche, devint aumônier de la Marine et fit de nombreux voyages de long cours et écrivait des ouvrages de grande valeur, dit, dans son *Hydrographie* : « Depuis que les Normands, Bretons et Basques descouvrirent l'Isle de Terre-neufve, et le grand Banc, il ne s'est passé aucune année, qu'une infinité de Vaisseaux que nous appellons Terre-neufvies, ne soient partis de tous les Havres de France, pour y aller faire la pesche des Morues, desquelles ils fournissent, non seulement leur pays, mais encore presque toute l'Europe » (p. 220).

[184] S. de Champlain : Voyage aux Indes occidentales, dans *The Works of Samuel de Champlain*, I, éd. Biggar, Toronto, 1922, pp. 22-29.

Quand les archives des notaires seront dépouillées — surtout celles des villes maritimes — nous pourrons connaître un peu mieux l'amplitude de l'activité des pêcheurs au Nouveau Monde. On découvre chaque année, dans les papiers des notaires de La Rochelle et des environs, des quantités de contrats de grosse aventure rédigés dans la première moitié du XVIᵉ siècle. Quantité de ces contrats ont été relevés par M. Théo. Beauchesne, archiviste. Dans l'étude Bonniot (minutes de M. Gaschet) se trouve un contrat du 19 février 1534 passé entre un marchand de La Rochelle nommé Nicolas Mailhard et le pêcheur Legatz, de Paimpol, maître de la *Marguerite* ; un autre, de l'année suivante, entre les bourgeois Buschet et Bernyer, propriétaires du *Christophe*, avec le pilote Legendre ; un autre en 1536 entre le bourgeois Madhard, de La Rochelle et Micheau Herlant, pilote breton de l'évêché de Saint-Brieuc ; deux autres en 1537, etc. M. Musset, archiviste de La Rochelle, a trouvé traces de 128 expéditions à Terre-Neuve entre 1497 et 1550. Sur ce nombre, il y avait 68 Rochelois, dont un avait fait le voyage en 1523. Ces statistiques s'accroîtront sensiblement quand les archives notariales qui nous restent auront été explorées[185]. Harrisse comme Stevenson avait raison de parler de navigations clandestines et de navigateurs inconnus. Il ne faut pas oublier que l'hostilité qu'avait pour Colomb, Juan Rodríguez de Fonseca, ministre d'Isabelle, ne s'éteignit qu'à sa mort en 1524 ; que cet homme a poursuivi le Découvreur de sa haine jusqu'à livrer à tout venant les cartes de navigation du Génois et que cette animosité qui était funeste à bien des égards, a dû contribuer à lancer dans le champ des découvertes, plus d'un ambitieux, plus d'un esclavagiste. Les Souverains Catholiques avaient, eux-mêmes, promulgué une autorisation générale de faire des expéditions au Nouveau Monde, le 10 avril 1495, à condition de réserver à Colomb la redevance stipulée primitivement[186]. Enfin, avec la permission spéciale de Colomb — permission accordé avant 1498 — trois voyages furent entrepris et des découvertes d'îles furent faites par Hojeda, Niño et Pinzón[187]. Gómara dit qu'à la suite du décret d'avril 1495, plusieurs Espagnols partirent à la poursuite des découvertes, les uns à leurs frais, les autres au frais du Roi. Tous espéraient s'enrichir, dit-il, se faire une renommée et attirer sur eux la faveur de la Cour, mais comme la plupart d'entre eux n'ont fait que se ruiner, il n'est pas souvenir de ces expéditions, ni même de ceux qui sont allés de l'autre côté de Paria depuis l'an 1495

---

[185] G. Musset : *Les Rochelais à Terre-Neuve...*, p. 15.

[186] M. Fernández de Navarrete : *Colección de los viages y descubrimientos...*, II, Madrid, 1825, p. 167. — cf. H. Harrisse : *Les Corte-Real...*, p. 102.

[187] Déclaration du curé Bernáldez, ami de Colomb dans son *Historia de los Reyes Católicos D. Fernando y Dª Isabel*, II, Séville, 1870, p. 79. — cf. H. Harrisse : *Les Corte-Real...*, p. 103.

jusqu'à l'année 1500[188]. Gaffarel rapporte un mot de Pierre Martyr disant que : « Il ne manque pas de navigateurs qui prétendent avoir fait le tour de Cuba »[189]. Plaisante réflexion quand on sait que, contrairement à l'opinion de la Cosa et d'autres voyageurs, Colomb avait prétendu que Cuba faisait partie du continent asiatique. Voilà d'abondantes sources ou l'on pourrait chercher l'origine de la cartographie de la côte orientale des Etats-Unis.

XXXVII - Un mot sur la question du Brésil. Le *brésil* (bois à teindre en rouge) était connu en Europe depuis le XIIe siècle ; il est mentionné dans le *Livre des métiers* rédigé sous le règne de Saint Louis[190]. On sait par Pierre Martyr d'Anghiera qu'aussitôt après la découverte de l'Amérique en 1492, de nombreux Espagnols, comme je l'ai rappelé dans le paragraphe précédent, allèrent au Nouveau Monde, principalement dans les années 1495, 1497 et 1499 y chercher gloire et fortune[191]. Il faut joindre au contingent espagnol, de nombreux explorateurs des républiques italiennes : Florence, Pise, Gênes, etc., sans parler des Anglais, des Flamands, des Français, Normands, Bretons, Basques, etc. Lisbonne rayonnait sur toute l'Europe. Depuis un siècle les souverains portugais offraient des seigneuries, des privilèges et des concessions de toute sorte à qui découvrirait de nouvelles îles et de nouvelles sources de richesse. De nombreux princes avaient dans cette ville des correspondants qui les tenaient au courant de ce qui se disait et de ce qui se faisait. C'est que la question du Nouveau Monde, le *secret* de Terre-Neuve, après avoir été le véritable secret des pêcheurs, était devenu une affaire d'Etat[192]. Ne va

---

[188] Fr. López de Gómara : *Primera y secunda parte de la historia general de las Indias...*, Medina del Campo, 1553, f. 20r. P.M. d'Anghiera, cite, outre Pinzón, Solís, Vespuce, plusieurs Espagnols qui, avec d'anciens compagnons de Colomb, allèrent sur les traces du Découvreur, tels que Pedro Niño, Juan de la Cosa, Diego de Lepe, Rodrigo de Bastidas, etc. *(De Orbe novo ...,* Paris, 1587). Juan de Fonseca communique à Hojeda les lettres et les cartes même de Colomb *(cf.* P. Gaffarel : *Histoire de la découverte de l'Amérique...,* II, pp. 211, 214, 222). On peut encore citer Arias Pérez, Diego Fernández, Juan Quintero, Juan de Umbría, Juan de Xerez (*ib.,* pp. 225, 228, 230). Fonseca donne encore, en 1501, permission à Alonzo de Hojeda de retourner au Nouveau Monde avec tel nombre de vaisseaux qu'il voudrait équiper au-dessus de dix, moyennant 20 % des profits pour la Couronne (*ib.,* p. 233).

[189] P.M. d'Anghiera : *De Orbe novo ...,* Paris, 1587, p. 66. — *cf.* P. Gaffarel : *Histoire de la découverte de l'Amérique...,* II, p. 169.

[190] E. Boileau : *Réglemens sur les arts et métiers de Paris,* éd. Depping, Paris, 1837, pp. 104, 173, dans *Collection de documents inédits sur l'histoire de France.*

[191] P.M. d'Anghiera : *De Orbe novo ...,* éd. Gaffarel, 1907, pp. 112-113. « Dans la plupart des îles du Paria, les Espagnols trouvèrent des forêts de bois de teinture écarlate. Ils en ont rapporté trois mille livres. C'est le bois que les négociants italiens nomment *verzino* et les négociants espagnols *brazil...* l'écorce de cannelle » ; aussi p. 114 : « Les compagnons, de Pinzon ont rapporté plusieurs échantillons de bois qu'ils croient être du cinnamome et du gingembre ».

[192] J'ai donné dans les quinze premières pages de l'introduction à l'*Ymago Mundi* de Pierre d'Ailly quelques précisions sur l'activité diplomatique et maritime de Lisbonne à l'époque des grandes découvertes (chez Maisonneuve à Paris, 1930).

plus à Terre-Neuve qui veut. L'ère des monopoles et des compagnies est ouverte. On ne tire plus de ces îles *novantes* que morues, baleines, pelleteries ; on en rapporte brésil, cannelle, gingembre et cargaisons d'esclaves[193].

Paulmier de Gonneville, ainsi que je l'ai rappelé ci-dessus, disait en 1503, que les Dieppois, les Malouins et autres Normands allaient depuis aucunes années « quérir du bois à teindre en rouge, cotons, guenons et perroquets et autres denrées »[194]. En janvier 1515 une délibération était prise à Bayonne au sujet d'un congé pour le débarquement à Hausquette et Capbreton, d'une cargaison de certains quintaux de coton, brasille, gingembre qui pouvait bien venir des parages des Indes occidentales[195]. Enfin, Gaffarel rapporte d'après Varnhagen, qu'en 1530 le navire la *Pélerine* revenait chargée de marchandises brésiliennes comprenant : 5 000 quintaux de bois précieux (« ligni brasilii »), 300 quintaux de coton, 300 de graines de coton, 600 perroquets sachant déjà quelques mots de français (« psittacos jam linguam nostram conatos »), 3 000 peaux de léopards, 300 singes et guenons, du minerai d'or, des huiles médicinales, le tout pour une valeur de 602 300 ducats[196]. Ainsi, depuis l'époque des premiers documents que nous ayons, nos Français, parlant du Brésil, témoignent d'une continuité d'expression impressionnante : bois à teindre, perroquets, guenons, gingembre, etc. Mais il existe un document du XIVe siècle qui pourrait ne pas répugner à s'aligner avec ceux que je viens de rappeler : il s'agit du *Coutumier de la Vicomté de l'eau de Rouen*[197]. Il résume le tarif des droits d'entrée des marchandises venant par eaux. Aux ff. 13-14, sous la rubrique *Des choses et des personnes franches*, on trouve, entre autres articles jouissant de la franchise : « coction, couleurs… gengivre, girofle, quenele, vermellon, argent, or, bresil ».

Il y a un fait assez curieux, à savoir que, de tout temps les Français ont appelé ce pays Brésil même quand les Portugais l'appelaient encore *Santa Cruz*,

---

[193] P.M. d'Anghiera : *De Orbe novo …*, éd. Gaffarel, pp. 112-114.

[194] B.P. de Gonneville : *op. cit*, p. 104.

[195] E. Ducéré *et al.* : *Registres gascons…*, II, p. 62. Il n'y a peut-être pas lieu d'attacher une importance quelconque au fait que, dans les comptes de la table de messieurs de l'Echiquier de Rouen de 1349, il est fait mention de gingembre, de cannelle et du *suffren* (*cf.* L. Delisle : *Actes normands de la Chambre des comptes sous Philippe de Valois : 1328-1350*, Rouen, 1871, pp. 376-377). Ces épices pouvaient venir de l'Inde par la route des caravanes.

[196] P. Gaffarel : *Les découvreurs français…*, p. 340 (*cf.* F. A. de Varnhagen : *Historia geral do Brazil…*, I, Rio de Janeiro, 1854, p. 442).

[197] Bibl. Nat. (Paris), Ms fr. 14571. Léopold Delisle croyait ce manuscrit des XIIe ou XIIIe siècles, mais, en l'examinant de près, on voit qu'il contient un état des revenus de la vicomté de l'Eau de 1373, outre le texte des *Jugements de la mer ou Rôles d'Oléron*. Ce manuscrit peut être attribué au XIVe siècle. Il est plus difficile de savoir la provenance de ces épices et denrées : *de l'Inde ou d'Amérique ?* (mentionnées aux ff. 13-14).

dénomination imposée par Cabral. « [D]empuis après le Bresil couru ; firent une traverchée de plus de huit cent legues sans vir auchune terre... forcés de doubler le chapo d'Augoustin... ». Ainsi parle Gonneville en 1503 (*op. cit.*, p. 40). Ceci paraît bien indiquer une tradition indépendante et peut-être particulière aux navigateurs qui clandestinement fréquentaient ce pays.

XXXVIII - La question des voyages clandestins méritait tout une étude spéciale. Paul Gaffarel a très justement signalé le caractère doctrinal et coercitif qu'eut, dans les premières années, la bulle d'Alexandre VI sur les zones du globe réparties entre l'Espagne et le Portugal[198]. Si les rois de France et d'Angleterre ne s'y conformèrent pas, en revanche, les armateurs durent en tenir compte, car ils s'exposaient, en la violant, à des représailles cruelles : ils étaient considérés comme pirates car l'Espagne et le Portugal traquaient impitoyablement les marins qui s'aventuraient dans les eaux interdites. Il en résulta que le silence qui entourait les voyages particuliers était prémédité, car il fallait, même pour entreprendre une expédition dans les eaux ainsi délimitées, solliciter l'autorisation des cours intéressées. Une vaste contrebande s'organise sur l'Océan : l'enjeu en valait la peine : les bénéfices de l'importation du brésil, du coton et des perroquets comme ceux de la chasse à la baleine et de la pêche de la morue, sans parler du troc ou de la traite des pelleteries, étaient considérables. On sait qu'il s'est établi à Gaspé et à Terre-Neuve une population quasi sédentaire. C'est là qu'étaient les colons portugais et açoréens. Ces colonies se sont-elles étendues jusqu'à l'archipel de la Madeleine, on ne sait, mais les fouilles pourraient peut-être nous éclairer sur ce point. On a trouvé, notamment à l'île Brion, un si bel ensemble d'avantages et d'agréments, de fertilité et de cultures naturelles, depuis la venue de Jacques Cartier, que des voyageurs et des écrivains ont tenté d'accréditer l'idée que cette région aurait été connue et cultivée des Islandais qui visitèrent ces côtes au Xe siècle et suivants, puis ensuite des Basques et des Normands[199]. De bonne heure, les Basques se sont installés sur ces côtes pour les hivernements. Les pêcheurs qui à la fin de leur saison, n'avaient pas fait le plein de leurs bateaux, achetaient des pêcheurs résidents leur complément[200].

---

[198] P. Gaffarel : *Les découvreurs français...*, p. 64.

[199] *v.* J.-C. Pouliot : *La grande aventure de Jacques Cartier...*, Québec, 1934, pp. 283-284.

[200] Archives Nationales (Paris) : Marine B/2/64, ff. 14-15 : ordonnance du 12 janvier 1688 défendant aux terre-neuviers d'emmener des matelots en plus de leurs équipages. — *Id.*, Marine, B/3/55, ff. 530-531 : lettre de La Boulaye au Ministre, du 2 mai 1688, envoyant un mémoire sur les « matelots passagers qui vont à Plaisance pescher pour leur compte ou pour celui des habitants dudit lieu ». — *cf.* N. Delamare : *Traité de la police...*, III, Paris, 1719, p. 57... « Il arrive quelquefois qu'ils ne font pas une Pêche assez abondante pour charger leurs vaisseaux ; en ce cas-là ils achetent ce qui leur manque à des particuliers qui ont leur habitation sur cette côte-là, et qui en font trafic ». — Il y avait, parmi les pêcheurs, ceux qui vont à la pêche et ceux qui vont en *sacs* ; ces derniers rapportaient de Terre-Neuve

XXXIX - Les entreprises maritimes, qu'elles fussent de particuliers, de compagnies ou d'Etats, ont presque toujours été enveloppées de mystère et conduites dans le secret. Celles des particuliers n'ont guère laissé de traces écrites ; celles des compagnies nous ont laissé quelques actes notariaux dont de grandes quantités ont été perdus ou détruits et celles des Etats sont restées consignées dans des archives secrètes, parfois falsifiées volontairement. Ces conditions rendent très pénible la tâche de l'histoire.

Dès 1501 Alonzo de Hojeda, gouverneur d'une partie du Venezuela, constatait la présence d'Anglais établis sur la côte depuis quelques années[201]. Les Rois Catholiques avaient recommandé audit Hojeda de poser des marques ou des bornes, aux armes d'Espagne, pour délimiter les terres espagnoles, attendu que des Anglais ont été signalés[202]. En 1513, au cours de son exploration de l'isthme de Panama, Balboa avait trouvé la trace du passage de certains capitaines sans nationalité connue ni mandat[203]. Ces voyageurs, comme des Dieppois et les Malouins dont parle Gonneville[204] étaient sans doute des contrebandiers, si leurs explorations avaient eu lieu après promulgation de la bulle d'Alexandre VI (14 mai 1494).

On cherchait l'île de Brésil avec autant d'intrépidité qu'on en mettait à découvrir la prétendue île des Sept Cités. Dès que Cabot fut parti en 1497, à la découverte des terres neuves, un des représentants des Rois Catholiques à la cour de Londres, Ruy González, écrivit à ses maîtres pour leur annoncer la nouvelle : « Le roi d'Angleterre envoie cinq navires équipés sous le commandement d'un autre Génois, comme était Colomb, afin de découvrir l'île de Brasil et terres circonvoisines »[205]. Et, le 24 août 1497, Raimondo de Soncino, ambassadeur de Venise à Londres, écrivait à son maître Ludovic le More, que Cabot avait découvert les Sept Cités : « et etiam trovato le septe citade... » à 400 lieues au ponant de l'Angleterre[206]. Dans une autre lettre du 18 décembre 1497, le même ambassadeur écrit que les compagnons de Cabot pensent que la région découverte

des morues séchées qui leur étaient vendues par les habitants. — cf. Ch. Dugast-Matifeux : *Nantes ancien et le pays nantais...*, Nantes, 1879, p. 196. Les cargaisons lourdes de *pomade* que les Basques y transportaient au début du XVIe siècle servaient peut-être de monnaie pour ce négoce.

[201] M. Fernández de Navarrete : *Colección de los viages y descubrimientos...*, III, Madrid, 1829, p. 41.

[202] P. Gaffarel : *Histoire de la découverte de l'Amérique...*, II, p. 300.

[203] *Ib.*, pp. 300-301.

[204] B.P. de Gonneville : *op. cit.*, p. 104.

[205] P. Gaffarel : *Histoire de la découverte de l'Amérique...*, II, pp. 293-294. — Publié par H. Harrisse : *Jean et Sébastien Cabot...*, pp. 328-329.

[206] *Ib.*, p. 323.

produit le brésil et la soie[207]. En France, dit M. de La Roncière, la navigation au long cours s'enveloppait de mystère : « le *secret de la quarte de navigueur,* le *secret de Terre neufve* auxquels on fait allusion vers 1480 et en 1511, prouvent que nos marins cachaient leurs découvertes »[208]. Les marins ont toujours des secrets qu'ils gardent jalousement. C'est la fable de tous les ports de pêche. Tel qui s'en va cinglant dans un rumb franc, mettra le cap dans un autre rumb dès qu'il sera hors de la vue de ses rivaux ou concurrents, afin de garder pour lui seul le haut fonds avantageux où ses filets font merveille. Les Phéniciens agissaient de même quand ils allaient chercher l'étain aux îles Cassitérides. Pour dépister une voile romaine, Strabon a vu un navire phénicien s'aller jeter sur une côte plutôt que de cingler directement sous les yeux de l'espion romain[209]. On n'hésite plus aujourd'hui à reconnaître que Duarte Pacheco Pereira, qui représentait le Portugal dans les négociations du traité de Tordesillas (7 juin 1494) avait été envoyé secrètement par Jean II à la découverte du Brésil[210]. Quand les Hollandais, envoyés à la recherche d'un passage au Nord-Est, découvrirent, à cent lieues au nord de la Nouvelle-Zemble, une mer libre de glaces, ils avaient ordre de ne rien révéler de ce qu'ils observaient[211].

XL - Il y a dans les lettres patentes qu'Henri VII donna, le 4 mars 1496, à Jean Cabot, un mot qui donne à croire que le Tudor appréhendait de se heurter à des concurrents dans la recherche de terres neuves. Il fait défense à tous de commercer dans les terres que Cabot allait découvrir, sans l'autorisation dudit Cabot et de ses héritiers « sous peine de confiscation du navire, des marchandises et de tous les biens de tous ceux que l'on soupçonne d'avoir visité les terres nouvelles »[212]. Nous devons admettre que les chercheurs de la mer, et surtout ceux qui avaient trouvé le repaire des baleines ou celui des morues, durent gar-

---

[207] *Ib.*, pp. 324-326.

[208] Ch. de La Roncière : « Les navigations françaises au XVe siècle »..., p. 194.

[209] *cf.* Strabon : *Geographica*, Lib. III, Cap. 5, éd. Müller et Dübner, pp. 145-146 : « Primis temporibus soli Phænices a Gadibus eo negotiatum iverunt, celantes alios omnes istam navigationem... ».

[210] L. Pereira da Silva : « Duarte Pacheco : precursor de Cabral », dans *Historia da colonização portuguesa do Brasil*, I, Porto, 1921, pp. 231-261. — *cf.* P. Gaffarel : *Histoire de la découverte de l'Amérique*..., II, p. 5 : « ainsi les Cortés d'Evora (1481-1482) feront observer au roi que les Florentins et les Génois sont nombreux à Lisbonne, et qu'il importe de les surveiller, parce qu'ils pourraient surprendre le secret de la route de la Mina ou des îles ».

[211] J. Lowthorp : *The Philosophical transactions... abridged...*, III, Londres, 1722, p. 611.

[212] P. Gaffarel : *Histoire de la découverte de l'Amérique*..., II, p. 286. — Publié par Th. Rymer : *Foedera...*, XII, Londres, 1745, p. 595 : « sub Poena Amissionis tàm Navium sive Navigiorum quàm Bonorum omnium quorumcumque ad ea Loca sic inventa Navigare praesumentium ». On a vu que quand les souverains, soit d'Espagne, soit de France ou du Portugal, décidaient d'aller *découvrir* c'est-à-dire en réalité reconnaître les îles nouvelles ou les terres neuves, ils commençaient par interdire aux particuliers les voyages dans ces parages. Il en fut de même pour les souverains anglais.

der leur secret aussi longtemps qu'ils purent. De cette multitude de marins et de pilotes qui, tout au long du XVᵉ siècle, se firent donner par lettres patentes, la seigneurie des îles qu'ils prétendaient trouver, n'y en a-t-il pas qui savaient les routes qui mènent à ces *découvertes* ? Jean Vogado, Gonçalo Fernandez de Tavira, Ruy Gonçalves da Camara, Tellez, Alonso Sanchez de Huelva, Pedro Velasco de Palos, Joam Teive, Antonio Leme, Domingues do Arco, Fernand de Ulmo, Alvaro da Fonte, Joam da Fonte, Martin Vicente, Pedro Correa, etc., dont on connait les noms parce qu'ils sont désignés dans les actes officiels ou des lettres patentes — éventuels seigneurs des îles qu'ils prétendaient connaître ou en tout cas découvrir — ne forment peut-être que cinq pour cent des marins qui avaient un *secret*[213]. Il me paraît significatif que les indigènes d'Haïti aient déclaré aux premiers *découvreurs* qu'ils avaient déjà vu des hommes blancs et barbus comme eux, aborder leur île[214].

* * *

Que retenir, en somme, de ces documents ? En résumé, voici ce qu'ils enseignent. La Linguistique nous révèle que les Basques ont précédé les découvreurs à la Terre-Neuve. Les archives nous apprennent que les Français, en tout cas, les Bretons connaissaient les Terres Neuves avant 1492. Les souverains de Portugal et d'Espagne connaissaient longtemps avant François Iᵉʳ (1534) le *secret* de Terre-Neuve puisque les premiers fondaient des colonies et les autres y concédaient des pêcheries (art. IX ci-dessus). Tant en France qu'en Espagne, les communes basques jouissaient de privilèges exceptionnels — privilèges dus aux services rendus aux souverains par les exploits de leurs marins. L'industrie de la chasse à la baleine a eu son apogée première dans le golfe de Gascogne aux XIIᵉ et XIIIᵉ siècles. Les Basques, les Bretons et les Anglais fréquentaient l'Islande longtemps avant 1492. Les *découvreurs*, en arrivant aux Terres neuves y trouvaient des pêcheurs. Si Cabot n'y a pas vu des pêcheurs, il y a trouvé le mot *bacallao* dans la bouche des Indiens. On a signalé des marins français et anglais en Amérique du Sud avant 1502. Des pilotes et hydrographes français ont mentionné les terres neuves neuf ans avant la découverte de Colomb. Les pêcheurs, comme les rois, cachaient leurs trouvailles : quand les premiers sont dépossédés de leurs lieux de pêche en faveur des compagnies, ils protestent avec force et ils allèguent, pour la première fois, la priorité et l'ancienneté de leurs

---

[213] P. Gaffarel : *Histoire de la découverte de l'Amérique…*, II, p. 42 et suiv.

[214] Fray B. de las Casas : *Historia de las Indias*, I, éd. Marqués de la Fuensanta del Valle et José Sancho Rayón, Madrid, 1875, p. 104 : « que los indios vecinos de aquella tuvieron ó tenian de haber llegado á esta isla Española otros hombres blancos y barbados como nosotros, ántes que nosotros no muchos años ».

droits confirmés par leurs privilèges. Ils n'ont plus rien à cacher ; ils avouent la nécessité où ils étaient de naviguer dans les parages lointains et avantageux. Ils prétendent que l'usage a consacré leurs droits et ils demandent protection contre les monopoles. François Ier lui-même, déclare, en décembre 1540, à l'ambassadeur d'Espagne qui s'oppose au troisième voyage de Cartier, que ses marins sont allés aux Terres neuves trente ans avant le voyage de Colomb[215].

Ne retrouvera-t-on jamais « les vieux papiers et livres de pilotage » du temps de Charles VIII (1470-1498) dans lesquels André Thevet, historiographe et cosmographe officiel, déclare avoir appris qu'un capitaine breton avait découvert les pays de *Floride*, de *Baccalos* et de *Terre Neuue* et plusieurs îles voisines ? Charles VIII aurait-il trouvé ces vieux papiers dans le trousseau d'Anne de Bretagne ? … Quoiqu'il en soit, Thevet, homme d'Eglise, était un personnage considérable, ami des lettres et des sciences naturelles. Il avait voyagé dans toutes les parties du monde : il fréquentait Jacques Cartier, Roberval, Hakluyt, Ronsard et peut-être Rabelais, il se plaisait à montrer le musée des curiosités qu'il avait rapportées de ses voyages d'outre-mer et qu'il avait constitué dans son cabinet.

* * *

On a raison d'étudier l'histoire des ports de pêche comme on le fait en France. Des ouvrages remarquables ont paru sur l'histoire de certains ports comme Calais[216], Boulogne[217], Fécamp[218], La Rochelle[219], ces études sont révélatrices. Alors que nous prenons grand intérêt à la lecture des navigations de Colomb, de Cabot, de Verrazzano, de Cartier et de tous les amiraux, capitaines, conquistadors ou *descubridors*, de la Renaissance à nos jours, nous négligeons trop celles des pêcheurs ou des modestes chercheurs d'îles, car ce sont le plus souvent eux qui ont montré les routes à suivre aux explorateurs officiels. Les grands navigateurs ont toujours pris leurs pilotes parmi les marins. Colomb lui-même, après avoir été marin, est devenu faiseur de cartes marines, puis capitaine de marine. Ruyter, « le plus grand homme de mer de son temps » était un ancien mousse basque.

---

[215] H.P. Biggar : *A collection of documents relating to Jacques Cartier and the Sieur de Roberval*, Ottawa, 1930, p. 170.

[216] J. Chavanon : « Essai sur le mouvement du port de Calais de 1300 à 1346 », dans *Bulletin de géographie historique et descriptive*, 1901, pp. 120-169.

[217] E. Deseille : « Etude sur les origines de la pêche à Boulogne-sur-mer, (932-1550) », dans *Mémoires de la Société académique de l'arrondissement de Boulogne-sur-Mer*, V, 1874-1876, pp. 73-136.

[218] A. Bellet : *Histoire maritime de Fécamp*, Fécamp, 1896, 2 vol.

[219] G. Musset : *Les Rochelais à Terre-Neuve, 1500-1789*, La Rochelle, 1899.

Les auteurs de routiers sont toujours des maîtres de navires qui, après beaucoup d'expérience et des années de navigation, lèguent leur savoir aux jeunes, avant de renoncer à la mer. Nous avons trois vieux routiers célèbres, l'un écrit en 1483 ; c'est celui de Pierre Garcie-Ferrande, de Saint-Gilles-sur-Vie ; l'autre de Hoyarzabal de Ciboure[220]. *Les voyages aventureux* de ce dernier sont de 1579[221]. Ces deux auteurs parlent des Terres Neuves. Nous en avons un troisième : ce n'est pas précisément un routier, c'est la carte de Juan de la Cosa de 1500 : un Basque qui accompagnait Colomb (1492-1496)[222]. Humboldt rappelle ce que Barthélemy de las Casas a dit de la Cosa, à savoir qu'il « était alors le meilleur pilote qu'on pût trouver pour les mers des Indes occidentales ». Le troisième routier que je veux mentionner, parut au XVIe siècle ; il est de Fonteneau, dit Alfonse de Saintonge : *La cosmographie avec l'espère et régime du soleil du Nord*[223].

Les pêcheurs formant une classe, une caste dans les populations maritimes. Comme les marins de long cours, ils sont de la mer, ils savent et la craindre et la braver. Ils sont gauches et mal à l'aise dans les occupations terriennes. On peut dire qu'ils vivent sur la terre comme n'y étant pas. Tout leur savoir est sur l'eau. J'ai vu dans les Archives de Saint-Jean-de-Luz la procédure d'un litige autour d'un domaine des ducs de Gramont, la *Fagosse* (1414-1734) : une des parties prétendait, à une certaine phase de ce procès interminable, récuser un témoin parce qu'il n'était pas homme de terre, mais *homme de mer*, ayant été tous les ans, depuis plus de quarante ans, aux pêches de Terre-Neuve, et que pour cette raison il était inhabile aux choses de terre ferme.

---

[220] L. Delavaud : « Les côtes de Normandie décrites au XVe siècle par Pierre Garcie-Ferrande », dans *Société normande de géographie*, II, 1880, pp. 104-110. — *cf.* Ch. de La Roncière : « Le premier routier-pilote de Terre-Neuve (1579) », dans *Bibliothèque de l'École des chartes*, LXV, 1904, pp. 116-125. Dans cette notice l'auteur signale deux cartes géographiques de Terre-Neuve, faites par des Basques de Saint-Jean-de-Luz : la carte de Denis de Rotis, 1674, qui est au Dépôt hydrographique de la Marine, archives, 116, 19, et celle d'Etcheverry Dorre décrivant *Terre Neuve, de la Cadie et Canada*. Celle-ci fut faite à Plaisance en 1689. Elle est aussi au Dépôt, archives, 128, 2, 3. — *v.* H. Harrisse : *Découverte et évolution cartographique de Terre-Neuve...*, planche XXIV.

[221] Capitaine M. de Hoyarzabal : *Les voyages aventureux du... contenant les reigles et enseignemens nécessaires à la bonne et seure navigation*, Bordeaux, 1579. Il décrit les routes, lieues, sondes, marées, ancrées, etc., d'Espagne, France, Bretagne, Flandres, Angleterre, Irlande, Ecosse, Normandie, Picardie et Terre-Neuve. Pierre Garcie-Ferrande ne fait qu'allusion aux *terres neufves, isles trouvées, isles novantes*, etc. Le livre de Hoyarzabal fut traduit en Basque par Pierre d'Etcheverry et publié en 1677.

[222] P. Gaffarel : *Histoire de la découverte de l'Amérique...*, II, p. 91

[223] Une mention doit être faite aussi de l'ouvrage de Jehan Mallart ou Maillard qui se serait inspiré d'Alfonse : *Premier livre de la description de tous les portz de mer de l'univers. Avecques sommaire mention des conditions différentes des peuples et adresse pour le rang des vents propres à naviguer* — *v.* G. Musset : *La cosmographie avec l'espère et régime du soleil et du Nord par Jean Fonteneau...*, Paris, 1904, p. 42.

Les grands amiraux, les capitaines généraux n'ont jamais rien accompli en fait de découverte par la seule puissance de leur génie ; ils ont utilisé les connaissances et l'expérience des hommes de métier. J'ai idée que Salomon lui-même et le roi Hiram qui firent faire, en leur temps, de si remarquables voyages en mer, n'ont exécuté leurs grands desseins que parce qu'ils y avaient, dans la mer Rouge, des constructeurs de navires et des marins qui pratiquaient la navigation. On peut dire la même chose du roi Alfred : il n'est pas sorti de son palais pour improviser sa politique navale et commander ces mémorables voyages dans les eaux arctiques, sans avoir sous la main des hommes de mer, habitués aux aventures et compétents en l'art naval. L'histoire nous dit bien, d'ailleurs, qu'il avait de nombreux conseillers gaulois, francs, germains, frisons, armoricains. Quand, en 901 [sic], il rassemble cent navires pour chasser les Danois des côtes du Kent, il réquisitionna ces navires parmi ses peuples de la côte. Les rois de Norvège et du Danemark n'ont entrepris des expéditions officielles de conquête et de pillage dans l'Océan, que parce qu'ils surent rassembler des vikings et des pêcheurs, vivant déjà individuellement de brigandage et de pêche. L'infant D. Henri de Portugal, qui est célèbre par sa politique des découvertes, avait commencé au dire de ses historiens, par apprendre la Géographie et l'Astronomie et se rendre le familier des meilleurs pilotes de son temps. Les annales des ducs de Normandie et des Plantagenets sont remplies d'actes, de lettres de réquisition de navires stationnés dans les ports de France, pour les transports de troupes et de matériel de guerre. C'est un fait, confirmé par cent documents écrits, que les princes, tant en Espagne qu'en France et en Angleterre, encourageaient par toutes sortes de privilèges, les communes et les ports qui pratiquaient la navigation hauturière et la grande pêche, parce qu'ils savaient trouver, à l'occasion, chez ces *hommes de mer* les meilleurs auxiliaires de leur politique navale[224]. Sir Travers Twiss, le savant éditeur du *Livre noir de l'Amirauté (The Black Book of the Admiralty)* publié sous la direction de l'archiviste du royaume ou *Master of the Rolls*, en quatre volumes (Londres, 1871-1876) dit dans son introduction, p. XLI : « d'après des documents authentiques encore existants, il est hors de doute que la Marine était administrée par le Rois en son Conseil, et que des personnes compétentes des ports de mer étaient, de temps à autre, invités à donner leur avis sur les affai-

---

[224] *cf.* R. Hakluyt : *The principal navigations, voyages, traffiques & discoveries of the English nation...*, II, Glasgow, 1903, p. 114 : « Prologue of the process of the Libel of English policie, exhorting all England to keepe the sea... » et aussi le fameux ouvrage de John Selden, *Mare clausum,* revendiquant pour l'Angleterre la suprématie maritime. Voir aussi la requête de Champlain au Roi et aux seigneurs de son Conseil demandant de « luy donner moyen de fortiffier et augmenter son desseing », publié par Louis Audiat, « Brouage et Champlain », dans *Archives historiques de la Saintonge et de l'Aunis*, VI, 1879, p. 381, et dans l'édition de Biggar de *The works of Samuel de Champlain*, II, Toronto, 1925, p. 328.

res maritimes ». Il ajoute que les plus anciens procès-verbaux de délibération du Conseil sur ces matières datent de 1337.

Il y a donc eu, de tout temps, indépendamment des entreprises officielles faites par les souverains pour découvrir des îles, terres, trésors ou secrets, des voyages et des pêcheries, des quêtes et des navigations aventurières faites par les pêcheurs et des secrets détenus par eux. Les souverains ne se mettaient en frais de *découvrir* que parce qu'ils avaient appris, dans leurs ports, qu'il y avait, déjà visitées, des îles et des terre neuves productrices de richesses. Ce fut particulièrement le cas des rois de Portugal et d'Espagne qui, dans tout le XVᵉ siècle, ont accordé des lettres de seigneurie aux pêcheurs qui se faisaient forts de trouver des terres nouvelles[225]. Les historiens en parlent sans grande précision, parce que les pêcheurs n'en ont pas gardé de témoignages écrits. Parlant de l'expédition d'Alvares Fagundes à Terre-Neuve en 1520, Biggar dit : « suivant les pêcheurs portugais qui se rendaient tous les ans sur le Banc, Fagundes parti pour le Golfe (de Saint-Laurent) »[226]. Pareille constatation au sujet du voyage d'Estevan Gómez, en 1524 : « Suivant la flottille de pêche espagnole allant au Banc, Gomez… entra dans le Golfe… »[227]. Le même auteur déclare, au sujet des expéditions officielles des Français, sous François Ier, que, bien que les Français eussent été tous les ans sur les bancs de Terre-Neuve, depuis le début du siècle (XVIᵉ) les souverains avaient été trop occupés en Italie pour s'employer aux découvertes[228]. Ailleurs, le savant historien répétera, tout au long de son ouvrage sur les anciennes compagnies de commerce, à l'occasion des expéditions officielles qu'il raconte, que la flottille de pêche poussait régulièrement ses campagnes annuelles dans les eaux de Terre-Neuve[229]. Il admet que les Bretons aient pu fréquenter le Banc, même avant les voyages de Cabot[230]. Même souci de rappeler dans ses *Precursors…* ces voyages annuels de pêcheurs[231]. Parlant de l'échec du projet d'expédition du cardinal Wolsey à Terre-Neuve, il dit que les pêcheurs anglais, aussi bien que ceux de France, continuèrent leurs voyages

---

[225] *cf.* A. de Herrera : *Histoire generale des voyages et conquestes des Castillans…*, I, trad. de La Coste, Paris, 1660. Harrisse et Vignaud, dans leurs ouvrages sur Christophe Colomb, et autres en ont énuméré plusieurs ; notamment H. Harrisse : *Les Corte-Real…*, p. 40 et suiv. Voir aussi, dans mon ouvrage sur d'Ailly et son *Ymago Mundi*, Paris, 1930, pp. 12, 35.

[226] H.P. Biggar : *The early trading companies of New France*, p. 3

[227] *Ib.*, p. 4.

[228] *Ib.*, p. 5.

[229] L'auteur mentionne les voyages de pêche connus, qui sont des années 1506, 1510, 1523, 1527, 1534, 1536, 1537, 1541, 1542, 1543, 1544, 1545, 1560, 1561, 1565, 1567, 1578, 1586, 1611.

[230] H.P. Biggar: *The precursors of Jacques Cartier…*, p. XXII.

[231] *Ib.* : « Durant la décade suivante (1511-1521) les pêcheurs bretons, portugais, anglais et français paraissent avoir continué leurs expéditions de pêche annuelles sur le Banc… ».

annuels au Banc, jusqu'en 1527[232]. Enfin, après avoir résumé quelques autres voyages d'exploration officiels, il dit que depuis 1527 jusqu'à l'arrivée de Cartier en 1534, les bateaux de pêche continuèrent à faire, chaque été, leurs voyages annuels[233]. Naturellement, ces allusions aux voyages de pêche se répétèrent assez souvent dans le XVIIe siècle[234]. Cela revient, à l'évocation de chaque expédition officielle, comme un *leitmotiv* significatif. Il y avait deux catégories de voyageurs : les officiels et les autres. Les explorations de la première catégorie étaient intermittentes ; celles de l'autres étaient annuelles. Enfin, au rang des explorations officielles il faut placer les entreprises de monopoles commerciaux ou de colonisation par l'entremise des compagnies.

---

[232] *Ib.*, p. XXV.

[233] *Ib.*, p. XXXI.

[234] H.P. Biggar : *The early trading companies of New France...*, pp. 55, 58, 60, 65 (1604-1608) ; pp. 67, 73, 75, 79, 84 (1609-1613) ; pp. 101-102 (1614-1620) ; pp. 118, 121, 125, 128 (1621-1627) ; pp. 138, 140 (1627-1629) ; p. 154 (1629-1632).

ACTIVITES MARITIMES DES BASQUES DANS LES EAUX EUROPEENES ET SEPTENTRIONALES

L'étude des navigations des Basques se complique du fait qu'il est souvent difficile de faire le partage entre les Basques espagnols, les Basques français, les Rochelais et même les Bretons. Il y avait des Basques établis à Royan, à La Rochelle et sur certaines côtes de Bretagne, sans parler de ceux qui habitaient presque en permanence à Bruges, en Angleterre, au Danemark et en Norvège. Pour éviter autant que possible les confusions je me bornerai à la chasse de la baleine dans le nord de l'Atlantique sans toutefois perdre de vue les explorations terre-neuviennes.

Il faut aussi dire quelques mots, comme entre parenthèse, sur l'activité purement maritime (commerce, services de guerre, cabotage) des Basques vers la fin du Moyen Age et principalement sous la domination anglaise. Les *Rôles gascons*, conservés à la Tour de Londres, nous seront instructifs à cet égard[235]. J'en tirerai quelques éléments, tout en rappelant au lecteur que deux ouvrages assez connus doivent être consultés sur ce sujet, à savoir, l'*Histoire de la Marine militaire de Bayonne* d'Edouard Ducéré et la grande *Histoire de la Marine française* de M. Ch. de La Roncière.

Les quelques notes qui suivent serviront seulement comme de transition et de préface aux détails nouveaux que je donnerai sur les exploits des pêcheurs basques dans les mers du Nord.

Il y avait au XIIe siècle une source de revenus publics et privés dans la pêche : tandis qu'au Nord, princes, grands feudataires, évêques, abbayes, recevaient une grande partie de leurs tributs, rentes ou prébendes des produits de la pêche du hareng, dans l'Ouest et le Sud-Ouest on monnayait les produits de la baleine. Léopold Delisle en a donné quelques témoignages. Le duc Guillaume, avant d'avoir conquis l'Angleterre, avait donné aux prébendés de Cherbourg, la

---

[235] Les *Rôles gascons* ont été édités d'abord par Thomas Carte : *Catalogue des rolles gascons, normans et françois conservés dans les archives de la Tour de Londres...*, Londres et Paris, 1743, 2 vol. Des éditions plus soignées ont été données, à notre époque, par Francisque Michel, puis par M. Ch. Bémont ; mais je n'ai pas eu à ma disposition ces derniers ; c'est pourquoi je citerai l'édition Carte.

nageoire droite des gros poissons échoués entre le Tharel et le Thar. Aux moins de Marmoutier, il avait donné une langue de baleine à Valognes ; aux religieux de la Trinité de Cane, la dîme des baleines prises à l'embouchure de la Dive ; au monastère du Mont-Saint-Michel, un privilège analogue dont il fut dépouillé par la suite. Henri Ier concéda à l'abbaye de Montebourg, le côté droit de la queue de tous les gros poissons pris ou échoués dans les limites de l'évêché de Coutances. Saint-Wandrille recevait la dîme des langues de cétacés du canton de Coutances. Ce privilège lui fut confirmé en 1142 par Hugues, archevêque de Rouen. Au XIIe siècle, il y avait à Saint-Marcouf et à l'embouchure de la Saire, des associations destinées à la pêche de ces poissons. Les moines de Cerisé employaient à cette industrie deux nefs dans la baie de la Hougue. En 1202, toujours d'après Delisle, les marchands de Bayonne s'engagèrent à payer à Jean sans Terre dix livres sterling par an de droit pour pêcher la baleine à partir du Mont-Saint-Michel jusqu'à *Dartmouth*[236]. C'était déjà la chasse en haute mer et assez loin du golfe de Gascogne.

Trois ans auparavant, le même Jean sans Terre avait donné à Vidal de Biole et à ses héritiers, cinquante livres angevines à prendre, chaque année, sur les deux premières baleines du port de Biarritz, en échange de la rente que le roi Richard lui avait donnée sur une pêcherie dans l'île de Guernesey. En 1268, le fils de Vidal de Biole, Eidern de Pollon, citoyen de Bayonne, vendait au sénéchal de Gascogne Thomas d'Yperague, la rente de cinquante livres que le roi Richard avait donné à son père dans les pêcheries de Guernesey et que le roi Jean avait confirmées audit Vidal en la transportant sur les deux premières baleines prises chaque année à Biarritz. Cette cession avait été faite moyennant 1 500 sous *morlans*[237].

Au nombre des impôts qui étaient prélevés sur les baleines, il en est un stipulé dans la charte de Zarauz (28 septembre 1237) qui consistait en une tranche de chair de lever, de la tête à la queue, sur toutes les baleines prises, en faveur de la Couronne[238]. En 1268 les pêcheurs des ports de Biarritz et d'Anglet reconnaissaient devoir au sénéchal de Gascogne, les droits que le roi Edouard a sur les baleines et baleineaux qui seront pris depuis la fête de Saint-Nicolas jusqu'à la Saint-Jean, dans ces deux ports, ainsi que les droits que Vidal Pollon et ses héritiers ont coutume de prélever sur ces baleines en raison du privilège

---

[236] L. Delisle : « Des revenus publics en Normandie au XIIe siècle »…, pp. 430-431.

[237] M. et J. Delpit : *Notice d'un manuscrit de la bibliothèque de Wolfenbüttel intitulé Recognitiones Feodorum et où se trouvent des renseignements sur l'état des villes, des personnes et des propriétés en Guyenne et en Gascogne, au XIIIe siècle*, Paris, 1841, pp. 125-126.

[238] *cf.* Real Academia de la Historia : *Diccionario Geográfico-histórico de España*…, II, pp. 526-527.

qu'ils tenaient du roi Jean. Ces droits étaient de 40 livres monnaie de Morlaàs sur chaque baleine et 10 livres sur chaque baleineau[239].

Tout au long des côtes d'Espagne et de France, la baleine comme le hareng et la morue, rapportait ainsi à la Couronne, aux féodaux, aux communautés religieuses, des revenus importants. Paris recevait des quartiers de baleine. Mais la chair du cétacé constituait surtout une source d'huiles pour l'industrie. Ces huiles servaient — et servent encore — dans les industries du cuir, des métaux pour le graissage et pour l'éclairage. Les peuples du Nord en utilisaient de grandes quantités dans l'alimentation. Ce produit, par ses utilisations variées constituait, au Moyen Age, une richesse que l'on peut comparer au pétrole d'aujourd'hui.

Quand, au XVIe siècle, l'Angleterre et la Hollande surent toute l'importance qu'avait la baleine pour les arts et métiers et pour l'éclairage, sans parler de ce qu'on pourrait appeler les dérivés et les sous-produits ; tels que le blanc de baleine, les fanons et la peau, il se produisit une ruée générale vers cette grande industrie de la mer. Les marines de guerre se mettaient de la partie ; les baleiniers se firent escorter de canonnières. Il est arrivé que tel qui partait pour combattre le monstre marin périssait de la main de l'homme. Quand les nations européennes eurent substitué à l'art du harponneur basque, le harpon mécanique et l'usage du canon, elles prétendirent lui interdire les mers du Nord. Les Basques s'ingénièrent alors à fondre, en plein Océan sur leurs bateaux même, les lards qu'on ne leur permettait plus de dépecer sur les côtes. Le Basque Soupite, inventeur de ce procédé nouveau a été justement considéré comme un bienfaiteur public et ses compatriotes lui ont élevé une statue.

A partir de 1380 il fut prélevé six livres sterling sur chaque baleine prise à Biarritz ; cet impôt établi par Edouard III devait être affecté à l'équipement d'une escadre.

Richard Ier proclama, le 16 octobre 1190, la charte destinée à sauvegarder, en faveur de leurs propriétaires, les épaves des navires et les marchandises naufragées en deçà et au-delà des mers[240]. Dès 1213, la société des marins de Bayonne établissait un tarif de fret entre La Rochelle et ce port[241]. C'est que les relations commerciales étaient actives entre les ports de Bayonne, Saint-Jean-de-Luz, Capbreton et les ports de l'Aunis et du Poitou[242].

---

[239] M. et J. Delpit : *op. cit.*, p. 127.

[240] Publié par J. Balasque et E. Dulaurens : *Etudes historiques sur la ville de Bayonne*, I, Bayonne, 1862, pp. 426-427.

[241] J.-M. Pardessus : *Collection de lois maritimes antérieures au XVIIIe siècle*, IV, Paris, 1837, p. 286.

[242] Pr. Boissonade : « La Renaissance et l'essor de la vie et du commerce maritime en Poitou, Aunis et Saintonge du Xe au XVe siècle » [dans *Revue d'histoire économique et sociale*, XII, 1924, p. 312].

En 1242 l'Angleterre réquisitionnait des navires dans ses possessions françaises de la côte ; les ports de la Guyenne étaient assez fréquemment mis à contribution soit par la guerre en Normandie[243], soit pour harceler La Rochelle[244]. Dans le même temps on presse la construction des navires à Oléron[245]. Il y a un fait historique qui s'est produit au XIIe siècle, digne de remarque : c'est que dans le temps où l'Angleterre mobilisait contre la France, les Basques de la Gascogne, ceux du Guipuscoa nous apportaient leur aide. En vertu d'un traité d'alliance entre Saint Louis et la Castille, les Basques de Saint-Sébastien, Laredo, Santander, Fontarabie soutenaient la France dans sa lutte contre les Plantagenets[246].

Les Bayonnais exploitaient depuis quelque temps la grande sècherie de Saint-Mathieu, quand, vers 1293, une sérieuse dispute éclata à Saint-Mathieu même, entre les marchands et maîtres de navires flamands, anglais et bayonnais. Les Flamands furent blessés et leurs marchandises sérieusement endommagées pour que Guy, comte de Flandres, portât plainte à la cour anglaise[247]. Les auteurs de l'*Inventaire sommaire des Archives du Finistère* disent, qu'au Moyen Age, l'activité commerciale était grande en Bretagne, mais qu'elle y était en grande partie aux mains des étrangers, c'est-à-dire des Bayonnais, des Génois, des Florentins, des Basques, des Normands[248], des gens des îles normandes (Jersey, Chaussé, etc.). Il y avait à Quimper notamment, un Bayonnais du nom de Pierre Doumas qui exploitait la sècherie le Comte en 1296.

A propos de la sècherie de Saint-Mathieu il y avait une rade foraine anciennement qui recevait des navires de haut bord puisqu'on voyait encore au XVIIe siècle, des restes de queue mangés par la mer, et quelques anneaux de cuivre pour amarrer les bateaux. Ces anneaux étaient élevés de plus de deux toises au-dessus des plus hautes marées[249].

---

[243] Fr. Michel : *Rôles gascons*, I, Paris, 1885, n° 13, pp. 4-5.

[244] *Ib.*, n° 26, p. 6.

[245] *Ib.*, n° 2, p. 1.

[246] *cf.* Pr. Boissonade : *op. cit.* [p. 314].

[247] L.G.O.F. de Bréquigny : *Table chronologique des diplômes, chartes, titres et actes imprimés concernant l'histoire de France*, VII, Paris, 1863, p. 359. — Th. Rymer : *Foedera...*, I, pt. 3-4, La Haye, 1739, p. 118.

[248] J. Lemoine et H. Bourde de La Rogerie : *Inventaire sommaire des archives départementales antérieures à 1790. Finistère. Archives civiles. Série B*, III, Quimper, 1902, p. CLVI. — A. de La Borderie : *Nouveau recueil d'actes inédits des ducs et princes de Bretagne (XIIIe et XIVe siècles)*, Rennes, 1902, pp. 64-74 où l'auteur publie l'enquête faite en Bretagne par le vicomte d'Avranches en 1296 sur les relations commerciales de la Bretagne avec l'Angleterre.

[249] A.-F. Boureau-Deslandes : *Essai sur la marine des anciens...*, Paris, 1768, pp. 182-183. L'auteur dit qu'on voyait de son temps des vestiges d'une abbaye considérable avec emplacement de nombreuses rues et de plusieurs paroisses. Il y avait un port *Liocan* (le *Saliocanus* de Ptolémée) recevant encore parfois de 80 à 100 bâtiments qui s'y réfugiaient.

Les combats navals entre Basques ou Anglo-gascons et Normands, composent, au XIIIe siècle, une suite de lamentables agressions, de vols et de massacres, il y en eut aussi entre les mêmes Basques et les Castillans, les Biscayens et même les Génois, plus souvent avec les Portugais. Le 15 juillet 1293 le roi Edouard demandait à Denis, roi de Portugal et d'Algarve, indemnité pour des dommages causés à des marchands de Bayonne par les gens de Lisbonne[250]. Deux ans plus tard, Jean, fils du duc de Bretagne, Jean II, qui faisait fonctions, en Aquitaine, de lieutenant du roi d'Angleterre, donna des lettres patentes, en faveur de Bernard Dongressilli, marchand de Bayonne, l'autorisant à se payer de la perte de son navire, sur tous Portugais qu'il rencontrerait en mer, surtout sur ceux de Lisbonne (7 juin 1295)[251]. Dans l'intervalle, le 23 avril 1294, un accord était pourtant intervenu, entre les deux souverains, pour le règlement par l'arbitrage, des différends survenus entre les hommes de Bayonne et ceux de Lisbonne[252]. A lire ces actes des rois d'Angleterre, recueillis dans les *Rôles* gascons, normands et français et les quelques études que l'on possède sur le commerce des ports français on a l'impression que la mer était sillonnée quotidiennement par une nuée de voiles. Les besoins de la cour anglaise étaient infinis : transports de troupes de chevaux, de ravitaillement, traversée de personnages officiels. Si l'on ajoute à ces navigations officielles les voyages des navires marchands allant de l'Espagne, de la Guyenne, de la Bretagne aux côtes normandes, anglaises, flamandes, etc., on a l'intuition d'une activité intense. La Rochelle où il y a une forte colonie basque est le grand entrepôt ou s'échangent les produits du Levant et ceux du Ponant[253]. Le 4 juillet 1309, Edouard II, écrit à Robert, comte de Flandre, réclamant pour Jean Balay, marchand de Bayonne, pleine satisfaction pour la capture de son navire évalué à 270 livres[254]. Calais était un des ports les plus affairés. Dans son étude sur le mouvement maritime de ce port, entre 1300 et 1346, M. Chavanon note que les ports qui ont le plus de relations avec Calais sont Bayonne, Guétaria, Fontarabie, Saint-Sébastien, Santander[255]. Il venait des

---

[250] Th. Rymer : *Foedera...*, I, pt. 3-4, La Haye, 1739, p. 119.

[251] *Ib.*, p. 150. — L.G.O.F. de Bréquigny : *Table chronologique des diplômes...*, VII, p. 407.

[252] *Ib.*, p. 375. — Th. Rymer : *Foedera...*, I, pt. 3-4, La Haye, 1739, p. 128 ou éd. de Londres, 1816, I, pt. 2, p. 799.

[253] Pr. Boissonade : *op. cit.* [p. 314]. Pour le seul commerce du vin M. Boissonade estime que La Rochelle exportait de 1326 à 1330 environ 600 000 barriques [*id.*, p. 322].

[254] L.G.O.F. de Bréquigny : *Table chronologique des diplômes...*, VIII, Paris, 1876, p. 375. — Th. Rymer : *Foedera...*, éd. de Londres, 1818, II, pt. 1, p. 77.

[255] J. Chavanon : « Essai sur le mouvement du port de Calais de 1300 à 1346 »..., p. 125. L'auteur cite quelques noms de navires et de marchands, pour l'année 1316. Il y a quantité de *Domingh*es, de *Pier*es, de *Gonssalv*es, de *Martin*es ; puis de *Segure de Ghelde, Harchegai, Alfons, Galletto, Loupe, Conrat, Maisnaus, Rous*. Pour l'année 1332, des *Martivaingenes, Cabesac, Delmast, de le Galie, Pla-*

navires de La Rochelle, Bermeo, Lequeitio, Motrico, La Carogne, Lisbonne, des Sables d'Olonne, Tonnay-Boutonne, etc. En 1337, l'animation est générale, Edouard III est entré en guerre pour la couronne de France. La guerre de Cent Ans commence. Allié des Flamands, et d'innombrables bandes qui viennent de partout et même de la Navarre, il portera aux Français des coups terribles et la désolation règnera jusqu'à l'avènement de Jeanne d'Arc. Les marins basques sont mobilisés le 30 mars 1337 par un ordre lancé de Windsor[256]. Deux mois plus tard, de Stanford, le Roi nomme Godefroy de Say et Otton de Grandisono, capitaines de la flotte d'Occident[257] puis, le 25 juin 1337, il donne ordre d'envoyer les navires de Bayonne à la guerre[258] ; le 7 juin, ordre à Nicolas Usus Maris (Usomare) vice-amiral de la flotte d'Aquitaine, de partir en guerre contre les Français[259]. Dans les nombreuses promotions et nominations d'officiers de marine qu'on trouve dans les archives anglaises il est difficile de faire la part des Gascons, des Basques, des Français et Normands, de sorte qu'il parait prudent d'en faire état le moins possible. Mais quand, le 20 mars 1337, de Westminster vint à Bayonne l'ordre d'armer vingt navires et de les envoyer en mer, on est à peu près sûr que ce sont des marins de ce port qui sont mobilisés[260]. Et quant à l'ordre donné à Burghersch, amiral des mers occidentales, de réquisitionner « septuaginta grossas naves pro passagio quorundam Magnatum et aliorum ad partes Aquitaniae, in ejusdem defensionem »[261], il est vraisemblable que ces réquisitions devaient se faire dans les ports de Guyenne. L'amiral de la flotte des navires bayonnais s'appelait Pierre de Poyane ; son action devait s'exercer à Biarritz et à Bidart (20 mai 1338)[262]. Le 11 février 1341 Edouard III demande à Jean, duc de Bretagne, de permettre aux citoyens et marchands de Bayonne l'accès de son duché pour y faire le commerce[263]. Il fait la même démarche auprès des consuls de Bruges[264]. Ainsi qu'auprès

---

siaris, Proboulain, Yune Aded, Bordlay, Favere, Barant, Dutil, Burgade, de Rion, Coste, Balsenc, Parac, Puberal, Porac, Frames, Ane, Ernant, de le Gheure, Oche Martin. En cette année 1332, sur 539 navires entrés à Calais, autant que l'on en peut juger sur des noms de provenance toujours défigurés, il y avait 261 navires français ; 37 des Pays-Bas ; 95 d'Angleterre ; 48 de Gascogne ; 77 d'Espagne et Portugal ; 15 divers.

[256] Th. Carte : *Catalogue des rolles gascons...*, I, p. 83 : « Quod naves *Baionae* proficiscantur contra hostes Regis supra mare ».

[257] *Ib.*, p. 84.

[258] *Ib.*, p. 85.

[259] *Ib.*

[260] *ib.*, p. 87.

[261] *Ib.*, p. 88.

[262] *Ib.*, p. 90.

[263] *Ib.*, p. 104.

[264] *Ib.*

des bourgmestres de Gand, d'Ypres, de l'Ecluse[265]. Le 4 juin il demande à Bayonne de préparer des bateaux pour aller en guerre[266]. Le 12 août de la même année il réquisitionne encore des Bayonnais vingt navires et dix galères armées pour la campagne de France[267], mais il envoie un contrordre le 2 septembre parce qu'une trêve a été convenue entre les deux royaumes[268]. Le 3 février 1346 Edouard III nomme Pierre de Donynyan ou Bonynian amiral de toute la flotte de Bayonne[269]. Il y eut encore de nombreuses réquisitions de navires en Aquitaine pour transporter en France occupée quelques personnes de la cour (15 septembre 1347)[270] : la princesse Jeanne le 27 décembre 1347[271] et, encore, la princesse Jeanne, le 2 mars 1348[272] ; pour transporter Edmond Oddingseles et des archers, le 1er mai 1348[273], etc. En 1354 Jean de Chyveryston (qu'il faut probablement lire *Etcheverry*) est fait sénéchal du duché (le 20 mars)[274]. En 1355, nouvelles réquisitions de navires pour le passage du comte Warwick (10 mars)[275], du prince de Galles (28 mai)[276] ; encore le prince de Galles, le 16 juillet[277]. En 1356, nombreux transports d'hommes et d'armes, le 8 avril[278], 12 et 16 avril, le 20 mai c'est pour le transport de vivres et de chevaux[279], le 13 mai pour le duc de Lancaster[280], et le 20 janvier pour apporter du vin[281]. En 1363 (26 mars) on demande des navires de 50 tonneaux et plus, pour le transport du duc d'Aquitaine[282].

Sous Henri V la flotte des Bayonnais est mise à contribution. Les affaires commerciales paraissent s'être développées, les échanges se sont considérablement accrus dans les pays du Nord et en Bretagne. Il y a des chambres

---

[265] *Ib.*

[266] *Ib.*, p. 105.

[267] *Ib.*, p. 108.

[268] *Ib.*

[269] *Ib.*, p. 118.

[270] *Ib.*, p. 119.

[271] *Ib.*

[272] *Ib.*, p. 120.

[273] *Ib.*, p. 121.

[274] *Ib.*, p. 130.

[275] *Ib.*, p. 133.

[276] *Ib.*, p. 134.

[277] *Ib.*

[278] *Ib.*, p. 136.

[279] *Ib.*

[280] *Ib.*

[281] *Ib.*

[282] *Ib.*, p. 152.

de commerce basques établies à La Rochelle et à Bruges[283]. Ainsi que Duro en fait la constatation, les Basques ont donné l'exemple de ces initiatives commerciales que, par la suite, les Anglais et les villes de la Hausse ont initiées avec tant de bonheur[284]. Les routes commerciales sur terre ne sont plus sûres depuis que la guerre a embrasé toute l'Europe occidentale, on adopte la route maritime[285]. C'est la voie suivie par les marchands qui vont dans le Nord, en Norvège et dans la Baltique porter du sel et du vin. On a une idée de l'animation qui devait régner dans les ports quand on voit, par exemple, ce qu'était la navigation dans la Basse-Loire, à cette époque. Le mouvement de la batellerie montante et descendante, pour novembre 1355 – octobre 1356, était de 1 397 chalands chargés, sans parler des gabarres vides. Ces statistiques ont été établies au péage de Champtoceaux situé à quelques lieues en amont de Nantes[286]. Les denrées et objets transportés sont le sel, le vin, le blé, les oignons, aulx, noix, chanvre, bois merrain pour la fabrication des barriques, cuir, fer, draps, quincaillerie. « La navigation est beaucoup plus importante à la montée qu'à la descente »[287]. Avec un commerce intensifié, les agressions et les pillages se multipliaient. C'est la grande époque des routiers, des cotereaux, des malandrins et brigands. Le désordre qui désolait la terre n'épargnait pas la mer. Henri V donne, le 16 août 1415 l'ordre d'arrêter les navires des Bretons pour se payer des pillages commis sur les navires de Bordeaux[288]. En 1420 la Couronne octroie des privilèges nouveaux aux marchands du Duché[289] ; le 18 mai 1422, la ville de Bayonne obtient le droit de percevoir quatre deniers d'assise dur les marchandises d'importation[290] et Henri VI concède aux autorités de cette ville la totalité des épaves qui seront levées entre le Boucau et Fontarabie[291].

En résumé, nous avons une abondante documentation sur l'activité des marins bayonnais aux XIIIe et XIVe siècles dans les occupations de la guerre.

---

[283] C. Fernández Duro : *Arca de Noé...*, p. 284.

[284] Dans le siècle suivant il y aura à Visby, dans le Gotland une rue des Espagnols, rue habitée par les marchands qui y viennent par mer. — *cf.* O. Magnus : *Histoire des pays septentrionaus...*, Paris, 1561, f. 36r.

[285] F. Guilloux : « Histoire de la Conquête du Marais breton-vendéen et du Port de Bourgneuf », dans *Bulletin de la Société archéologique de Nantes et de la Loire-Inférieure*, LXII, 1923, pp. 3-63.

[286] Archives de la Loire inférieure, E/234 (fonds du Trésor des Ducs de Bretagne).

[287] E. Bougoüin : « La navigation commerciale sur la Basse-Loire au milieu du XIVe siècle », dans *Revue historique*, CLXV, 1935, p. 487.

[288] Th. Carte : *Catalogue des rolles gascons...*, I, p. 199.

[289] *Ib.*, p. 203.

[290] *Ib.*, p. 204.

[291] *Ib.*, p. 212.

L'industrie de la pêche ne chômait pas, dans le même temps ; et les marins de la Biscaye comme ceux du Labourd exerçaient leur rude métier de pêcheurs sur les côtes et en haute mer. On sait que, déjà, les marchés débitaient de la morue.

Les archives du consulat espagnol de Bruges nous renseignent sur les voyages de commerce que les Biscayens faisaient aux XIVᵉ et XVᵉ siècles dans le Sud et dans les ports du Nord (Hollande, Scandinavie et Baltique)[292]. Dès 1150, Sanche le Sage accordait aux habitants de Saint-Sébastien une charte, confirmée en 1202 par Alphonse VIII[293], qui accuse pour l'époque une remar-

---

[292] C. de Echegaray : *Indices de documentos referentes a la historia vasca que se contienen en los archivos de Brujas*, Saint-Sébastien, 1929. — L. Gilliodts Van Severen : *Cartulaire de l'ancien consulat d'Espagne à Bruges : recueil de documents concernant le commerce maritime et intérieur, le droit des gens public et privé, et l'histoire économique de la Flandre*, Bruges, 1901-1902. — Les copies de documents officiels faites par Vargas Ponce dans les Archives du Guipuscoa quelques années avant la catastrophe qui détruisit les originaux, nous renseigneront quelque peu sur l'activité des marins basques au XVIᵉ et XVIIᵉ siècles. On est redevable à ce collectionneur consciencieux qu'était Vargas Ponce d'avoir sauvé environ cinq mille textes (copies de documents officiels) des Archives du Guipuscoa, qui se trouvent aujourd'hui répartis entre le Museo Naval (anciennement Depósito Hidrográfico) et l'Academia de la Historia de Madrid. On verra aussi, dans la suite de ce travail, qu'il existe quelques sources d'information précieuse dans les Archives nationales de Copenhague, dans les Archives provinciales des Pays-Bas et, plus au Nord, en Norvège et en Suède. En règle générale, les documents norvégiens du Moyen Age sont publiés dans le *Repertorium diplomaticum regni Danici mediævalis* de Kr. Erslev, IV vol. (1085-1450) avec Index personarum ; et la 2e série de W. Christensen, VII vol. (1451-1513) ; *Index* en préparation (Copenhague, 1894-1935). C'est surtout à Copenhague qu'il faut s'adresser pour retrouver trace des relations internationales du Nord. Les archives norvégiennes ont, comme tous les *membra disjecta* des Anciens, subi les outrages du feu. C'est au cours des luttes religieuses des environs de 1500 que les archives norvégiennes ont le plus souffert. On consultera donc avec profit aux *Rigsarkivet* de Copenhague, dans la section des Affaires Etrangères de *Tyske Kancelli* (*TKUA*), les fonds *Tyske Kancelli (patenten)*, les *Norske registre* et les *Norske tegnelser*. Le recueil de Chr. C.A. Lange *et al.*, *Norske Rigs-Registranter*, Christiania, 1861-1891, XII vol., correspondant au *Kancelliets brevbøger* (copies de lettres des bureaux du Gouvernement, avec index des matières) de L. Laursen et E. Marquard contient des pièces ou extraits de ces fonds. Il y a dans la même section une collection dite *Frankrig: Akter og dokumenter vedrørende opbragte skibe* où l'on trouve les actes ou procès-verbaux des prises maritimes (1537-1615 ; 1618 ; 1689-1769). Voir aussi L. Laursen : *Danmark-Norges Traktater*, comprenant les années 1523-1693, Copenhague, 1907-1933, IX vol. On trouvera des renseignements précieux sur les navigations de l'Islande dans la thèse de Mlle Marie Simon Thomas d'Amsterdam : *Onze IJslandsvaarders in de 17ᵈᵉ en 18ᵈᵉ eeuw : bijdrage tot de geschiedenis van de Nederlandsche handel en visscherij*, Amsterdam, Enum, 1935.

Il y a plusieurs manuels ou recueils bibliographiques contenant l'indication des sources de l'Histoire des Basques tant en France qu'en Espagne : B. Sánchez Alonso ; *Fuentes de la Historia española e hispanoamericana*, 2ᵉ éd., Madrid, 1927. On trouvera, pour l'histoire du pays basque, des indications précieuses dans les autres ouvrages de Carmelo de Echegaray : *Archivos municipales de Guipúzcoa...*, Saint-Sébastien, 1898 ; *Las provincias vascongadas a fines de la Edad Media...*, Saint-Sébastien, 1895 ; *Investigaciones históricas referentes a Guipúzcoa...*, Saint-Sébastien, 1893. Et dans la plaquette de D. Fausto Arocena consacrée à Echegaray. L'inspecteur des Archives du Guipuscoa, Don Fausto Arocena, signale dans son étude, les sources manuscrites situées hors des provinces basques : *Don Carmelo de Echegaray y la Historia del País Vasco*, Saint-Sébastien, 1926, p. 15.

[293] C. Fernández Duro : *Arca de Noé...*, p. 277.

quable science de la vie maritime et une solide pratique de la navigation commerciale. Les *Rôles d'Oléron* (XIᵉ siècle), après avoir été appliqués dans les tribunaux anglais, castillans, flamands, français, zélandais, allemands, ont vraisemblablement inspiré la codification des coutumes de la mer des Biscayens et les *Partidas* de Castille.

Il y eut à Bruges un consulat des Espagnols et Castillans fondé en 1348, un consulat des Catalans (1389), un consulat des Aragonais (1401) et un consulat des Biscayens (1494). Le plus ancien consulat, après celui des Orientaux, était l'espagnol. Le consulat anglais ne fut ouvert qu'en 1390[294]. Des privilèges spéciaux en faveur du commerce maritime furent octroyés aux négociants de la Navarre, comme il est dit dans une cédule datée à Burgos le 3 avril 1286, par Sanche IV et dans une autre datée à Palencia le 8 décembre 1286[295]. Ces chartes auraient été données par un roi de la branche des Bourgogne, Ferdinand le Saint (1217-[1252]), à la suite d'une victoire navale remportée à l'embouchure du Guadalquivir sur les Maures par les Biscayens. La dignité d'amiral fut créée à cette occasion en faveur de Ramón Bonifaz. Ainsi la province de Guipuscoa, peuplée de Basques, se révéla-t-elle de bonne heure comme la pépinière des marins qui firent l'Espagne grande et opulente. La grande école de marine de Cadix fut fondée et dirigée longtemps par des Basques. Cette province eut même ses *bolsas de comercio* ou consulats à Lille, La Rochelle, Barcelone[296]. On a signalé comme une particularité, la topographie des lieux où les Basques se sont établis : la province de Guipuscoa est marquée par trois vallées où se trouvent dix-huit agglomérations euskariennes qui ont toutes reçu des chartes ou privilèges particuliers, en raison de leurs aptitudes aux industries de la mer. La première comprend Segura, Villafranca, Tolosa, Hernani, Rentería et Fontarabie ; la deuxième comprend Mondragón, Vergara, Elgoibar, Azcoitia, Azpeitia, et Cestona; la troisième : Saint-Sébastien, Zarauz, Guétaria, Zumaya, Deva, et Motrico[297]. Les Basques, du côté français, ont campé aussi fièrement et leurs vertus et leurs institutions ; il se trouve que leur nature leur a offert, avec des rivières et de profondes vallées, des ports qui doivent à la vaillance des hommes qui les peuplaient une renommée universelle. Autour de l'embouchure de la Bidassoa, de la Nive et de l'Adour, Saint-Jean-de-Luz, Bayonne, Capbreton, Biarritz, etc.,

---

[294] J. Gailliard : *Ephémérides brugeoises...*, Bruges, 1847, p. 71. Les Biscayens avaient leur chapelle dans la première église des récollets ; ils l'avaient fondée en 1494. Gailliard dit que cette chapelle avait d'assez riches ornements et que l'autel était garni de quatre petits chandeliers d'argent (p. 336).

[295] C. Fernández Duro : *Arca de Noé...*, p. 277.

[296] N. de Soraluce : *Historia general de Guipúzcoa...*, I, p. 185.

[297] Esteban de Garibay, dans son *Compendio historial de España*, de 1568, cité par D. Serapio Múgica : *El blasón de Guipúzcoa...*, p. 6.

sont célèbres, non pas tant par l'éclat des luttes séculaires des princes, que par la noblesse et par la valeur individuelle des citoyens. Noblesse est principalement la caractéristique du peuple basque, puisque les souverains lui ont conféré autrefois, les mêmes privilèges et exemptions qu'à la noblesse et cette singularité fait à juste titre l'étonnement des historiens et des encyclopédistes. Pour certes services rendus par les Basques à La Rochelle, Philippe le Bel aurait accordé une fleur de lys à San Juan de Pasajes pour son blason[298]. Enfin, il semble que ce peuple ait eu, au XIVe et XVe siècles des relations avec des princes étrangers sous l'approbation des rois de Castille[299]. On trouve aux archives de Saint-Jean-de-Luz un *Inventaire manuscrit des privilèges et attributs octroyez par Roys de France aux habitans du lieu de Saint Jean de Luz, vérifications d'iceux, tant aux Parlements de Paris, Bordeaux, Rouen, Rennes, que Cours des Aydes et Chambres de Comtes desdits lieux et autres que de tous le autres papiers, titres et documens appartenans ausdits habitans de tout le passé jusques à ce jourd'hui 1er Juillet mil six cen quatre vingt treize qui se sont trouvés dans deux coffres et en une armoire dans la maison commune dud. lieu, estant bayle sieur Marsans de Lohobiague et jurats sieurs Joannis, etc., par Martin de Goyeneche, notaire royal dud. lieu, lequel ayant fait un semblable inventaire en l'année 1671, non seulement cette pièce s'est trouvée du tout inutile, mais encore les liasses desd. titres et documents fort maltraités.* C'est dans cet important inventaire que j'ai relevé la phrase suivante : « Ledit lieu (Saint-Jean-de-Luz) auroit esté un des meilleurs du Royaume, Messieurs les Bayle et Jurats tiennent aussi rang de nobles et comme tels, ils sont appelés aux Etats de la Sénéchaussée »[300].

Cet ensemble de faits forme une atmosphère assez caractéristique du climat basque.

La destinée de ce petit peuple qui dans les temps modernes a donné au cours de ses migrations sud- et nord-américaines des preuves de son industrie, de son profond sentiment national et de ses qualités morales sont le plus bel ornement qui puisse honorer une communauté sociale. Ce n'est pas le lieu de m'étendre davantage sur ce sujet qui a tenté plusieurs historiens déjà. J'ai rencontré des Basques établis jusque dans la province canadienne du Saskatchewan et j'ai pu constater par moi-même qu'ils sont de ces hommes dont on peut dire : « caelum non animum mutant qui trans mare currunt ».

Dans le Nord l'industrie de la chasse à la baleine fut créée par les Basques. Ceux-ci poursuivaient les cétacés et les attaquaient directement alors que

---

[298] C. Fernández Duro : *Arca de Noé...*, p. 278.

[299] *Ib.*, p. 283.

[300] Archives Municipales de Saint-Jean-de-Luz, II, 1.

les chasseurs étrangers, surtout sur certaines côtes, n'osaient pas harponner les monstres marins et se bornaient à les poursuivre vers les hauts fonds sur les côtes pour les faire échouer[301].

Du temps de Olaus Magnus [1490-1557] on faisait cette chasse, en hiver entre la Norvège el l'Islande. Mais sur les côtes même de l'Islande les pêcheurs étrangers virent de bonne heure. M. Hans Bogen, dans son *Esquisse de l'histoire de la chasse à la baleine norvégienne*, publié à Oslo en 1933, dit que les Basques allaient en Islande avant 1372, date de leur découverte de Terre-Neuve (pp. 14-15). Les Annales islandaises mentionnent de voyages d'Anglais dès 1413, où ils pêchaient la morue (*stockfish*). Mais les Basques, ayant découvert la baleine, de bonne heure, dans ces parages, y firent de fréquentes expéditions. Dès l'apparition du compas de route et de la balestrille, ils s'élancèrent sur l'Océan ; et c'est alors qu'ils auraient atteint Terre-Neuve, où ils trouvèrent la baleine qu'ils appelaient *Sardaco Baleac* (baleine de troupe). Pierre Margry rapporte (Bibl. Nat. (Paris), Nouv. acq. fr. 9486) qu'une carte de Laet de 1650 indique que la région entre le Saguenay et Trois-Rivières s'appelait *Nouvelle Biscaye*. Nous voyons alors, avec la désignation de *Nouvelle Guyenne*, de Razilly, rapportée plus haut, une topographie assez consistante. Du golfe de Saint-Laurent, ils allèrent au Groenland où ils reconnurent la même espèce de baleine que celle des eaux canadiennes, la *Grand Bayaco Balea* (de la Grande Baie)[302]. Puis ils gagnèrent l'Islande, où ils installèrent leurs fours pour la fonte des lards ; leur exploitation prospéra jusque vers la fin du XVIe siècle[303]. Il parait qu'on y voyait, en 1443, trente gros navires battant pavillon français[304].

C'est alors que les étrangers commencèrent à s'intéresser à la baleine et qu'ils engagèrent des Basques pour diriger leurs entreprises et mener la guerre du harpon. A partir de cette époque, on rencontre des Basques travaillant pour les étrangers dans toutes les mers du Nord, au Groenland, au Spitzberg, à la Nouvelle-Zemble, sur les côtes de Norvège. L'historien Jenkins déclare que les Bretons et les Anglais faisaient la pêche en Islande, au Groenland et sur le banc de Terre-Neuve avec les Basques avant les découvertes de Colomb et de Cabot. L'archevêque de Nidaros (Trondheim), Erik Walkendorf [1510-1522] dit dans une chronique que les *Hispani* auraient fréquenté le Groenland au XVe

---

[301] O. Magnus : *Histoire des pays septentrionaus...*, ff. 248r-249r.

[302] P. Fischer : *Cétacés du sud-ouest de la France...*, p. 41.

[303] cf. *Mémoire servant de remonstrance à Nosseigneurs du Parlement, pour la Compagnie du Nort, establie en France pour la pesche des ballaines*, publié vers 1644 (Bibl. Nat. (Paris), Ms fr. 17329, ff. 424-427).

[304] J. Le Gall : « La pêche en Islande (rapport de mission) », dans *Revue des Travaux de l'Institut des Pêches Maritimes*, III, 1930, p. 324.

siècle[305], et qu'on y a reconnu des objets apportés par eux. Cet évêque donne le lieu géographique de l'île de *Bacculaos* au 60° latitude. Sa description du Groenland est d'environ 1516.

Quoiqu'il en soit, le même Jenkins dit qu'alors que les Anglais, les Bretons et les Normands fréquentaient des navires de cinquante tonneaux, les Basques en avaient de quatre cents, montés par plus de quarante hommes d'équipage[306]. Ils en étaient venus à construire des baleinières à trois ponts qu'au dix-huitième siècle on comparait à des vaisseaux de premier rang[307]. On ne s'étonnera pas d'une architecture navale si avancée si on se rappelle qu'il y eut une ordonnance prise dès le 29 juillet 1307, à Bayonne, défendant aux constructeurs de navires de faire des bateaux d'un tonnage inférieur à cent tonneaux[308].

J'ignore sur quelle autorité se base M. Hans Bogen pour avancer que dès le XIVe siècle les Basques faisaient la chasse à la baleine sur les côtes d'Irlande et sur celles d'Islande[309]. Cette Islande paraît avoir été le théâtre d'une rivalité ardente entre les Anglais et les Allemands qui se disputaient son commerce dès la première moitié du XVe siècle. Jusque-là, les Norvégiens d'abord, puis les marchands de la Hanse, avaient seuls part au commerce de l'Islande. Les Allemands s'y rendaient dès 1294[310]. Si les Basques fréquentaient l'île à cette époque, ce ne peut être qu'en qualité de pêcheurs et de chasseurs de baleines. Ils furent les premiers et les seuls qui firent cette chasse en haute mer. Certes, il y avait entre l'Espagne et les pays du Nord des relations commerciales. On

---

[305] *cf.* Kongelige Nordiske Oldskriftselskab : *Grönlands historiske Mindesmærker*, III, Copenhague, 1845, où, dans une collection de notes *Blandede Optegnelser, deels af usikkert Indhold, deels af fremmede Skrifter*, la 14e, on trouve un extrait des écrits de cet archevêque parlant de la configuration de la Laponie et du Groenland : « Fama est (sed inserto hactenus auctore) quod Hispani adnavigent hoc tempore Gronlandiam et quam dicant terram viridem. Argumentum ejus esse ajunt merces quasdam exportalas ab his, et recognitas, quod forent rerum quales apud Gronlandiam reperiuntur » (p. 499).

[306] J.T. Jenkins : *A history of the whale fisheries...*, Londres, 1921, p. 66. On trouve une corroboration de ce fait dans O. Magnus : *op. cit.*, f. 142v : « Les navires du tems passé étoyent faites selon l'eau qu'on avoit à naviguer, larges ou longues, comme l'on en voit en l'Océan tirant en Nowegue, comme aussi pareillement en la mer d'Hespagne, où elles sont fort longues et larges ». Froissart avait été frappé à La Rochelle de la dimension imposante des navires d'Espagne : « cil Espagnol qui estoient en leurs vaissiaus si grans qu'il se moustroient tout deseure ces vaissiaus d'Engleterre » (J. Froissart : *Chroniques*, VIII, éd. S. Luce, Paris, 1888, p. 38) et : « Et vous di que Espagnols se confient grandement lors vaissiaus, lesquels il ont grans et fors trop plus que les Englois n'aient » (*Id.*, IV, Paris, 1878, p. 321).

[307] Ch. de La Roncière : « La France arctique ou les baleiniers basques au Spitzberg », dans *Revue du Béarn et du Pays Basque*, II, 1905, p. 49.

[308] E. Ducéré et P. Yturbide : *Livre des établissements*, Bayonne, 1892, pp. 124-125.

[309] H. Bogen : *Linjer i den norske hvalfangsts historie...*, pp. 14-15.

[310] On consultera avec profit la belle thèse de Marie Simon Thomas : *Onze IJslandsvaarders in de 17de en 18de eeuw...*, pp. 4-6.

trouve dans Olaus Magnus quelques mentions du commerce que les Espagnols y faisaient en sel, chevaux et vin. Plus tard, en 1566 il y eut une protestation des Espagnols contre les taxes trop élevées perçues en Norvège sur les navires et marchandises importées d'Espagne[311]. Les droits perçus à Oslo, en 1586[312] et en 1589[313] étaient de seize *daler* sur le vin, le sel et les épices[314]. Jusqu'en 1638, il est recommandé de percevoir, en Norvège, les droits sur les navires dunkerquois ou autres, en *rose noble*[315].

Les Français (et vraisemblablement les gens de La Rochelle) avaient une entreprise de saunage en Norvège en 1578 ; mais, pour le hareng, ce sel n'est pas d'une bonne qualité et, des plaintes ayant été faites, ordre est donné au gouverneur de la Norvège, Ludvig Munk, de renvoyer les sauniers français après les avoir payés[316] et de vendre ce qui reste de sel au meilleur prix[317]. Les marins anglais, danois et flamands eurent mainte occasion, dans le cours du XVIe siècle, d'apprécier le mordant et l'agilité des corsaires français, lesquels étaient souvent des Basques et toujours des pêcheurs de haute mer.

Après la longue période des guerres pour l'abaissement de la maison d'Autriche, il y eut les guerres de religion, l'insurrection des Pays-Bas, les ambitions de Philippe II. La mer du Nord et l'Océan furent témoins, après les compétitions des découvreurs, des hostilités farouches qu'entretenaient deux souverains ambitieux, Elizabeth et Philippe. Dunkerque paraît être le repaire des plus dangereux corsaires. Les Basques furent impliqués dans quelques-unes de ces querelles, d'autant que de nombreux corsaires étaient en même temps des chasseurs de baleines, comme Pierre du Val et Abraham du Quesne, de Dieppe[318], et les deux Biscayens et autres qui sont signalés, à tort ou à raison à la vigilance du sénéchal d'Islande, le 30 avril 1615, comme chassant la baleine en Islande et pillant les côtes[319]. Les archives des pays du Nord conservent des témoignages de la terreur qu'exercèrent les pirates dunkerquois et autres durant un siècle environ. Les rares Basques qui faisaient la course, tels que le

---

[311] Archives nationales du Danemark (*Rigsarkivet*), Copenhague : Danske Kancelli, Norske tegnelser, IX, 72 (lettre de Frédéric II à Erik Rosenkrands et Christian Munck).

[312] *Id.*, Norske registre (Lettres patentes norvégiennes), 542.

[313] *Id.*, *ib.*, II, 50.

[314] *Id.*, *ib.*, II, 145.

[315] *Id.*, Norske tegnelser, VI, 374.

[316] *Id.*, Danske Kancelli, Norske tegnelser, 150.

[317] *Id.*, *ib.*, 209.

[318] L. Laursen : *Kancelliets Brevbøger : vedrørende Danmarks indre Forhold : 1616-1620*, Copenhague, 1919, pp. 864, 891. — *cf.* Rigsarkivet : Danske Kancelli, Norske register, III, 512.

[319] *Id.*, *ib.*, III, 477.

célèbre « Coursic », Suhigaraychipy, avaient leur port d'attache à Dunkerque. En 1537, le roi de Danemark, Christian III se plaint de la prise d'un navire de Reinhard Mure qui avait été amené à Saint-Valery[320]. En 1555, le même souverain envoie à son amiral en Norvège, Mogens Gyldenstierne, une liste de trente-six navires de corsaires français et lui déclare que le roi de France, Henri II, n'est pour rien dans les pirateries de ses sujets ; ces navires sont de Honfleur, le Havre, Cancale, Saint-Malo et Dieppe. Il ajoute que ces navires sont diffi-ciles à prendre[321]. En d'autres circonstances, ce sont des Français, tels Villart de Honfleur et Pierre Cannelet du Havre, qui se plaignent en septembre 1589 d'avoir été capturés et menés à Copenhague[322]. Il arrive que des Dunkerquois (en 1599) furent pris un jour et condamnés à mort[323]. Ces brigandages continuè-rent jusqu'en 1640. Les réclamations sont nombreuses. Le capitaine Mortensen et Eiler Urne reçoivent l'ordre (en 1635) d'aller avec trois navires à *Hirteroen* (Norvège) s'emparer des corsaires dunkerquois qui y sont signalés[324]. Ordre à Palle Rosenkrans (15 mai 1636) d'arrêter deux corsaires dunkerquois dans certains ports de Norvège[325] ; ordre à Jens Bjelke (4 août 1637) d'arrêter le Dunkerquois qui a tué le Hollandais Daniel Paulus à Flekkerøen (Norvège) et vendu son navire capturé, à des citoyens de Bergen[326]. Le 12 août 1631, Chris-tian IV s'était plaint amèrement et avait demandé des indemnités à l'Infant. Les Dunkerquois attaquaient les Danois comme les autres et jusque dans les ports de relâche où ils enlevaient des navires chargés[327]. La terreur était telle que les paysans norvégiens assassinaient les Français ancrés dans leurs ports par mesure de prudence.

Cela arrive à Egersund, en mars 1557, où de crainte d'être pilés, les pay-sans tuèrent les hommes d'une « pinque française » qui y stationnait[328]. Vers la même époque, en 1564, ces terribles hommes avaient une telle réputation que le roi, Fréderic II, poussé par la curiosité, en fit amener quelques-uns à son châ-

---

[320] *Id.*, Tyske Kancelli, Udenrigske Afdeling (Affaires étrangères) ou TKUA, Frankrig, A III, 26. Dans cette série se trouvent les Actes et Documents concernant les navires capturés, 1537-1615 ; 1618-1729.

[321] *Id.*, Danske Kancelli, Norske tegnelser, IV, 572.

[322] *Id.*, *ib.*

[323] *Id.*, *ib.*, 81.

[324] *Id.*, V, 279 ; VI, 125.

[325] *Id.*, VI, 156 ; VI, 161.

[326] *Id.*, VI, 279.

[327] *Id.*, TKUA, Koncepter til breve og kancelliekspeditioner vedr. udenlandske sager, påtegnede: 'Registreret', men forgæves eftersøgt i kancelliets nu eksisterende registranter (1538 - 1675), r. 98, log. 1631-33. Lettre du Roi à l'Infant.

[328] *Id.*, Danske Kancelli, Norske tegnelser, V, 240.

teau de Copenhague[329]. En fin, en 1640, l'Espagne considère l'état de Danemark comme neutre et s'excuse des insolences qui ont été commises par les Dunkerquois ; elle promet par la bouche du cardinal-infant de Bruxelles, qu'à l'avenir, les sujets du roi neutre de Danemark seront respectés[330].

Malgré les engagements pris, les corsaires continuèrent leurs brigandages jusqu'à la fin du XVIIe siècle[331]. Est-ce la crainte d'approcher les corsaires ou l'indifférence qui retenait les capitaines et propriétaires des navires danois de se rendre à Dunkerque pour rentrer en possession de leurs navires, que dans certains cas on faisait restituer ? Quoi qu'il en soit, la cour danoise donna ordre (20 octobre 1636) à son amiral en Norvège, Jens Bjelke, d'insister auprès du capitaine Herman Kloch de Bergen pour qu'il aille chercher son navire chargé de sel, en France, restitué en vertu d'une sentence[332]. Dans le même temps les Biscayens émerveillaient Norvégiens, Danois, Hollandais comme ils avaient édifié les Anglais. Ils passaient pour des héros, des hommes accomplissant des prouesses inouïes. On les flatte, on les comble de faveurs, on les engage à des hauts prix, jusqu'à 500 *dalers* pour cinq baleines harponnées[333]. On les cite en exemple et, probablement pour éveiller chez leurs compatriotes le goût de l'effort et du risque et l'émulation héroïque des Basques, on élève des statues aux harponneurs particulièrement glorieux[334]. Leur expérience est telle dans la navigation du Nord, qu'ils sont consultés sur la commodité des ports des Féroé et du Groenland : trois *Buschayers* (Biscayens), Kjeldsen, Vrolicq et [Decheberry] sont officiellement consultés par l'auteur de la *Navigatio septentrionalis*, Jens Munk, à cet égard et ils ont signé leur rapport[335]. Le 16 mars 1616, Christian IV donne ordre à Michael de Erasso et à Joseph de Puy, de Saint-Sébastien, per-

---

[329] *Id., ib.*, VIII, 36.

[330] *Id., ib.*, VII, 4.

[331] *Id.*, TKUA, Frankrig, A III, 26 ; *passim* (1690).

[332] *Id.*, Danske Kancelli, Norske tegnelser, VI, 213.

[333] L. Laursen : *Kancelliets Brevbøger...* à la date du 21 septembre 1617. Voir dans les Rigsarkivet, Danske Kancelli, Indlæg til registre og tegnelser samt henlagte sager (Færøerne, Island og Grønland) (1583-1648).

[334] *cf. Mémoire touchant la découverte, les établissements et la possession de l'île Terreneuve et l'origine des pêcheries des balaines et des morues... par les negocians de Saint-Jean-de-Luz et de Siboure,... en mai 1710* [Bibl. Nat. (Paris), Nouv. acq. fr. 20807].

[335] Rigsarkivet, Danske Kancelli, Indlæg til registre og tegnelser samt henlagte sager (Færøerne, Island og Grønland) (1583-1648). Il y a dans cette liasse qui contient les papiers de Jens Munk, un billet signé à Copenhague le 12 mai 1619, de trois hommes se disant *Buschayers*. Ils paraissent avoir navigué au Groenland et ils déclarent qu'ils considèrent les îles de Féroé et *Madeleine bay* au Groenland comme les ports les meilleurs et les plus sûrs pour s'abriter. Mlle Elna Kringelbach, archiviste aux *Rigsarkivet* de Copenhague m'écrit, à ce sujet, qu'il est possible que ces trois Biscayens aient accompagné Jens Munk dans sa tragique expédition de 1619-1620 à la recherche d'un passage au Nord-Ouest.

mission de chasser et tuer autant de baleines qu'ils voudront dans les parages de *Tromsont* [Tromsø] et de Sørøen, sans payer d'impôt durant deux étés[336]. Deux autres Basques, de Saint-Sébastien, le capitaine Steng, maître du *Cygne blanc* et Juannes Arremende, capitaine du *Saint-Vincent*, sont chargés par Michel Vibe, maire de Copenhague, le 9 juin 1616, de chasser la baleine avec deux navires[337]. Ces deux « capitaines » étaient apparemment aux gages de Vibe. Dans la même année, trois armateurs norvégiens obtiennent permission de prendre des Basques pour faire la chasse à la baleine au Groenland[338]. Permission, encore en 1616, le 20 novembre à Johan de Willem et à quelques citoyens « de la Diepe » d'aller capturer au Groenland autant de baleines qu'ils voudront[339]. Permission à deux autres armateurs de Copenhague (le 8 janvier 1617), Frölich et Tocqueville, de prendre des « harponneurs » étrangers qui s'y entendent[340]; autre, pour sept ans, en avril, même année, à Michel Vibe, Claus Condewin et Herman Rosenkrans, d'aller à la chasse au Groenland avec « des étrangers qui connaissent ladite pêche »[341].

Il y a, parfois des malentendus. Une dame de Bergen se plaint, en 1617, d'avoir été maltraitée et battue par le bourgmestre, pour lui avoir réclamé la pension de neuf Basques qu'elle avait, sur la demande dudit bourgmestre, nourris pendant douze semaines[342]. C'est que ces hommes sont pour ainsi dire, les seuls qui, sur le vaste Océan, osent s'attaquer à des monstres pareils et, parfois, se cramponner à eux, se laisser remorquer jusqu'à sept et huit lieues et les suivre souvent sous l'eau, pour ne pas lâcher prise. C'est pour obvier à ce danger qu'ils fixaient à leurs barques des caissons étanches qui servaient de bouées en cas d'immersion et ramenaient l'embarcation à la surface quand elle piquait dans la houle. De pareils hommes, jouissant de la faveur des rois et des compagnies de commerce, ont bien droit à la sympathie des bourgmestres.

Les producteurs d'huile et de fanons étaient les Basques. Les pêcheurs de Saint-Jean-de-Luz, particulièrement actifs, opéraient jusque sur les côtes de la Nouvelle-Zemble[343]. J'ai lu quelque part — peut-être dans Charlevoix — qu'on

---

[336] Rigsarkivet : Danske Kancelli, Norske register, III, 488.

[337] *Id., ib.*, III, 500.

[338] *Id., ib.*, III, 512. Au 1er novembre 1616, concession à Abraham du Quesne et à Pierre du Val, de Dieppe, du droit de chasser la baleine dans le Nord et à Vardøhus, avec chacun un navire (*id., ib.*).

[339] *Id., ib.*

[340] *Id., ib.*, IV, 2.

[341] *Id., ib.*, IV, 15.

[342] *Id., ib.*, IV, 15. Knud Urne, à qui la lettre est adressée, est chargé d'arranger l'affaire avec le bourgmestre.

[343] *Mémoire servant de remonstrance...* (Bibl. Nat. (Paris), Ms fr. 17329, ff. 424-427).

a trouvé jadis dans les eaux japonaises, une baleine qui portait dans son flan un harpon basque. On en a déduit que cet animal devait venir de régions de la Nouvelle-Zemble.

Une grosse compagnie s'était formée en Angleterre, dite Compagnie de Moscovie. Thomas Edge entreprit successivement trois voyages en Islande en 1608, 1609 et 1610 ; il y subit de grands désastres. En 1611 on lui confie une quatrième expédition dans l'espoir qu'il pourra réparer les pertes éprouvées dans ses premiers voyages ; la Compagnie le chargea d'engager des Basques : six harponneurs furent engagés à Saint-Jean-de-Luz : Juan de Bacoyne, Juan de Agerre, Martin de Karre, Marsene de Horisada, Domingo de Sarria et Adam de Bellocke. On lui recommanda de bien traiter ces hommes et de s'appliquer à apprendre l'art de harponner aussi bien qu'eux. Les instructions qu'on lui donna énuméraient huit sortes d'espèces de baleines et il était recommandé à Edge d'apprendre des Basques à distinguer les bonnes espèces des mauvaises[344]. Mais, c'est un art qui demande plus que de la force musculaire. En 1611 il y avait trente-six ans que les Basques donnaient aux Anglais des leçons. Elisabeth avait, en effet autorisé en 1576-1577, la *Corporation des Marchands anglais pour la découverte de nouvelles industries* ; à s'adjoindre des Basques afin d'apprendre l'art de chasser la baleine[345]. Deux ans plus tard, en 1613, les Basques mis en confiance, firent pour leur compte un assez gros armement. La *Grâce-de-Dieu* de 600 tonneaux, frétée par d'Iturbide et Haristiguy, le *Quatre-fils-Aymon*, de La Rochelle, capitaine Michel d'Etchepare, le *Jacques*, de Bordeaux, capitaine Silouette, etc. A peine étaient-ils installés au Spitzberg que sept navires anglais virent les sommer de déguerpir. Après discussion, les Anglais acceptèrent de les laisser chasser à la condition que Silouette leur abandonnait les huit premières baleines qu'il capturait. Quand celui-ci en eut pris douze et payé la rançon exigée, l'amiral anglais, Benjamin Joseph, lui interdit de chasser pendant quatre ou cinq jours, alors que les cétacés se présentaient en troupes nombreuses. Finalement, la campagne étant finie, l'amiral anglais donna l'ordre aux Basques de rallier Bristol. C'était la confiscation de leurs chargements : huile, lards, fanons. Seul, en cours de route, le *Jacques* réussit à s'évader dans le brouillard.

Vers 1632, l'activité est intense. Secondés par des gens du Havre, les Basques s'approprièrent quelques refuges dans cette île (du Spitzberg) et sur l'îlot de Jan Mayen : ils y firent de fructueuses campagnes. En 1635 Basques, Fran-

---

[344] J.T. Jenkins : *A history of the whale fisheries...*, pp. 82-83.

[345] Lettres patentes du 12 fév. 1576 accordant permission de tenter de nouveau cette industrie pour une période de vingt ans dans toutes les mers. Dans J.T. Jenkins : *op. cit.*, p. 303.

çais et Hollandais étaient dans ces parages comme chez eux ; ils occupaient non seulement les eaux mais même les ports. La jalousie leur suscita bientôt des rivaux puissants : les gens de Copenhague portèrent plainte par leur mémoire du 12 décembre 1635 et parlèrent d'usurpation[346]. Quand en 1636, les Espagnols saccagèrent Saint-Jean-de-Luz, ils prirent quatorze grands navires chargés de fanons et de lards récemment arrivés du Nord. A la suite de ce désastre on vit quantité de Basques, s'expatrier, allèrent travailler en Angleterre, au Danemark et en Hollande.

À cette époque, la commerce de l'Islande paraît avoir été fructueux. La petite république du Nord était devenue une pomme de discorde. La Danemark prétendait l'exploiter à l'exclusion des autres Etats. Les marchands de Copenhague passent pour en avoir abusé. On prétend même qu'ils tiraient de cette île non seulement pour leurs besoins, tout le poisson et l'huile qu'ils pouvaient consommer, mais qu'ils faisaient les courtiers des ports français. Marie Simon Thomas rapporte que les Hollandais, n'obtenant aucune facilité de commerce par suite de l'opposition des Danois, cherchaient à y acquérir quelque droit en épousant des femmes danoises. Comme il fallait tenir maison à Copenhague pour pouvoir traiter librement en Islande, les gros négociants des Pays-Bas optèrent pour la capitale danoise[347].

Les Basques travaillaient déjà en 1617 pour les armateurs danois dans les eaux du Groenland. La Compagnie anglaise du Groenland prétendait leur interdire ce territoire. Cette compagnie dépouilla un jour les gens de Copenhague de cinq baleines, à la suite de quoi ceux-ci rédigèrent le mémoire du 21 septembre 1617 pour se plaindre. Les Danois rencontraient aussi des concurrents hollandais et hambourgeois. C'est peut-être dans ces circonstances que Christian IV dut recourir aux Basques pour qu'ils l'aidassent avec leurs gros navires à chasser leurs rivaux gênants. Les Basques, se prévalant des services rendus au royaume danois, prirent l'habitude de chasser la baleine et de pêcher la morue dans les eaux groenlandaises et islandaises pendant de nombreuses années. Le même Christian n'hésite pas à envoyer six ou sept vaisseaux de guerre, durant quelques années consécutives pour chasser les Basques de ces parages. Mais un jour de 1726, à l'occasion d'une demande de permis de chasser la baleine au Groenland, les Danois représentèrent qu'au temps de Christian IV les Basques avaient usurpé ce droit de chasse et de pêche et qu'il n'était pas opportun d'accorder cette

---

[346] L. Laursen et E. Marquard : *Kancelliets Brevbøger... 1551-1632*, Copenhague, 1885-1932, 18 vol. Comme annexe à une demande de deux capitaines « espagnols » de janvier 1726, on trouve une déclaration, sans date ni signature, relatant l'origine de cette « usurpation » des Basques (lettre particulière de M. Axel Linvald, conservateur des Archives nationales du Danemark).

[347] M.S. Thomas : *Onze IJslandsvaarders in de 17de en 18de eeuw...*, ch. V, pp. 77-151.

permission afin d'enlever aux Anglais et aux Hollandais un prétexte à solliciter la même faveur[348].

Champlain écrivait en 1611 que souvent la chasse à la baleine se faisait vers la 50° latitude « tirant au pole artique », c'est à dire au détroit de Belle Isle, par les Basques et les Espagnols[349]. Duro[350] après D. Bernabé Antonio de Egaña qu'il cite, dit qu'ils furent les découvreurs du Groenland (évidemment il veut dire les *redécouvreurs*, car il est indéniable que les hommes du Nord ont connu ce continent plusieurs siècles auparavant). M. Marshall[351] dit la même chose. J'ai cité plus haut ce qu'écrivait l'archevêque Walkendorf de Trondheim, vers 1516, à savoir que les Espagnols passaient pour avoir fréquenté, de son temps, cette *terram viridem*. Il plaçait la terre de *Bacculaos* au 60° de latitude.

Quand j'aurai mis en lumière quelques nouveaux témoignages de l'activité des marins basques dans les eaux du Nord, il sera difficile de contester qu'ils aient exercé une suprématie des plus honorables sur l'eau — suprématie souvent partagé avec les Français (Vendéens, Bretons et Normands). Cette suprématie dans les industries de la haute mer, ils l'ont tenue durant des siècles. Il a fallu pour la leur ravir, la violence et la corruption. Souhaitons que nos neveux recueillent plus tard de nouveaux fonds d'archives où les historiens trouveront matière à des développements de cette histoire merveilleuse. Outre l'Islande, le nord de la Norvège, on a vu ces intrépides navigateurs au détroit de Belle Isle, au détroit de Davis, au Spitzberg, aux Féroé, à Terre-Neuve et dans les eaux floridiennes. Des chasseurs de baleine se rendaient au détroit de Davis á la fin du XVIe siècle[352]. Fernández Duro a cité une requête du Guipuscoa, de 1612, dans laquelle il est dit que la chasse de Terre-Neuve étant épuisée, des marins de Saint-Sébastien se rendirent au Groenland en 1612, où ils trouvèrent une quantité prodigieuse de cétacés et que, revenus chez eux avec une grande provision d'huile, leur exemple fut suivi dès l'année suivante par une douzaine de maîtres de navires, mais que là, ils furent dépouillés du fruit de leur chasse par deux navires de guerre anglais et furent contraints, à chasser pour leurs voleurs, enfin que ces pillards vinrent vendre leur butin à Bilbao même, causant ainsi aux gens de Saint-Sébastien un

---

[348] L. Laursen et E. Marquard : *op. cit.* — v. Document annexe d'une lettre de cette date (1726) publiée en extrait. — M.S. Thomas : *op. cit.*

[349] S. de Champlain : Voyage de 1611, dans *The works of Samuel de Champlain*, II, éd. Biggar, Toronto, 1925, p. 223.

[350] C. Fernández Duro : *Arca de Noé...*, pp. 293-296, 339, 385.

[351] W. Marshall : « Océanographie », dans H. Krämer : *L'Univers et l'humanité...*, trad. A. Schalck de La Faverie, IV, Paris, (1904-1905), p. 332. Cet auteur dit que « ce territoire était déjà visité alors qu'on n'avait qu'une idée très vague de l'existence du continent de l'Amérique du Nord ».

[352] J. Anderson : *Histoire naturelle de l'Islande, du Groenland, du détroit de Davis, et d'autres pays situés sous le nord*, II, Paris, 1750, pp. 8-9.

préjudice de 200 000 ducats[353]. Les signataires de cette requête ajoutaient que de connivence avec des Hollandais et des Français basques, les Anglais prétendaient leur interdire l'accès de ces pêcheries contre tout droit, vu que les Guipuscoans en étaient les découvreurs[354]. Cette connivence avait pris origine sur les côtes de Norvège et les Français basques qui contrecarraient les travaux des Biscayens espagnols étaient de Saint-Jean-de-Luz ou de La Rochelle. Pendant un quart de siècle ils soutinrent la lutte contre leurs rivaux du Nord[355]. Il y a des documents significatifs dans les recueils danois des correspondances officielles qui montrent en quelle estime on tenait les harponneurs de la Biscaye. En 1620 une lettre adressée aux douaniers d'Elseneur, leur recommande de donner aux Basques ce qu'ils méritent, puis après, de négocier secrètement avec eux pour les amener à se fixer en Danemark : le Roi les exemptera d'impôts, leur donnera des logements gratuits et une gratification annuelle[356]. On recherche leur collaboration de partout. Les diplomates s'en mêlent. Un Anglais John Smith offre au roi d'Espagne, par l'intermédiaire de l'ambassadeur Sarmiento, d'affecter deux ou trois navires à la chasse des baleines dans une région toute nouvelle[357]. Dans ce même temps, l'ambassadeur écrivait à un Juan de Arbelaiz une lettre que celui-ci transmettait aux édiles de Saint-Sébastien. Dans cette lettre Sarmiento lui parlait de la permission accordée par le roi de Danemark aux Guipuscoans d'aller chasser la baleine sur les côtes de Norvège[358].

Il y avait déjà quelques temps que les harponneurs basques s'étaient mis au service des Hollandais et même des Flamands. Dès 1614 Philippe II en avait éprouvé des inconvénients ; le vice-roi de Navarre défendait aux marins de Cantabrie, sous peine de mort, d'embarquer comme harponneurs sur les bateaux étrangers[359].

---

[353] C. Fernández Duro : *Arca de Noé...*, pp. 378-384.

[354] Jenkins pense que les pêcheries de l'Islande s'étendaient jusqu'au Groenland et peut-être même jusqu'à Terre-Neuve (*op. cit.*, p. 65). On connait la lettre, souvent cité, d'Anthony Parkhurst à Hakluyt, du 13 nov. 1578, dans laquelle il dit au grand compilateur et éditeur, qu'ayant fait quatre voyages à Terre-Neuve, il avait exploré ce pays, ses ports et criques plus que tout autre Anglais. Il y avait généralement, dit-il, plus de cent navires espagnols pêchant la morue, de vingt à trente chassent la baleine, cinquante navires portugais, cent cinquante français et bretons, mais seulement cinquante anglais (*cf.* J.T. Jenkins : *ib.*, p. 74).

[355] Ch. de La Roncière : « Le passage nord-est et la Compagnie française du pôle arctique au temps de Henri IV », dans *Bibliothèque de l'École des chartes*, LXXVIII, 1917, pp. 154-178.

[356] L. Laursen : *Kancelliets Brevbøger : vedrørende Danmarks indre Forhold : 1616-1620*, Copenhague, 1919, p. 909.

[357] Museo Naval, Collection Vargas Ponce, 29, doc. 22 (6), ff. 127-137 (19 dec. 1616).

[358] *Id.*, *ib.*

[359] *Id.*, III, doc. 46, f. 91. — *cf.* C. Fernández Duro : *Arca de Noé...*, p. 414. — Fr. Michel : *Le pays basque...*, p. 192 ; il cite l'auteur d'un *Voyage d'Espagne* fait en 1655 et publié en 1666, disant, au sujet

Une quarantaine d'années auparavant, l'Espagne avait promulgué la fameuse pragmatique de 1578, défendant aux Biscayens d'avoir aucun rapport avec les navires étrangers. Un mémoire présenté à la *Junta* de Rentería exposait l'origine et les causes de l'institution de cette pragmatique et marquait déjà les premiers symptômes d'affaiblissement de l'économie maritime du pays[360]. A la demande réitérée des intéressés, des ordres sont donnés pour qu'on réduise les réquisitions des bateaux terre-neuviens ou islandais[361]. Puis on commande aux pêcheurs de ne pas partir sans artillerie afin de se défendre contre leurs ennemis[362]. Il y eut, en 1614, un procès fait à Pedro de Amezqueta pour être allé à la chasse des baleines en Norvège, à bord d'un navire de Ciboure[363]. Les plaintes vont se multipliant dans les dernières années du XVIe siècle, non seulement contre ceux qui vont dans le Nord, mais aussi contre les marins qui, à bord des terre-neuviers français, vont à la pêche de la morue ou à la chasse des baleines et qui, de ce fait, drainent l'argent de Guipuscoa et gênent l'exportation du pays[364], ils se plaignent aussi des brigands et des corsaires[365]. C'est que les armateurs du Nord rendaient la vie impossible à ceux qui ne travaillent pas pour eux[366]. De sorte que des Basques se découragent et renoncent aux lointaines pêches d'autrefois et se livrent au cabotage[367]. Les ports de Guipuscoa demandent protection, il faut interdire l'entrée en Espagne des huiles et des morues que les étrangers y apportent[368] ; on organise une expédition punitive contre ceux qui

de Saint-Jean-de-Luz, qu'il avait rencontré dans cette ville, des Flamands qui venaient de louer une cinquantaine d'hommes pour les employer à Terre-Neuve.

[360] Museo Naval, Collection Vargas Ponce, 29, doc. 10, ff. 87-94.

[361] *Id.*, III, doc. 11, ff. 27-32 (18 juin 1586) : cédule royale pour l'observation des règles dans les réquisitions opérées par le général García de Arce, dans la province de Guipuscoa.

[362] *Id.*, III, doc. 6, ff. 12-16 (23 mars 1587).

[363] *Id.*, III, doc. 47, ff. 92-93.

[364] *Id.*, III, doc. 10, ff. 22-26 : remontrance de Orio, 1584 : cinquante navires de Saint-Jean-de-Luz et de Ciboure, y est-il dit, vont à la pêche de la morue avec des équipages biscayens. — *Id.*, III, doc. 34, f. 74 : Ordre d'instruire le cas de Martín de Gayangos qui est allé à Terre-Neuve sur un navire français (3 nov. 1608). — *Id.*, 29, doc. 10, ff. 89-94 : plainte contre Rentería qui n'observe pas la pragmatique (1608). — *Id.*, III, doc. 35, ff. 75-76 : Esteban de Echeverría s'apprête à naviguer sur la côte d'Andalousie, ne pouvant aller ni à Terre-Neuve, ni en Norvège (8 février 1609).

[365] *Id.*, III, doc. 32, f. 70 (2 nov. 1606).

[366] *Id.*, 29, doc. 22 (2), ff. 127-137 : protestation de Juan de Erauso contre les mauvais traitements qu'il a soufferts de la part des Anglais au Groenland et la perte de 2 000 ducats. Ce dossier contient onze pièces, des plaintes pour la plupart, adressés à Philippe III au sujet de la chasse au Groenland (1614). — *Id.*, III, doc. 41, f. 82 : Martín de Arostegui contre les extorsions des Anglais à la chasse des baleines (13 avril 1613).

[367] *Id.*, III, doc. 35, ff. 75-76 : il s'agit d'Esteban de Echeverría, armateur de Pasajes qui, renonçant à la Norvège et à Terre-Neuve, demande (parce que son navire est de fabrication française) à naviguer sur les côtes d'Andalousie en 1609 (cité par C. Fernández Duro : *op. cit.*, p. 412).

se sont donnés aux Hollandais[369]. Puis on met sur pied des projets de grandes compagnies, à l'exemple des étrangers, entre autres une compagnie de pêche groupant trente navires pour débuter dans laquelle le Roi devra mettre 100 000 ducats[370]. Mais il faut vivre, et le pays manque de morue : par une cédule royale du 24 août 1625 on ouvre tous les ports d'Espagne aux terre-neuviers étrangers[371]. La cherté du sel vient mettre le comble à ces vicissitudes. En 1631 la province de Guipuscoa se plaint du prix excessif de cette denrée, qui fera perdre 70 000 ducats au Roi[372], les salaisons de poisson en souffriront comme celles de la viande. La Rochelle vend du sel aux Anglais, aux Flamands ; les Français se sont enrichis à Terre-Neuve ; à Ciboure, où il n'y avait que 30 maisons, il y a vingt ans, on compte 500 maisons aujourd'hui, le sel qui coûtait deux réaux, nous le payons aujourd'hui jusqu'à douze réaux[373]. Cette situation va en s'aggravant, et, d'ici quelques années, les villes et ports de la Biscaye se feront des reproches mutuellement : elles s'accuseront de manquer de patriotisme, de recevoir des marchandises étrangères (huiles ; morues même) au détriment des industries espagnoles[374]. Motrico avait accusé Saint-Sébastien en 1605 déjà, d'ambitionner une suprématie indue[375]. On essaiera de former des compagnies pour développer les profitables pêcheries de Terre-Neuve et de Norvège (1643)[376]. Saint-Sébastien veut rester en bons termes avec les Labourdins, mais il ne faut pas que ceux-ci en abusent et nous envoient leurs huiles au détriment de nos armateurs. Bilbao répond : vous exagérez, le peu d'huile que nous avons reçu est venu par autorisation spéciale dans une simple pinasse de Saint-Jean-de-Luz, et, du reste, nul port n'a reçu, encore, cette année, de terre-neuviers[377].

---

[368] *Id.*, 29, doc. 23, ff. 138-140 (23 oct. 1614) : requête des armateurs pour Terre-Neuve et la Norvège. — *Id.*, 29, doc. 24, ff. 141-142 (1616) : contre la concurrence française. — *Id.*, V, 25, f. 143 : demandant pour les Basques un traitement de faveur et une discrimination des étrangers. — *Id.*, III, doc. 52-53, ff. 98-99 (1618, 1619). — *Id.*, 29, doc. 27, ff. 145-146. — *Id.*, 29, doc. 28, f. 147 (1625) : ordre d'acheter les cidres pour Terre-Neuve à Saint-Sébastien.

[369] *Id.*, V, 32 (29 juin 1623) : Francisco de Rivera partira avec une flotte de huit navires contre les rebelles.

[370] *Id.*, III, doc. 29, ff. 59-64 : une compagnie de pêche et quatre compagnies de commerce (Orient, Occident, Nord, Levant) (1600). — *Id.*, III, doc. 56, f. 193 : projet de compagnie pour Terre-Neuve (1620). — *Id.*, III, doc. 30, ff. 65-67 : une compagnie de pêche pour Terre-Neuve (1628).

[371] *Id.*, III, doc. 59, f. 110, cité par C. Fernández Duro : *op. cit.*, pp. 415-416.

[372] *Id.*, 29, doc. 31-35, ff. 152-165.

[373] *Id.*, *ib.*

[374] *Id.*, III, doc. 75, ff. 145-147 (1645).

[375] *Id.*, III, doc. 31, ff. 68-69.

[376] *Id.*, III, doc. 72, ff. 134-138, cité par C. Fernández Duro : *op. cit.*, p. 417.

[377] *Id.*, III, doc. 75, ff. 145-147 (3 sept. 1645). — *Id.*, 29, doc. 43, ff. 180-181 : opposition de la confrérie de marins de Saint-Sébastien contre les importations d'huiles de France à Bilbao (1646).

Bilbao s'élève encore, en 1655, contre la défense faite par Louis XIV aux marins labourdins de s'engager chez les Espagnols[378] et la seigneurie de Biscaye s'en plaint à la province de Guipuscoa : pareille interdiction comportant, comme sanction, la peine de mort, est une chose contraire à la concorde qui doit unir les Basques, des deux côtés de la frontière[379]. Saint-Sébastien riposte, en étalant les inconvénients qui ont résulté de la libre entrée des terre-neuviers français en Guipuscoa[380].

La situation s'améliorera. La pêche de Terre-Neuve prospérera, mais les Français (qui en sont les maîtres) imposeront des taxes, même aux Espagnols, c'est qu'elle fait une colonie de cette île et qu'elle entretient gouverneur et garnison. Il s'en produira des collisions sanglantes jusqu'aux traités de Ryswick (1697) et Utrecht (1713).

Dans le Nord, les aventures héroïques se terminant encore plus mal. Ainsi que le disait la Compagnie française du Nord, vers 1644, dans sa remontrance au Parlement, tous les pays du Nord ont attiré les Basques pour apprendre d'eux l'art de chasser la baleine, et quand leur industrie fut suffisamment établie, ils les renvoyèrent : « et comme lesdits Basques et autres particuliers François avec eux, prétendant y avoir mesme droict que les autres nations, voulurent continuer ladite pesche et y envoyer des vaisseaux ils en furent chasser, leurs navires pris et leurs personnes emprisonnées par les Anglois, Danois et Hollandois qui, par le moyen de leurs Compagnies s'étoient rendues les plus forts dans le pays »[381].

Si le Spitzberg a été découvert en 1596 par les Hollandais Barentsz et Rijp, comme l'assure Hessel Gerritsz[382], ceux-ci n'y chassèrent pas la baleine, mais les morses ou veaux marins[383]. Mais quand Hudson, en 1607, et Jonas Poole, en 1610 — qui dans leurs explorations se bornèrent à tuer quelques morses ne sachant pas l'art de tuer la baleine — eurent fait connaître à Londres et à la Compagnie de Moscovie leur maître, quelle abondance de baleines ils

---

[378] *Id.*, 29, doc. 46, f. 189 (31 oct. 1655).

[379] *Id.*, IV, 89 (10 nov. 1655).

[380] *Id.*, 29, doc. 45, ff. 185-188 (20 nov. 1655).

[381] *Mémoire servant de remonstrance...* (Bibl. Nat. (Paris), Ms fr. 17329, ff. 424-427).

[382] *cf.* Sir W.M. Conway : *Early Dutch and English voyages to Spitsbergen in the seventeenth century*, Londres, 1904, p. 1. Introduction au livre de Hessel Gerritsz: *Histoire du pays nommé Spitsberghe...*, Amsterdam, 1613.

[383] Ib, p. 2. Il s'agit, évidemment comme pour le Groenland, d'une redécouverte ; on ne comprendrait pas qu'une île de cette importance soit restée inconnue jusqu'en 1596. L. Delavaud doit sans doute être fondé à dire que « la découverte du Spitsberg (Svalbard) par les Norvégiens, qui paraît avoir eu lieu en 1194, par cas fortuit... » (L. Delavaud : *Les Français dans le Nord....*, Rouen, 1911, p. 27).

avaient rencontrée dans ces parages, il fut aussitôt décidé qu'une expédition de chasse y serait envoyée sous la conduite de leurs bons marins Poole, Edge et Russel. En conséquence, ayant engagé un certain nombre de Basques en 1611, puis en 1612, ils y firent quelques bonnes prises apparemment. Les Hollandais étaient déjà installés dans les eaux de l'île, de même que quelques baleiniers de Saint-Sébastien. En 1613 toute une flotte de navires basques se trouvait au Spitzberg. Leur présence chagrina beaucoup les Anglais. Néanmoins ils y vinrent, eux-mêmes, en nombre accru : sept navires de 140 à 260 tonneaux commandés par l'amiral Benjamin Joseph, mais dirigés, en fait, par vingt Basques engagés, parurent sur les côtes de cette île fortunée. Les navires anglais, dont un bateau de guerre, le *Tigre*, étaient armés « avecques 21. grosses pièces de Canon, et ce pour empescher à tous autres la Navigation et pescherie et les chasser des Costes »[384]. Les Hollandais n'étaient pas en retard : deux navires, frétés par les marchands d'Amsterdam et garnis d'experts basques — outre trois barques allant à la chasse aux morses — se précipitèrent, en cette année 1613, à la chasse aux cétacés. De leur côté, les gens de Saint-Sébastien et leurs voisins envoyèrent dix navires. Saint-Jean-de-Luz y fit une apparition sensationnelle avec trois bateaux, dont un de 700 à 800 tonneaux[385]. Bordeaux y avait envoyé un navire de 200 tonneaux ; La Rochelle deux. Seul un navire de Saint-Jean-de-Luz avait été autorisé à y venir par la Compagnie de Moscovie, laquelle prétendait au monopole des pêcheries de cette île. Ainsi, les Basques étaient les têtes dirigeantes de toute cette flotte, bien qu'ils n'eussent, sur les bateaux étrangers, que les titres de *whale strikers* (harponneurs) sur les navires anglais et *speck snijders* (coupeurs de lards) sur les bateaux hollandais.

La mer était couverte de baleines. Dans un mémoire adressé à la ville de Saint-Sébastien, on décrit le spectacle de la mer comme une vue de la nature tout à fait saisissante : « ... pudieron hacer con mucha brevedad y comodidad por la dicha abundancia de ballenas que hallaron, en tanto numero que en sesenta leguas de costa no parecia la mar por estar apinadas y juntas las dichas ballenas y para tomar los puertos las dichas nuestras naos hubieron necesidad de hacerlas desviar... »[386]. Les baleines étaient comme pressées les unes contre les autres et, sur un secteur des eaux côtières d'une étendue de soixante lieues on ne voyait plus la mer de sorte que cette multitude de monstres gênait la circulation des navires.

---

[384] H. Gerritsz : *Beschryvinghe van der Samoyeden landt en Histoire du pays nommé Spitsberghe*, La Haye, 1924, p. 87 et suiv., dans *Werken uitgegeven door de Linschoten-Vereeniging*, XXIII.

[385] M. Conway : *op. cit.*, pp. 6-8.

[386] Museo Naval, Collection Vargas Ponce, 29, doc. 21, ff. 124-125. L'original était aux Archives du Guipuscoa, à Tolosa.

Les Anglais arrivèrent au moment où les autres, déjà installés sur la côte, faisaient leurs préparatifs de chasse et de cuisson. Ils les attaquèrent aussitôt et les pourchassèrent, non sans les dépouiller de leur gibier et même, au dire de Gerritsz, des habillements des matelots, en les battant encore par-dessus. Le récit que fait Duro de ces collisions ressemble beaucoup à celui qui a été rapporté par Hamy. L'année suivante, les Hollandais résolurent de prendre leur revanche. Ils envoyèrent quarante-deux navires de guerre et un important contingent d'experts basques. C'est ainsi, dit naïvement Conway, que les Hollandais établirent leur droit à partager ces pêcheries[387]. *Land is ruled by lip, sea by hand*, dit un vieil adage anglais.

Dans la suite, les Hollandais maintinrent annuellement dans ces parages, une batellerie d'environ 4 000 tonneaux[388]. Les Basques étaient presque toujours associés aux compagnies mêmes ou aux armateurs qu'ils servaient. Mais, dès que ceux-ci se croyaient suffisamment instruits, ils évinçaient leurs serviteurs. Hollandais et Danois qui se disputaient le monopole de la chasse dans les mers arctiques, ne pouvaient rien faire sans les harponneurs biscayens ; tout en payant de hauts salaires à ces experts indispensables, ils ne permettaient pas que d'autres de leurs compatriotes vinssent partager pour leur compte ces immenses richesses. D'un côté les Danois signifièrent aux Français interdiction de fréquenter les côtes de Norvège, l'Islande et les Féroé[389]. D'autre part, les Hollandais qui avaient donné un monopole à la Noordsche Compagnie[390], déniaient à tout le monde le droit de naviguer entre la Nouvelle-Zemble et le détroit de Davis[391]. Et en 1617 sept navires dunkerquois frétés en partie par des Flamands, en partie par le Rouennais Abraham Lesturgeon, furent chassés de l'île Jan Maye[392]. Tout en accaparant ce monopole, les Hollandais et les Danois donnaient des licences personnelles à quelques armateurs ou capitaines basques dans l'intention d'apaiser leurs compatriotes évincés.

Au 20 octobre 1615 on trouve dans les archives, traces de plaintes et de récriminations basques. Trois navires de La Rochelle, autorisés à chasser, moyennant sept pour cent de remise, furent attaqués en juillet de cette année par un bateau norvégien armé, auquel s'était joint un Espagnol, Martín de Argarate. Ce navire norvégien leur prit leur pêche, leurs effets et leurs licences ;

---

[387] W.M. Conway : *op. cit.*, pp. 39-41.

[388] *Ib.*, p. 73.

[389] Le P. G. Fournier : *Hydrographie...*, p. 336.

[390] *Mémoire servant de remonstrance...* (Bibl. Nat. (Paris), Ms fr. 17329, ff. 424-427).

[391] Ch. de La Roncière : « La France arctique... », p. 54.

[392] *Ib.*

après quoi il offrit de rendre leurs papiers moyennant 1 000 écus[393]. En 1622, le roi de Danemark donnait un permis de chasser la baleine à Johan Braem et l'autorisait à prendre les Basques comme associés ; il pouvait porter ses opérations dans les eaux du Groenland, du Spitzberg et du Nord[394]. Voici un autre cas : un Hollandais, Paul de Willem ayant obtenu une concession de pêche au cap Nord (1629) pour six années, avait des Basques à son service, comme harponneurs vraisemblablement ; mais il ne devait garder ces Basques que durant les trois premières années de sa concession. On estimait que trois ans suffiraient pour apprendre le métier[395]. Johan Braem obtenait une nouvelle concession, le 28 décembre 1630 avec permission de chasser la baleine et « autres monstres de mer » au Groenland, au Spitzberg, en Islande, etc., etc., (sic) avec 1, 2, 3 et plusieurs navires pour sept ans. Il est stipulé dans son brevet, que pour mener à bien ses pêcheries, il pourra s'associer avec des Biscayens et d'autres étrangers[396]. Au Spitzberg, les Hollandais occupaient une place prépondérante à la fin. Sous l'égide de la Noordsche Compagnie, les villes d'Amsterdam, Middelbourg, Flessingue, Delft, Hoorn et Enkhuizen avaient chacune un camp sur la côte ; il y avait aussi une tente Veere[397]. Ils ne toléraient plus les Basques en 1632, à l'exception des associés du Danois Braem[398]. Le Basque Vrolicq, associé à des Danois, fut chassé en 1632 du Spitzberg par les Hollandais ; il y était venu avec deux navires. Refugié en Islande, il formula des protestations et négocia quelques accords nouveaux[399]. Conway dit qu'après le départ de la flotte hollandaise, Braem et ses Basques vinrent piller leurs établissements. Jean Vrolicq conduisit ses compatriotes, avec leur butin, en France, où ils vendirent le tout à Rouen.

C'est à la suite de ces incidents que le Danemark aurait résolu de coloniser le Spitzberg et l'île Jan Mayen, en 1633. On dépose au Spitzberg sept hommes en 1634. Ces *colons* ont écrit un pathétique récit de leur séjour dans l'île, où, abandonnés, ils moururent.

---

[393] Rigsarkivet, TKUA, Frankrig: Akter og dokumenter vedrørende opbragte skibe (1537-1615 ; 1618 ; 1689-1729) : plainte de La Rochelle au roi de Danemark et de Norvège.

[394] *Id.*, Tyske Kancelli, Slesvig-holsten-lauenburgske Kancelli, Patenten (1626-1629), f. 16. Ce document est une confirmation de la concession du 27 mars 1622.

[395] *Id.*, *ib.*, f. 276.

[396] *Id.*, *ib.* (1630-1631), f. 173.

[397] W.M. Conway : *op. cit.*, p. 72. Introduction au journal de Van der Brugge : *Journael of Dagh register...*, Amsterdam, 1634 (récit de deux Anglais oubliés par l'amiral de la flotte de pêche de la Compagnie de Moscovie au Spitzberg (1611-1630)).

[398] *Ib.*, p. 73.

[399] *Ib.* — *v.* aussi E.-T. Hamy : « Une croisière française à la côte nord du Spitzberg en 1693 », dans *Bulletin de géographie historique et descriptive*, I, 1901, pp. 32-62.

Vrolicq réussit, avec des armateurs du Havre et de Rouen, à former une compagnie, mais, trop faible, cette compagnie ne pût s'établir au Spitzberg devant l'hostilité hollandaise.

Une autre compagnie, plus puissante, fut formée en 1644, par Mazarin pour la chasse « es lieux de Neuve-Zemble, havre de Groënland, Spisbergen, Grande Baye, destroit Davis et autres lieux »[400]. Les gens de Saint-Jean-de-Luz, de leur côté, fondèrent en 1648, la Compagnie de mer de Saint-Jean-de-Luz et de Ciboure. Ces deux compagnies fusionnèrent dans la suite et elles purent ainsi conserver une industrie qui prit au XVIIIe siècle une certaine importance[401].

Les Guipuscoans paraissent désormais frustrés de leur industrie nationale. On les retrouve au XVIIIe siècle, mais servant comme harponneurs sur les navires français et bayonnais.

Les gens de Copenhague se plaignent encore, le 12 décembre 1635, de ce que les ports de Spitsberg et, des mers du Nord soient de plus en plus fréquentés par les Hollandais, les Français et les *Buschayers* (Biscayens) qui dépossèdent le Roi de ses domaines et les considèrent comme leur appartenant[402]. Enfin, en 1638 (11 nov.), Christian IV écrit à l'agent hollandais Martin Tancke pour lui dire qu'il a écrit en mai à l'ambassadeur de France, Saint-Romain et à Charles de Cracovie, résident hollandais, pour leur signifier que les droits du Danemark dans les pêcheries de baleine du Groenland ne doivent subir aucun préjudice[403]. Deux navires conduits par du Quesne, ayant en 1638, pêché dans les parages de l'Islande et des Féroé, ont été confisqués[404]. Les Danois furent effectivement évincés du Spitzberg. Seuls les Hollandais y restèrent ; mais leur résistance tomba graduellement et, avec quelque fracas, en 1674, sous les coups du Boulonnais Panetié, qui, avec trois frégates, s'empara de dix navires hollandais et, en 1693, sous le commandement d'un capitaine de vaisseau, La Varenne, assisté d'officiers basques, dont le fameux Suhigaraychipy dit « Coursic »[405].

---

[400] E.-T. Hamy : *op. cit.*, p. 34. — *v.* Bibl. Nat. (Paris), Ms fr. 18592, f. 124 (cité par Hamy).

[401] Ch. de La Roncière : « La France arctique… », pp. 101-102.

[402] Rigsarkivet, Danske Kancelli, Indlæg til registre og tegnelser samt henlagte sager (Færøerne, Island og Grønland) (1583-1648).

[403] *Id.*, TKUA, Koncepter til breve og kancelliekspeditioner vedr. udenlandske sager, påtegnede: 'Registreret', men forgæves eftersøgt i kancelliets nu eksisterende registranter (1538-1675) : pakkens nr. 98, loeg. 1638 (18 avril – 11 déc.).

[404] *Id.*, D 11 Island og Færøerne, Supplement II, nr. 2.

[405] E.-T. Hamy : *op. cit.* Suhigaraychipy est mort à Terre-Neuve. Ses compatriotes lui ont dressé un monument funéraire qui devait être encore aujourd'hui, dans l'église anglicane de Plaisance. Malheureusement, un certain nombre de ces pierres tombales qui marquaient la sépulture de nombreux Basques

Au XVIIIᵉ siècle, nous retrouvons les Basques parmi les marins les plus recherchés, non seulement à l'étranger, mais même en France. Pour la chasse à la baleine, dans le détroit de Davis que les pêcheurs du Sud-Ouest pratiquaient avec quelque succès, au début du XVIIIᵉ siècle, le gouvernement français recommande l'emploi des harponneurs de la province de Guipuscoa. « J'écris à M. Daubenton chargé des affaires de la Marine en Espagne, d'agir pour pouvoir vous faire obtenir la permission dont vous avez besoin, pour prendre 200 harponneurs dans la province de Guipuscoa »[406]. Une démarche analogue avait été faite l'année précédente (1729), mais les difficultés qu'avait faites le gouvernement espagnol avaient eu pour résultat de retarder d'une façon regrettable le départ des pêcheurs pour le détroit de Davis, où ils manquèrent le passage des baleines[407]. Aussi, ne négligea-t-on rien pour réussir, cette année, en vue de la campagne prochaine. Comme le gouvernement espagnol hésite à prêter ses marins en aussi grand nombre, le Ministre insiste en rappelant les bons sentiments qui ont toujours tenu en amitié les Basques d'un côté et de l'autre de la frontière. Il rappelle notamment, la liberté donnée aux navigateurs de Guipuscoa de voyager sous pavillon français, pour les mettre à l'abri des insultes des corsaires d'Alger, de Tunis et de Tripoli, bien que cela soit expressément défendu par les lois. « Il y a même, aujourd'hui, des flûtes chargées de bois pour le Roi d'Espagne, qui naviguent sous le pavillon du Roi »[408]. Le Ministre écrit enfin (le 2 avril 1731) aux bayle et jurats de Saint-Jean-de-Luz pour se féliciter mutuellement d'avoir réussi à obtenir les 200 harponneurs de Guipuscoa dont leurs baleiniers ont besoin pour la campagne de chasse de cette année[409]. En 1732, le Ministre écrit qu'il espère qu'on réussira encore cette année à recruter librement des harponneurs pour la pêche à la baleine[410].

J'ai dit, au cours de cet exposé, que les Basques se sont montrés des hommes supérieurs dans les industries de la mer. J'aurais pu citer maints témoigna-

---

morts à Terre-Neuve ont été profanées. Les habitants les ont parfois utilisées dans la construction de leurs habitations.

[406] Archives Nationales (Paris) : fonds Marine C/5/3, f. 126 : lettre (10 oct. 1730) du Ministre aux négociants de Saint-Jean-de-Luz. Le même jour il écrivait aux bayle et jurats de cette ville dans le même sens (*id.*, *ib.*, f. 97).

[407] *Ib.*

[408] *Id.*, *ib.*, f. 126 : mémoire au sujet des harponneurs demandés en Espagne, remis à M. le Garde de Sceaux, le 10 oct. 1730. Il y a d'autres lettres du Ministre français à Daubenton, disant que le Garde des Sceaux fait faire de nouvelles instances à la cour d'Espagne à ce sujet (12 déc. 1730) (*id.*, *Ib.*, f. 128). — Lettre aux bayle et jurats de Saint-Jean-de-Luz (même date) (*ib.*). — Lettre à Daubenton (le 8 fév. 1731) (*ib.*).

[409] *Ib.*, f. 155.

[410] *Id.*, Marine, C/5/4 (29 février 1732).

ges d'écrivains étrangers qui l'ont reconnu formellement[411]. Je crois que les faits rapportés en témoignent hautement. Cette supériorité ne se borne pas à l'art de chasser la baleine et à la recherche des cétacés aux quatre vents de la mer. Dans l'industrie de la pêche de la morue, ils ont acquis également une réputation d'habileté sans pareille. Dans son *Histoire naturelle des peuples, des animaux, des arbres et plantes de l'Amérique septentrionale...* (Paris, 1672, p. 56), Nicolas Denys écrit : « Entre tous ceux qui d'ordinaire font cette sorte de pêche, les Basques sont les plus habiles, ceux de la Rochelle ont le premier rang après eux et les Insulaires qui sont aux environs, ensuite les Bordelais et puis les Bretons ».

Espérons que ces hommes du Guipuscoa et du Labourd trouveront un jour un historien digne d'eux.

---

[411] M. Postlethwayt dans son *Dictionnaire* déjà cité, n'hésite pas à dire, à l'article *Fishery,* selon une formule emphatique anglaise que les Biscayens sont « the most expert harpooners in the world ».

ARCHIVOS Y BIBLIOTECAS[412]

Archives de la Charente inférieure (Angoulême)

Archives de la Loire inférieure (Nantes)

Archives du Ministère des Affaires Etrangères (París)

Archives Municipales de Bayonne

Archives Municipales de Saint-Jean-de-Luz

Archives Nationales de France (París)

Archivo de Simancas (Valladolid)

Archivo General de Indias (Sevilla)

Archivo General de Guipúzcoa (Tolosa)

Bibliotheca da Universidade (Coimbra)

Bibliothèque du Ministère de la Marine (París)

Bibliothèque Nationale de France (París)

Dépôt Hydrographique de la Marine (París)

Museo Naval-Colección Vargas Ponce (Madrid)

Real Academia de la Historia (Madrid)

Rigsarkivet (Copenhague)

---

[412] Este es el listado de los dieciséis Archivos y Bibliotecas citados por Buron en su obra inédita. Considero que solo algunos de estos fueron visitados personalmente por Buron, incluyendo, por ejemplo, el Museo Naval de Madrid y el Archivo Nacional de Dinamarca (*Rigsarkivet*), de donde obtuvo un volumen de información que, hasta donde se me alcanza, no estaba disponible en ninguna publicación de la época. La tercera fuente archivística más empleada por Buron, la Biblioteca Nacional de Francia, así como otros archivos franceses, no plantean mayores dudas, ya que el investigador canadiense residía en París y los había usado frecuentemente para obras anteriores. Otras fuentes documentales, en cambio, fueron consultadas por Buron de manera indirecta, a través de su correspondencia con archiveros e investigadores o por medio de la abundante bibliografía manejada en su obra, como él mismo se encargó de señalar.

BIBLIOGRAFÍA

AILLY, Pierre d', *Ymago Mundi, de Pierre d'Ailly, cardinal de Cambrai et chancelier de l'Université de Paris (1350-1420). Texte latin et traduction française des quatre traités cosmographiques de d'Ailly et des notes marginales de Christophe Colomb, étude sur les sources de l'auteur*; par Edmond Buron, archiviste du gouvernement canadien, ancien élève à l'École normale supérieure, Paris: Maisonneuve frères, 1930, 3 vols.

ALFONSE, Jean, *La cosmographie avec l'espère et régime du soleil et du Nord par Jean Fonteneau, dit Alfonse, de Saintonge, capitaine-pilote de François Ier*; publ. et annot. par Georges Musset, Paris: E. Leroux, 1904.

ANDERSON, Johann, *Histoire naturelle de l'Islande, du Groenland, du détroit de Davis, et d'autres pays situés sous le nord, traduite de l'allemand de M. Anderson, de l'Académie impériale, bourg-mestre en chef de la ville de Hambourg. Par M *, de l'Académie impériale, & de la Société royale de Londres*, Paris: chez Sebastien Jorry, 1750, 2 vols.

ANGHIERA, Pietro Martire d', *De Orbe novo Petri Martyris Anglerii,... decades octo... annotationibus illustratae suoque nitori restitutae...* industria Richardi Hakluyti,... Parisiis: apud G. Auvray, 1587. Reed. *De orbe novo. Les huit décades de Pierre Martyr Anghiera*, trad. du latin, avec notes et commentaires, par Paul Gaffarel..., Paris: E. Leroux, 1907.

ARAMBURU, Miguel de, *vid. NUEVA recopilación de los Fueros...*

AROCENA, Fausto, *Don Carmelo de Echegaray y la Historia del País Vasco*, San Sebastián: Establecimiento Tipográfico de Martín y Mena, 1926.

AUDIAT, Louis, Brouage et Champlain, *Archives historiques de la Saintonge et de l'Aunis*, VI (1879), pp. 357-401.

AVITY, Pierre d', *Description generale de l'Amerique, troisiesme partie du monde. Avec tous ses empires, royaumes, estats et republiques...* Nouvelle édition revue par Jean-Baptiste de Rocoles, Paris: D. Bechet et L. Billaine, 1660.

BALASQUE, Jules, DULAURENS, Édouard, *Etudes historiques sur la ville de Bayonne*, Bayonne: E. Lasserre, 1862-1875, 3 vols.

BELLET, Adolphe, *Histoire maritime de Fécamp*, Fécamp: L. Monmarché, 1896, 2 vols.

BELSUNCE, Henry de, *Histoire des Basques, depuis leur établissement dans les Pyrénées occidentales jusqu'à nos jours*, Bayonne: Impr. de P. Lespès, 1847, 2 vols.

BERNÁLDEZ, Andrés, *Historia de los reyes católicos D. Fernando y Doña Isabel*; con prólogo escrito por Fernando de Gabriel y Ruiz de Apodaca, Sevilla: impr. de J. M. Geoffrin, 1870, 2 vols.

BIGGAR, Henry Percival, *The early trading Companies of New France, a contribution to the history of commerce and discovery in North America*, Toronto: the University library, 1901.

-*The precursors of Jacques Cartier, 1497-1534, a collection of documents relating to the early history of the dominion of Canada*, Ottawa: Government printing bureau, 1911.

-An English expedition to America in 1527. En *Mélanges d'histoire offerts à M. Charles Bémont par ses amis et ses élèves, à l'occasion de sa vingt-cinquième année de son enseignement à l'Ecole pratique des hautes études*, Paris: F. Alcan, 1913, pp. 459-472.

-*A collection of documents relating to Jacques Cartier and the Sieur de Roberval*, Ottawa: Public archives of Canada, 1930.

BOGEN, Hans, *Linjer i den norske hvalfangsts historie*, Oslo: H. Aschehoug, 1933.

BOILEAU, Étienne, *Réglemens sur les arts et métiers de Paris. Rédigés au XIIIe siècle et connus sous le nom du Livre des métiers d'Étienne Boileau*, publiés pour la première fois en entier, d'après les manuscrits de la Bibliothèque du Roi et des archives du royaume, avec des notes et une introduction, par G.-B. Depping,... «Collection de documents inédits sur l'histoire de France. Première série, Histoire politique», Paris: Crapelet, 1837.

BOISSONADE, Prosper, La Renaissance et l'essor de la vie et du commerce maritime en Poitou, Aunis et Saintonge du Xe au XVe siècle, *Revue d'histoire économique et sociale*, XII (1924), pp. 259-325.

BORRING, Laurent-Étienne, *Notices on the life and writings of Carl Christian Rafn. Permanent secretary of the Royal Society of Northern Antiquaries, Counsellor of Conference...*, Copenhagen: Thiele, 1864.

BOUGOÜIN, Etienne, La navigation commerciale sur la Basse-Loire au milieu du XIVe siècle, *Revue historique*, CLXV (1935), pp. 482-496.

BOUQUET, Martin *et al.*, *Recueil des historiens des Gaules et de la France...*, Paris: aux dépens des libraires associés, 1738-1904, 24 vols.

BOUREAU-DESLANDES, André-François, *Essai sur la marine des anciens et particulièrement sur leurs vaisseaux de guerre*, Paris: David, 1768.

BRÉQUIGNY, Louis George Oudard Feudrix de *et al.*, *Table chronologique des diplômes, chartes, titres et actes imprimés concernant l'histoire de France*, Paris: Impr. royale (puis impériale ou nationale), 1769-1876, 8 vols.

BRONKHORST, Louis-Constant-Gabriel, *La pêche à la morue*, Paris: E. Blondel La Rougery, 1927.

BRUZEN DE LA MARTINIÈRE, Antoine-Augustin, *Le Grand dictionnaire géographique et critique*, La Haye: P. Gosse R.-C. Alberts, P. de Hondt [etc.], 1726-1739, 10 vols.

BUTEL-DUMONT, Georges-Marie, *Histoire et commerce des colonies angloises, dans l'Amerique septentrionale. Où l'on trouve l'état actuel de leur population, & des détails curieux sur la constitution de leur gouvernement, principalement sur celui de la Nouvelle-Angleterre, de la Pensilvanie, de la Caroline, & de la Géorgie*, Londres et Paris: imp. de Le Breton, 1755.

CARTE, Thomas, *Catalogue des rolles gascons, normans et françois conservés dans les archives de la Tour de Londres, tiré d'après celui du garde desdites archives, et contenant le précis et le sommaire de tous les titres qui s'y trouvent concernant la Guienne, la Normandie et les autres provinces de la France, sujettes autrefois aux rois d'Angleterre...*, Londres et Paris: J. Barois, 1743, 2 vols.

CARTIER, Jacques, *The Voyages of Jacques Cartier*, published from the originals with translations, notes and appendices by H. P. Biggar, Ottawa: F. A. Acland, 1924.

CASAS, Bartolomé de las, *Historia de las Indias*; ahora por primera vez dada á luz por el marqués de La Fuensanta Del Valle y D. José Sancho Rayón, Madrid: impr. de M. Ginesta, 1875-1876, 5 vols.

CERTAIN, Eugène de, Raoul Tortaire, *Bibliothèque de l'École des chartes*, XVI (1855), pp. 489-521.

CHAHO, Augustin, *Histoire primitive des Euskariens-Basques. Langue, poésie, moeurs et caractère de ce peuple, introduction à son histoire ancienne et moderne*, Madrid et Bayonne: Jaymebon, 1847.

CHAMPLAIN, Samuel de, *The Works of Samuel de Champlain in six volumes, reprinted, translated and annotated by six Canadian scholars... with a portfolio of plates and maps*; under the general editorship of H. P. Biggar, Toronto: the Champlain Society, 1922-[1936], 6 vols.

CHARENCEY, Hyacinthe de, Sur l'origine et les migrations de la race basque, *Bulletin de la Société de Linguistique de Paris*, V, 23 (1875-1885), pp. LXXXI-XCI.

-Etymologies basques, *Bulletin de la Société de Linguistique de Paris*, V, 23 (1875-1885), pp. XCV-XCVII.

-Etymologies euskariennes, *Bulletin de la Société de Linguistique de Paris*, VI, 27 (1885-1888), pp. XVII-XXVIII.

-Etymologies basses-navarraises, *Bulletin de la Société de Linguistique de Paris*, VI, 30 (1885-1888), pp. CLIII-CLXXIII.

-De quelques étymologies basques, *Bulletin de la Société de Linguistique de Paris*, VIII, 38 (1892-1894), pp. XLVIII-LVIII, CL-CLV.

-Recherches lexicographiques sur la langue basque, *Bulletin de la Société de Linguistique de Paris*, IX, 39 (1894-1896), pp. XVVI-LV.

-Iberica, *Bulletin de la Société de Linguistique de Paris*, X, 45 (1896-1898), pp. CIX-CXIX.

-Des noms des quadrupèdes domestiques en langue basque, *Bulletin de la Société de Linguistique de Paris*, XI, 49 (1898-1901), pp. CCII-CCXI.

CHARLEVOIX, Pierre-François-Xavier de, *Histoire et description générale du Japon, où l'on trouvera tout ce qu'on a pu apprendre de la nature et des productions du pays... avec les fastes chronologiques de la découverte du Nouveau-Monde*, Paris: chez E.-F. Giffart, 1736, 2 vols.

CHAVANON, Jules, Essai sur le mouvement du port de Calais de 1300 à 1346, *Bulletin de géographie historique et descriptive*, 1901, pp. 120-169.

CLEIRAC, Estienne, *Us et costumes de la mer, divisées en 3 parties: I. De la Navigation. II. Du Commerce naval et contracts maritimes. III. De la Jurisdiction de la marine... [-Explication des termes de marine employez par les édicts, ordonnances et règlemens de l'Admirauté]...*, Bordeaux : G. Millanges, 1647.

CLOWES, William Laird, *The royal navy. A history from the earliest times to the present*, London: S. Low, 1899-1903, 7 vols.

COLECCIÓN de cédulas, cartas-patentes, provisiones, reales órdenes y otros documentos concernientes á las provincias Vascongadas, copiados de orden de S. M. de los registros, minutas y escrituras existentes en el real archivo de Simancas, y en los de las secretarias de Estado y del despacho y otras oficinas de la corte, Madrid: en la imprenta real, 1829-1833, 6 vols.

COLECCIÓN de documentos inéditos relativos al descubrimiento, conquista y colonización de las posesiones españolas en América y Oceanía...; bajo la dirección de Joaquín F. Pacheco y Francisco de Cárdenas y Luis Torres de Mendoza, Madrid: Imprenta de M. Bernaldo de Quirós [etc.], 1864-1884, 42 vols.

COLECCIÓN de documentos inéditos relativos al descubrimiento, conquista y organización de las antiguas posesiones españolas de Ultramar. Segunda serie, Madrid: Estab. Tip. Sucesores de Rivadeneyra, 1885-1932, 25 vols.

COLMENAR, Juan Álvarez de, *Annales d'Espagne et de Portugal...*, traduit par Pierre Massuet, Amsterdam: chez F. L'Honoré et fils, 1741, 2 vols.

CONGRÉGATION DE SAINT-MAUR, *Histoire littéraire de la France... par des religieux bénédictins de la congrégation de S. Maur...*, Paris, 1733-1763, 12 vols.

CONWAY, Martin, *Early Dutch and English voyages to Spitsbergen in the seventeenth century including Hessel Gerritsz «Histoire du pays nommé Spitsberghe» 1613,* translated into English for the first time by Basil H. Soulsby,… and Jacob Segersz Van der Brugge «Journael of dagh register», Amsterdam 1634, translated into English for the first time, by J. A. J. de Villiers, London: printed for the Hakluyt Society, 1904.

CORDEIRO, Luciano, De la part prise par les portugais dans la découverte de l'Amérique. En *Congrès International des Américanistes. Compte-rendu de la première session, Nancy, 1875,* Paris: Maisonneuve, 1875, vol. I, pp. 232-324, 469-480.

CUZACQ, René, La pêche à Saint-Jean-de-Luz, *Revue géographique des Pyrénées et du Sud-Ouest,* IV (1933), pp. 287-296.

DARANATZ, Jean Baptiste, Les Basques. Leur origine – leur langue, *Eskualdun ona,* 12-X-1906, p. 4.

-Importantes découvertes de monnaies romaines, *Revue internationale des études basques,* I (1907), pp. 262-283.

DAVITY, Pierre, *vid.* Avity, Pierre d'.

DELAMARE, Nicolas de, *Traité de la police, où l'on trouvera l'histoire de son établissement, les fonctions et les prérogatives de ses magistrats, toutes les loix et tous les règlemens qui la concernent…,* Paris: J. et P. Cot: M. Brunet: J.-F. Hérissant, 1705-1738, 4 vols.

DELAVAUD, Louis, Les côtes de Normandie décrites au XVe siècle par Pierre Garcie-Ferrande, *Société normande de géographie,* II (1880), pp. 104-110.

-*Les Français dans le Nord. Notes sur les premières relations de la France avec les royaumes scandinaves et la Russie septentrionale depuis l'antiquité jusqu'à la fin du XVIe siècle,* Rouen: impr. de L. Gy, 1911.

DELISLE, Léopold, Le clergé normand au treizième siècle, d'après le journal des visites pastorales d'Eude Rigaud, archevêque de Rouen (1248-1269), *Bibliothèque de l'École des chartes,* VIII (1847), pp. 479-499.

-Des revenus publics en Normandie au XIIe siècle, *Bibliothèque de l'École des chartes,* XI (1850), pp. 400-451.

-*Actes normands de la Chambre des comptes sous Philippe de Valois. 1328-1350,* Rouen: A. le Brument, 1871.

DELPIT, Martial, DELPIT, Jules, *Notice d'un manuscrit de la bibliothèque de Wolfenbüttel intitulé Recognitiones Feodorum et où se trouvent des renseignements sur l'état des villes, des personnes et des propriétés en Guyenne et en Gascogne, au XIIIe siècle,* Paris: Impr. royale, 1841.

DENYS, Nicolas, *Histoire naturelle des peuples, des animaux, des arbres et plantes de l'Amérique septentrionale et de ses divers climats, avec une description exacte de la pesche des moluës tant sur le Grand banc que sur la coste et de tout ce qui s'y pratique de plus particulier...*, Paris: Louis Billaine, 1672, 2 vols.

DESEILLE, Ernest, Etude sur les origines de la pêche à Boulogne-sur-mer, (932-1550), *Mémoires de la Société académique de l'arrondissement de Boulogne-sur-Mer*, V (1874-1876), pp. 73-136.

DU BOIS, Jean, *Floriacensis vetus bibliotheca benedictina, sancta, apostolica, pontificia, caesarea, regia, franco-gallica... cum utroque xysto...*, Lugduni: apud H. Cardon, 1605.

DU BOIS, Louis-François, *Archives annuelles de la Normandie, historiques, monumentales, littéraires et statistiques*, Caen: Mancel, 1824-1826, 2 vols.

DUCÉRÉ, Édouard, *Recherches historiques sur la pêche de la morue et la découverte de Terre-Neuve par les Basques et les Bayonnais*, Pau: impr. de J. Empérauger, 1893.

-et al., *Registres gascons. Délibérations du Corps de ville*, Bayonne: Imprimerie A. Lamaignère, 1896-1898, 2 vols.

-YTURBIDE, Pierre, *Livre des établissements*, Bayonne: impr. de A. Lamaignère, 1892.

DUGAST-MATIFEUX, Charles, Notice sur Pierre Garcie-Ferrande et son Routier de la mer, *Annales de la Société royale académique de Nantes et du département de la Loire-Inférieure*, XXXVIII (1867), pp. 3-22.

-*Nantes ancien et le pays nantais: comprenant la chronologie des seigneurs, gouverneurs, évêques et abbés, le pouillé diocésain et la topographie historique de la ville et du pays*, Nantes: A.-L. Morel, 1879.

ECHEGARAY, Carmelo de, *Investigaciones históricas referentes á Guipúzcoa. Memoria presentada a la Excma. Diputación Provincial de Guipúzcoa en las sesiones ordinarias celebradas por la misma en noviembre 1892*, San Sebastián: Impr. de la provincia, 1893.

-*Las Provincias vascongadas á fines de la edad media, ensayo histórico*, San Sebastián: tip. de F. Jornet, 1895.

-*Archivos municipales de Guipúzcoa, orden en que han de ser arreglados y sistema definitivamente adoptado para la organización de los mismos. Memoria presentada a la Excma. Diputación Provincial de Guipúzcoa*, San Sebastián: Impr. de la provincia, 1898.

-*Índices de documentos referentes a la historia vasca que se contienen en los archivos de Brujas*; edición de la Sociedad de Estudios Vascos, San Sebastián: Nueva Editorial, 1929.

ERSLEV, Kristian, CHRISTENSEN, William, HUDE, Anna, *Repertorium diplomaticum regni Danici mediævalis. Fortegnelse over Danmarks Breve fra Middelalderen, med Udtog af de hidtil utrykte*, København: G.E.C. Gad, 1894-1935, 11 vols.

Etcheverry, Pierre d', *vid.* Hoyarzabal, Martin de.

EUDES RIGAUD, *Regestrum visitationum archiepiscopi rothomagensis. Journal des visites pastorales d'Eude Rigaud, archevêque de Rouen, MCCXLVIII-MCCLXIX*; publié… d'après le manuscrit de la Bibliothèque nationale… par Th. Bonnin, Rouen: A. Le Brument, 1847.

EUSÈBE DE CÉSARÉE, *En damus Chronicon divinum plane opus eruditissimorum autorum. Repetitum ab ipso Mundi initio, ad annum usque salutis M.D.XI*, Basileae: Excudebat Henrichus Petrus, 1529.

FERNÁNDEZ DE NAVARRETE, Martín, *Colección de los viages y descubrimientos que hicieron por mar los españoles desde fines del siglo XV, con varios documentos inéditos concernientes a la historia de la marina castellana y de los establecimientos españoles en Indias*, Madrid: Imp. Real, 1825-1837, 5 vols.

FERNÁNDEZ DURO, Cesáreo, *Arca de Noé. Libro sexto de las disquisiciones náuticas. Comprende: tratados de fábrica de naos y calafatería; la pesca de los Vascongados y el descubrimiento de Terranova; artillería; cartografía; banderas; apéndices; índice general*, Madrid: Imprenta, Estereotipia y Galvanoplastia de Aribau y Ca., 1881.

FERRANDE, Pierre, *vid.* GARCIE, Pierre.

FISCHER, Paul Henri, *Cétacés du sud-ouest de la France*, Paris: F. Savy, 1881.

FORBONNAIS, François Véron Duverger de, *vid.* BUTEL-DUMONT, Georges-Marie.

FOURNIER, Georges, *Hydrographie, contenant la théorie et la practique de toutes les parties de la navigation*, Paris: M. Soly, 1643.

FROISSART, Jean, *Chroniques de J. Froissart;* publiées pour la Société de l'histoire de France par Siméon Luce: Paris: Vve J. Renouard: H. Laurens, 1869-1899, 13 vols.

FUSTEL DE COULANGES, Numa Denis, *Questions historiques*; revues et complétées, d'après les notes de l'auteur, par Camille Jullian, Paris: Hachette, 1893.

GAFFAREL, Paul, *Les découvreurs français du XIVe au XVIe siècles. Côtes de Guinée, du Brésil et de l'Amérique du Nord*, Paris: Challamel, 1888.

-*Histoire de la découverte de l'Amérique. Depuis les origines jusqu'à la mort de Christophe Colomb*, Paris: A. Rousseau, 1892, 2 vols.

GAILLIARD, Jean Jacques, *Éphémérides brugeoises, ou Relation chronologique des événements qui se sont passés dans la ville de Bruges, depuis les temps les plus reculés jusqu'à nos jours*, Bruges: J. Gailliard, 1847.

GARCIE, Pierre, *Le Grant routier et pilotage et enseignement pour ancrer tant es portz, havres que autres lieux de la mer fait par Pierre Gracie* [sic], *dit Ferrande*, Rouen: Jean Burges le Jeune, 1525.

GEOFFROI DE MONMOUTH, *Galfredi Monemutensis Historia Britonum. Nunc primum in Anglia, novem codd. msstis collatis, edidit J. A. Giles... - Pontici Virunnii Tarvisini Historiae britannicae libri sex, ex editionibus prioribus accurate recensiti...*, Londini: apud D. Nutt, 1844.

GÉRALD BARRY, *vid.* GIRALDUS CAMBRENSIS.

GERRITSZ, Hessel, *Beschryvinghe van der Samoyeden landt en Histoire du pays nommé Spitsberghe, uitgegeven door S.P. L'Honoré Naber...*, «Werken uitgegeven door de Linschoten-Vereeniging, XXIII», 'S-Gravenhage: M. Nijhoff, 1924.

GILLIODTS VAN SEVEREN, Louis, *Cartulaire de l'ancien consulat d'Espagne à Bruges. Recueil de documents concernant le commerce maritime et intérieur, le droit des gens public et privé, et l'histoire économique de la Flandre*, Bruges: impr. de L. de Plancke, 1901-1902.

GIRALDUS CAMBRENSIS, *The historical works of Giraldus Cambrensis. Containing the topography of Ireland, and the History of the conquest of Ireland*, translated by Thomas Forester. *The itinerary through Wales, and the Description of Wales,* translated by Sir Richard Colt Hoare. Rev. and ed. with additional notes, by Thomas Wright, London: H.G. Bohn, 1863.

GODEFROY D'ADMONT, Ven. Godefredi abbatis Admontensis Opera omnia, ex mss. codd. Admontensis edidit R. P. Berbardus Pezius..., *Accessere Hariulfi Aldenburgensis, Lisiardi Turonensis scripta quae supersunt*, «Patrologiae cursus completus: Series secunda, T. 174», Petit-Montrouge: apud J.-P. Migne editorem, 1854.

GONNEVILLE, Binot Paulmier de, *Campagne du navire «l'Espoir», de Honfleur, 1503-1505. Relation authentique du voyage du capitaine de Gonneville ès nouvelles terres des Indes*; publiée intégralement pour la 1re fois, avec une introduction et des éclaircissements par M. d'Avezac, Paris: Challamel ainé, 1869.

GONZÁLEZ, Tomás, *vid.* COLECCIÓN *de cédulas, cartas-patentes, provisiones, reales órdenes y otros documentos concernientes á las provincias Vascongadas...*

GOYETCHE, Léonce, *Saint-Jean-de-Luz historique et pittoresque. Annales et chronique depuis l'époque de sa fondation présumée jusqu'à nos jours: Notice sur son établissement de bains de mer et ses environs*, 2e éd., Paris: Impr. de L. Hugonis, 1883.

GUILLAUME LE BRETON, *Oeuvres de Rigord et de Guillaume Le Breton, historiens de Philippe-Auguste, publiées pour la Société de l'Histoire de France*; par H.-François Delaborde, Paris: Renouard: H. Loones, 1882-1885, 2 vols.

GUILLOUX, Félix, Histoire de la Conquête du Marais breton-vendéen et du Port de Bourgneuf, *Bulletin de la Société archéologique de Nantes et de la Loire-Inférieure*, LXII (1923), pp. 3-63.

HAKLUYT, Richard, *The Principal navigations, voiages, traffiques and discoveries of the English nation...*, London: imprinted by G. Bishop, 1598. Reed. Glasgow: J. MacLehose, 1903-1905, 12 vols.

HALE, Horatio Emmons, *The Iroquois book of rites,* Philadelphia: D. G. Brinton, 1883.

HAMY, Ernest-Théodore, Une croisière française à la côte nord du Spitzberg en 1693, *Bulletin de géographie historique et descriptive*, I (1901), pp. 32-62.

HARRISSE, Henry, *Jean et Sébastien Cabot. Leur origine et leurs voyages. Étude d'histoire critique, suivie d'une cartographie, d'une bibliographie et d'une chronologie des voyages au Nord-Ouest, de 1497 à 1550 d'après des documents inédits*, Paris: E. Leroux, 1882.

-Les Corte-Real et leurs voyages au Nouveau-Monde d'après des documents nouveaux ou peu connus tirés des archives de Lisbonne et de Modène...; Récit de la troisième expédition de Gaspar Corte-Real; Gaspar Corte-Real, la date exacte de sa dernière expédition au Nouveau-Monde, d'après deux documents inédits récemment tirés des archives de La Torre do Tombo à Lisbone, dont un écrit et signé par Gaspar Corte-Real, l'autre par son frère Miguel, Paris: E. Leroux, 1883.

-Christophe Colomb. Son origine, sa vie, ses voyages, sa famille et ses descendants. D'après des documents inédits tirés des archives de Gênes, de Savone, de Séville et de Madrid. Études d'histoire critique, Paris: E. Leroux, 1884, 2 vols.

-Découverte et évolution cartographique de Terre-Neuve et des pays circonvoisins, 1497-1501-1769, essais de géographie historique et documentaire, Paris: H. Welter, 1900.

HENAO, Gabriel de, *Averiguaciones de las antigüedades de Cantabria... obra muy mejorada, aumentada y enriquecida con notas, ilustraciones y apéndices de eruditos y distinguidos escritores modernos, con varios autógrafos inéditos del autor y principalmente con su Libro de la genealogía de san Ignacio de Loyola y acompañada de una cumplida noticia biográfico-bibliográfica del mismo;* nueva edición, corregida por el P. Miguel Villalta, Tolosa: E. López, 1894-1895, 7 vols.

HERRERA, Antonio de, *Histoire générale des voyages et conquestes des Castillans dans les isles et terre ferme des Indes occidentales,* traduite de l'espagnol d'Antoine d'Herrera,… par N. de La Coste, Paris: N. et J. de La Coste (Vve N. de La Coste), 1659-1671, 3 vols.

HOWLEY, Michael Francis, Les anciennes tombes basques à Placentia, *Revue internationale des études basques,* II (1908), pp. 734-748.

HOYARZABAL, Martin de, *Les voyages aventureux du capitaine Martin de Hoyarsabal, habitant de Cubiburu, contenant les reigles et enseignemens nécessaires à la bonne et seure navigation,* A Bourdeaux: de l'impr. de J. Chouin, 1579. Reed. *Liburuhauda Ixasoco nabigacionecoa. Martin de Hoyarzabalec egiña Francezes.* Eta Piarres Detcheverry, edo Dorrec escararat emana, eta cerbait guehiago abançatuba, Bayonan: Antonio Fauvet, imprimerian Carmesseteco aldean, 1677.

HUMBOLDT, Alexander von, *Examen critique de l'histoire de la géographie du Nouveau continent et des progrès de l'astronomie nautique aux XVe et XVIe siècles,* Paris: Gide, 1836-1839, 3 vols.

ISASTI, Lope de, *vid.* MARTINEZ DE ISASTI, Lope de.

ISPIZUA, Segundo de, *Historia de los Vascos en el descubrimiento, conquista y civilización de América,* Bilbao: impr. de J. A. de Lerchundi, 1914-1919, 6 vols.

JENKINS, James Travis, *A History of the whale fisheries from the Basque fisheries of the tenth century to… the present date,* London: H. F. and G. Witherby, 1921.

JOHNSEN, Oscar Albert, *Innberetninger fra den franske legasjon i Kjøbenhavn… Rapports de la Légation de France à Copenhague (correspondance consulaire) relatifs à la Norvège, 1670-1791.* T. I. *1670-1748,* Oslo: J. Dybwad, 1934.

KOHL, Johann Georg, *A history of the discovery of Maine,* Portland: Bailey and Noyes, 1869.

KONGELIGE NORDISKE OLDSKRIFTSELSKAB, *Grönlands historiske Mindesmærker,* Kjøbenhavn: Brünnich, 1838-1845, 3 vols.

KRÄMER, Hans, *L'Univers et l'humanité, histoire des différents systèmes appliqués à l'étude de la nature, utilisation des forces naturelles au service des peuples…;* préface de M. Edmond Perrier, traduction de A. Schalck de La Faverie, Paris: Bong, (1904-1905), 5 vols.

LA BORDERIE, Arthur Le Moyne de, *Recueil d'actes inédits des ducs et princes de Bretagne (XIe, XIIe, XIIIe siècles)*, Rennes: Impr. de C. Catel, 1888.

-*Nouveau recueil d'actes inédits des ducs et princes de Bretagne (XIIIe et XIVe siècles)*, Rennes: Impr. de E. Prost, 1902.

L'ANCRE, Pierre de, *Tableau de l'inconstance des mauvais anges et démons, où il est amplement traicté des sorciers et de la sorcellerie...*, Paris: J. Berjon, 1612.

LANGE, Christian C. A. *et al.*, *Norske Rigs-Registranter tildeels i Uddrag: Udg. efter offentlig Foranstaltning af Bestyreren for Det norske hist. Kildeskrift-Fond*, Christiania: Brögger, 1861-1891, 12 vols.

LA RONCIÈRE, Charles de, Les navigations françaises au XVe siècle, *Bulletin de géographie historique et descriptive*, 1895, pp. 183-213.

-Première guerre entre le protectionnisme et le libre-échange, *Revue des questions historiques*, XIV (1895), pp. 66-95.

-*Histoire de la marine française...*, Paris: Plon-Nourrit et Cie, 1899-1932, 6 vols.

-Le premier routier-pilote de Terre-Neuve (1579), *Bibliothèque de l'École des chartes*, LXV (1904), pp. 116-125.

-La France arctique ou les baleiniers basques au Spitzberg, *Revue du Béarn et du Pays Basque*, II (1905), pp. 49-57, 97-105.

-Le passage nord-est et la Compagnie française du pôle arctique au temps de Henri IV, *Bibliothèque de l'École des chartes,* LXXVIII (1917), pp. 154-178.

LAURSEN, Laurs, MARQUARD, Emil, BRICKA, Carl Frederik, *Kancelliets Brevbøger. Vedrørende Danmarks indre Forhold. 1551-1632*, Kjøbenhavn: C. A. Reitzel, 1885-1932, 18 vols.

LAURSEN, Laurs, CHRISTIANSEN, Carl S., *Danmark-Norges Traktater 1523-1693 med dertil hørende Aktstykker = Traités du Danemark et de la Norvège*, Köbenhavn: G. E. C. Gad, 1907-1933, 9 vols.

LAVISSE, Ernest, RAMBAUD, Alfred, *Histoire générale du IVe siècle à nos jours*, Paris: A. Colin & Cie, 1893-1901, 12 vols.

LAZÚRTEGUI, Julio de, El Comercio, la Industria y la Navcgación en el País Vasco. En Carreras y Candi, Fr. (dir.), *Geografía general del País Vasco-Navarro*, Barcelona: Alberto Martín, [c. 1911-1925], T. *País Vasco-Navarro*, pp. 649-822.

LE CLERCQ, Chrestien, *New relation of Gaspesia, with the customs and religion of the Gaspesian Indians*; translated and edited... by William F. Ganong..., Toronto: the Champlain Society, 1910.

LE GALL, Jean, La pêche en Islande (rapport de mission), *Revue des Travaux de l'Institut des Pêches Maritimes*, III (1930), pp. 213-382.

LELEWEL, Joachim, *Géographie du Moyen Age*, Bruxelles: Vve et J. Pilliet, 1852-1857, 4 vols.

LEMOINE, Jean, BOURDE DE LA ROGERIE, Henri, *Inventaire sommaire des archives départementales antérieures à 1790. Finistère. Archives civiles. Série B. Tome III. Articles B 4160-4670 et Appendice. Inventaire des fonds des amirautés de Morlaix et de Quimper, du consulat et du tribunal de commerce de Morlaix*, Quimper: impr. de A. Jaouen, 1902.

LESCARBOT, Marc, *The History of New France*; with an English translation, notes and appendices by W. L. Grant, Toronto: the Champlain Society, 1907-1914, 3 vols.

LHANDE, Pierre, L'émigration basque, *Revue internationale des études basques*, I (1907), pp. 609-616; II (1908), pp. 95-103, 238-249, 438-455; III (1909), pp. 79-100.

LÓPEZ DE GÓMARA, Francisco, *Primera y secunda parte de la historia general de las Indias co[n] todo el descubrimiento, y cosas notables que han acaescido dende que se ganaron hasta el año de 1551. Con la conquista de Mexico, y de la nueua España*, en Medina del Campo: por Guillermo de Millis, 1553. Reed. *Histoire generalle des Indes occidentales et Terres neuves, qui jusques à present ont esté descouvertes*, traduite en francois par M. Fumée Sieur de Marly le Chastel, A Paris: chez Michel Sonnius, rue sainct Jacques à l'enseigne de l'Escu de Basle, 1568.

LOWTHORP, John, *The Philosophical transactions and collections to the end of the year 1700, abridg'd and dispos'd under general heads...* The 3d edition, London: J. Knapton, 1722, 3 vols.

LYDERS, Ernesto, *Sobre el establecimiento de una Pesquería Española en los mares que rodean á Islandia é islas Faeroe*, Madrid: Imp. de la Revista de Navegación y comercio, 1893.

MADOZ, Pascual, *Diccionario geográfico-estadístico-histórico de España y sus posesiones de Ultramar*, Madrid: Est. literario-tip. de P. Madoz y L. Sagasti: impr. de La Ilustración: impr. de José Rojas, 1845-1850, 16 vols.

MAGNUS, Olaus, *Histoire des pays septentrionaus, écrite par Olaus Le Grand, Goth, Archevêque d'Upsale, et souverain de Suecie, et Gothie. En laquelle sont brievement, mais clerement deduites toutes les choses rares ou étranges, qui se treuvent entre les nations septentrionales*. Traduite du latin de l'auteur en français, A Anvers: de l'Imprimerie de Christophle Plantin, 1561.

MARKHAM, Clements Robert, On the Whale-Fishery of the Basque Provinces of Spain, *Proceedings of the Zoological Society of London*, 1881, pp. 969-976.

MARTIN, Jacques, BRÉZILLAC, Jean-François de, *Histoire des Gaules, et des conquêtes des Gaulois, depuis leur origine jusqu'à la fondation de la monarchie françoise. Ouvrage enrichi de monumens antiques & de cartes géographiques*, Paris: impr. de Le Breton, 1752-1754, 2 vols.

MARTINEZ DE ISASTI, Lope de, *Compendio historial de la M. N. y M. L. provincia de Guipúzcoa, por... Lope de Isasti, en el año de 1625*, S. Sebastián: impr. de I. R. Baroja, 1850.

MÉMOIRES des Commissaires du Roi et de ceux de Sa Majesté Britannique sur les possessions et les droits respectifs des deux couronnes en Amérique, avec les actes publics et pièces justificatives, A Paris: de l'Imp. royale, 1755-1757, 4 vols.

MENASSEH BEN ISRAËL, *Orígen de los Americanos. @ esto es Esperanza de Israel, reimpresión á plana y renglón del libro de Menasseh ben Israel,... publicado en Amsterdam 5410 (1650)*; con un preámbulo, una noticia bibliográfica... y la biografía del autor, por Santiago Pérez Junquera, Madrid: S. Pérez Junquera, 1881.

MEURGEY DE TUPIGNY, Jacques, *Les blasons des provinces et des villes basque*, Bayonne: Impr. du Courrier, 1932.

MICHEL, Francisque, *Le pays basque. Sa population, sa langue, ses moeurs, sa littérature et sa musique*, Paris: Firmin-Didot frères, fils et Cie; Londres: Williams & Norgate, 1857.

-BÉMONT, Charles, *Rôles gascons*, Paris: Impr. nationale, 1885-1906, 4 vols.

MOLINIER, Auguste *et al.*, *Les sources de l'histoire de France. Première partie, Des origines aux guerres d'Italie (1494)*, Paris: A. Picard et fils, 1901-1906, 6 vols.

MONTELIUS, Oscar, *Les temps préhistoriques en Suède et dans les autres pays scandinaves,* ouvrage traduit par Salomon Reinach, Paris: E. Leroux, 1895.

MONUMENTA Germaniae Historica. Auctores antiquissimi; ed. Societas aperiendis fontibus rerum Germanicarum Medii Aevi, Berolini: Weidmann, 1877-1919, 15 vols.

MORERI, Louis, *Le grand dictionnaire historique, ou Le mélange curieux de l'histoire sacrée et profane*; nouvelle édition, dans laquelle on a refondu les Supplémens de M. l'abbé Goujet, le tout revu, corrigé et augmenté par M. Drouet, Paris: les libraires associés, 1759, 10 vols.

MÚGICA, Serapio, *El blasón de Guipúzcoa*, San Sebastián: Diputación de Guipúzcoa, 1930.

Muñoz y Romero, Tomás, *Colección de fueros municipales y cartas pueblas de los reinos de Castilla, León, Corona de Aragón y Navarra*, Madrid: J. M. Alonso, 1847.

Musset, Georges, Les Rochelais à Terre-Neuve (1500-1550), *Bulletin de géographie historique et descriptive*, I (1892), p. 243-272.

-*Les Rochelais à Terre-Neuve, 1500-1789*, La Rochelle: l'auteur, 1899.

Nieremberg, Juan Eusebio, *Joannis Eusebii Nierembergii,... Historia naturae maxime peregrinae, libris XVI distincta...*, Antverpiae: ex officina Plantiniana B. Moreti, 1635.

Nogaret, Joseph, *Saint-Jean-de-Luz des origines à nos jours, avec cartes et illustrations*, Bayonne: Impr. du Courrier, 1925.

Nueva recopilación de los Fueros, privilegios, buenos usos y costumbres, leyes y ordenanzas de la muy N. y muy L. Provincia de Guipúzcoa, Tolosa: Bernardo de Ugarte, 1696.

Nunn, George E., *The Columbus and Magellan concepts of South American geography,* Glenside: (privately printed), 1932.

O'Curry, Eugene, *Lectures on the manuscript materials of ancient Irish history, delivered at the Catholic University of Ireland... 1855 and 1856*, Dublin: W. A. Hinch, 1878.

Oviedo y Baños, José de, *Historia de la conquista y población de la provincia de Venezuela*, ilustrada... por... Cesáreo Fernández Duro, Madrid: L. Navarro, 1885, 2 vols.

Papy, Louis, La pêche en Islande, *Annales de Géographie*, XLII (1933), pp. 391-407.

Pardessus, Jean-Marie, *Collection de lois maritimes antérieures au XVIIIe siècle*, Paris: Impr. royale, 1828-1845, 6 vols.

Pastorín y Vacher, Juan, *Les pêcheries en grand Océan*, traduction Henry Léon, Biarritz: Lamaignère, 1902.

Patterson, George, The Portuguese on the north-east coast of America, and the first European attempt at colonization there. A lost chapter in American history, *Proceedings and transactions of the Royal Society of Canada*, VIII (1891), sect. II, pp. 127-173.

Perochegui, Juan de, *Origen de la nacion bascongada, y de su lengua...*, Pamplona: impr. de los herederos de Martinez, 1760.

Postlethwayt, Malachy, *The Universal dictionary of trade and commerce,* translated from the French of the celebrated M. Savary... with large additions and improvements, London: J. and P. Knapton, 1751-1755, 2 vols.

POULIOT, Joseph-Camille, *La grande aventure de Jacques Cartier. Épave bi-centenaire découverte au Cap des Rosiers en 1908*, Québec: [s.n.], 1934.

PURCHAS, Samuel, *«Hakluytus posthumus», or Purchas, his Pilgrimes, containing a history of the world in sea voyages and land travells by Englishmen and others*, London: H. Fetherston, 1625-1626, 5 vols. Reed. Glasgow: J. Mac Lehose and sons, 1905-1907, 20 vols.

RADULPHUS TORTARIUS, Epistola ad Robertum. Fragment; traduction et mots par Louis Du Bois, *Archives annuelles de la Normandie, historiques, monumentales, littéraires et statistiques*, 1824, pp. 209-215.

RAFN, Carl Christian, Mémoire sur la découverte de l'Amérique au 10e siècle, *Mémoires de la Société royale des antiquaires du Nord*, 1836-1839, pp. 27-55.

-Runic inscriptions in which the Western countries are alluded to, *Mémoires de la Société royale des antiquaires du Nord*, 1845-1849, pp. 331-352.

RAMUSIO, Giovanni Battista: *Delle Nauigationi et viaggi ... ; volumen terzo ; nel quale si contiene le nauigationi al Mondo Nuouo, àgli Antichi incognito, fatte da Don Christoforo Colombo Genouese, che fù il primo à scoprirlo à i Re Catholici, detto hora l'Indie Occidentali ... ; di nuouo stampate et aggiontoui il viaggio fatto da M. Cesare de' Federici ... ; con tauole di geografia ... et con l'indice copiosissimo di tutte le cose piè notabili in esso contenute*, In Venetia: appresso i Giunti, 1606.

RAOUL TORTAIRE, *vid.* RADULPHUS TORTARIUS.

RAU, Charles, *Prehistoric fishing in Europe and North America,* Washington: Smithsonian institution, 1884.

READE, John, The Basques in North America, *Proceedings and transactions of the Royal Society of Canada*, VI (1889), sect. II, pp. 21-39.

REAL ACADEMIA DE LA HISTORIA, *Diccionario geográfico-histórico de España... Sección I. comprehende el reyno de Navarra, señorío de Vizcaya, y provincias de Álava y Guipúzcoa*, Madrid: imp. de D. Joaquin Ibarra, 1802, 2 vols.

RYMER, Thomas, *Foedera, conventiones, literae, et cujuscunque generis acta publica inter reges Angliae et alios quosvis imperatores, reges, pontifices, principes, vel communitates...*, Hagae comitis: J. Néaulme, 1739-1745, 12 vols. Reed. Londini: (printed by G. Eyre and A. Strahan), 1816-1869, 4 vols.

SÁNCHEZ ALONSO, Benito, *Fuentes de la historia española e hispanoamericana. Ensayo de bibliografía sistemática de impresos y manuscritos que ilustran la historia política de España y sus antiguas provincias de ultramar*, segunda ed. rev. y ampliada, Madrid: Centro de estudios históricos, 1927.

SCHEFER, Charles, *Le discours de la navigation de Jean et Raoul Parmentier, de Dieppe; Voyage à Sumatra en 1529; Description de l'isle de Sainct-Dominigo*, «Recueil de voyages et de documents pour servir à l'histoire de la géographie depuis le XIIIe jusqu'à la fin du XVIe siècle, 4», Paris: E. Leroux, 1883.

SILVA, Luciano Pereira da, Duarte Pacheco Pereira. Precursor de Cabral. En *Historia da colonização portuguesa do Brasil. Edição monumental comemorativa do 1° centenário da Independência do Brasil*, Porto: Litografia Nacional, 1921, vol. I, pp. 231-261.

SOCIÉTÉ ARCHÉOLOGIQUE DES CÔTES-DU-NORD, Séance du 11 juin 1886, *Mémoire de la Société archéologique des Côtes-du-Nord*, 2e série, II (1885-1886), pp. XXIX-XXXVI.

SOCIÉTÉ DES BOLLANDISTES, *Acta sanctorum februarii. Quotquot toto orbe coluntur, vel a catholicis scriptoribus celebrantur, quae ex Latinis et Graecis, aliarumque gentium antiquis monumentis,... Prodit nunc tribus tomis februarius*, Antverpiae: J. Meursium, 1658, 4 vols.

SOCIÉTÉ ROYALE DES ANTIQUAIRES DU NORD, Séance du 31 janvier 1839, *Mémoires de la Société royale des antiquaires du Nord*, 1836-1839, p. 11.

SORALUCE Y ZUBIZARRETA, Nicolás de, *Historia general de Guipúzcoa*, Vitoria: Egaña, 1870, 2 vols.

STEVENSON, Edward Luther, Comparative fallacies of early New World maps. En *Congrès international des américanistes, XVe session tenue à Québec en 1906*, Québec: Dussault et Proulx, 1907, vol. I, pp. 125-133.

STRABON, *Strabonis Geographica. Graece cum versione reficta*, curantibus C. Müllero et F. Dübnero, Parisiis: Firmin-Didot, 1853, 2 vols.

TACITE, *Oeuvres de Tacite*, traduites par C.-L.-F. Panckoucke, Paris: C.-L.-F. Panckoucke, 1830-1838, 7 vols.

TEMPIER, Dauphin, Les Bretons en Amérique avant Christophe Colomb, *Annales de Bretagne*, IX (1894), pp. 175-182.

TERNAUX-COMPANS, Henri, *Archives des voyages, ou Collection d'anciennes relations inédites ou très-rares de lettres mémoires itinéraires et autres documents relatifs à la géographie et aux voyages et d'anecdotes relatives aux voyageurs, tirées des mémoires du temps*, Paris: A. Bertrand, [1840-1841], 2 vols.

THOMAS, Marie Simon, *Onze IJslandsvaarders in de 17de en 18de eeuw. Bijdrage tot de geschiedenis van de Nederlandsche handel en visscherij*, Amsterdam: Enum, 1935.

TRÉVÉDY, Julien, Pêcheries et sécheries de Léon et de Cornouaille, *Bulletin de la Société archéologique du Finistère*, XVIII (1891), pp. 104-113, 140-154.

TWISS, Travers, *The black book of the admiralty. With an appendix*, London: Longman: Macmillan: A. & C. Black [*et al.*], 1871-1876, 4 vols.

UHLENBECK, Christiaan Cornelis, Kabeljauw, *Tijdschrift voor Nederlandsche taal- en letterkunde*, XI (1892), pp. 225-228.

VARNHAGEN, Francisco Adolfo de, *Historia geral do Brazil, isto è do descobrimento, colonisação, legislação e desenvolvimento deste estado, hoje imperio independente, escripta em presença de muitos documentos autenticos recolhidos nos archivos do Brazil, de Portugal, da Hespanha e da Hollanda,* por um socio do Instituto Historico do Brazil, natural de Sorocaba, Rio de Janeiro: E. e H. Laemmert, 1854-1857, 2 vols.

VINSON, Julien, La langue basque et les langues américaines. En *Congrès International des Américanistes. Compte-rendu de la première session, Nancy, 1875,* Paris: Maisonneuve, 1875, vol. II, pp. 46-80.

VIVIEN DE SAINT-MARTIN, Louis; ROUSSELET, Louis, *Nouveau dictionnaire de géographie universelle. Contenant: 1. La géographie physique..., 2. La géographie politique..., 3. La géographie économique..., 4. L'ethnologie..., 5. La géographie historique..., 6. La bibliographie...* Paris: Hachette, 1879-1900, 9 vols.

WHITNEY, William Dwight, *The life and growth of language. An outline of linguistic science*, New York: D. Appleton and company, 1875.

WILSON, Daniel, The lost Atlantis, *Proceedings and transactions of the Royal Society of Canada*, IV (1887), sect. II, pp. 105-126.

WINCHELL, Alexander, *Preadamites, or a Demonstration of the existence of men before Adam, together with a study of their condition, antiquity, racial affinities and progressive dispersion over the earth...*, Chicago: S. C. Griggs, 1880.

YTURBIDE, Pierre, Le Bilçar d'Ustaritz au pays de Labourd, *Revue internationale des études basques*, I (1907), pp. 74-83.

Les Basques dans l'Atlantique

se terminó de imprimir

en marzo de 2025.